Angelika Dörfler-Dierken · Gerhard Kümmel (Hrsg.)

Identität, Selbstverständnis, Berufsbild

AF167512

Schriftenreihe des
Sozialwissenschaftlichen Instituts der Bundeswehr
Band 10

Angelika Dörfler-Dierken
Gerhard Kümmel (Hrsg.)

Identität, Selbstverständnis, Berufsbild

Implikationen der neuen Einsatzrealität
für die Bundeswehr

VS VERLAG

Bibliografische Information der Deutschen Nationalbibliothek
Die Deutsche Nationalbibliothek verzeichnet diese Publikation in der
Deutschen Nationalbibliografie; detaillierte bibliografische Daten sind im Internet über
<http://dnb.d-nb.de> abrufbar.

1. Auflage 2010

Lektorat: Dorothee Koch / Sabine Schöller

VS Verlag für Sozialwissenschaften ist eine Marke von Springer Fachmedien.
Springer Fachmedien ist Teil der Fachverlagsgruppe Springer Science+Business Media.
www.vs-verlag.de

Umschlaggestaltung: KünkelLopka Medienentwicklung, Heidelberg
Gedruckt auf säurefreiem und chlorfrei gebleichtem Papier

ISBN 978-3-531-17518-8

Inhalt

Soldat-Sein heute: Eine Einleitung

Angelika Dörfler-Dierken & Gerhard Kümmel

1   Einleitung

Der Soldatenberuf erlebt seit einiger Zeit eine nachhaltige Re- und Neudefinition. Denn vor dem Hintergrund eines erweiterten Sicherheitsbegriffs, der beispielsweise mit einer *Responsibility to Protect* argumentiert und Krieg, so die Diktion von Ulrich Beck, zu Frieden werden lässt, der die Forderung der Stabilisierung fragiler Staaten erhebt, den Wiederaufbau von Staaten in Nachkriegssituationen plant, die Reform staatlicher Systeme und Instrumente zur Verbesserung der Leistungsfähigkeit staatlicher Sicherheitsorgane absichert und anderen Staaten in Bürgerkriegssituationen hilft, deren staatliches Gewaltmonopol durchzusetzen, sollen Soldatinnen und Soldaten heute kämpfende, abschreckende, deeskalierende und humanitär und sozialarbeiterisch tätige Individuen und anderes mehr sein, und das alles am besten noch gleichzeitig.

Diese und weitere Herausforderungen werden von der Politik an die Soldatinnen und Soldaten der westlichen Welt herangetragen und stellen für sie eine große Herausforderung dar. Sowohl die UNO wie auch die NATO und die EU begründen Militäreinsätze entsprechend, und zunehmend wird auch die Bundeswehr vom deutschen Parlament mit Kriseninterventionsmaßnahmen und Peacebuilding-Aufgaben betraut. Statt als abschreckungsorientierte Vaterlandsverteidiger, die sich gelegentlich (auch) an humanitären Maßnahmen beteiligen, müssen sie nun ein viel breiteres Aufgaben- und Rollenspektrum bei der Erfüllung ihrer Aufträge abdecken können.

Die Politik und das Militär nennen den Prozess des Umbaus der Streitkräfte Transformation. Die wissenschaftliche Begleitung der Transformation ist ein spannendes Unternehmen, so wie eine Operation am schlagenden Herzen. Weil die Transformation ein spannendes wissenschaftliches Abenteuer zu werden verspricht, hat sich das Sozialwissenschaftliche Institut der Bundeswehr (SOWI) dieser Thematik von soldatischer Identität, Selbstverständnis und Berufsbild angenommen und im Dezember 2008 einen Kreis von Experten und Expertinnen aus Wissenschaft, Politik und Streitkräften zu einem Workshop ins winterliche Strausberg gebeten. Im Folgenden wird es nun zunächst darum gehen, in die Begrifflichkeit und die Vorstellungswelt einzuführen, der die Vorträge des Workshops sich verdanken: Identität, Selbstverständnis, Berufsbild, Identitätspolitik. Dabei geht es jeweils nicht darum, den Stand der Fachdiskussion wiederzugeben, sondern vielmehr verständlich zu machen, vor welchen Herausforderungen Soldatinnen und Soldaten heute stehen.

2 Notwendige Begriffsbestimmung

2.1 Identität

Psychologische und pädagogische Theorien zum Aufbau von Identität betonen, dass Identität als kommunikativ-interaktive Konstruktion begriffen werden muss. Es handelt sich erstens um eine Konstruktion, die auf äußere Bedingungen reagiert – also nicht um etwas naturwüchsig sich Herausbildendes. Übereinstimmend betont wird in der einschlägigen Literatur zweitens, dass Identitätsaufbau nur im Kontakt mit einem ‚Du' möglich ist.

Die Identität menschlicher Individuen beschreibt deren Selbigkeit – deren Besonderheit –, also dasjenige, worin sich ein Individuum von anderen unterscheidet. Diese Unterschiedenheit ist nicht nur körperlich-äußerlicher, sondern auch geistiger Art: Individualität besteht nämlich auch hinsichtlich der Reflexivität eines Individuums, wie es sich selbst bildet, wie es über sich selbst nachdenkt, wie es handelt und sein Handeln vor sich selbst und anderen begründet. Identität bezeichnet somit den Einzelnen als sittliche Persönlichkeit, die um sich weiß und auf ihr Handeln reflektiert. Als Persönlichkeiten bezeichnet die Literatur Menschen, die den Zustand überwunden haben, in unterschiedlichen Rollen entsprechend der jeweils auf sie gerichteten Rollenerwartungen zu agieren, also Menschen, die sich selbst als Handelnde erfahren, die einer leitenden Idee folgen. Da Soldatinnen und Soldaten immer als Gruppe in den Blick kommen – schon die Uniformen machen deutlich, dass sie ‚uniforme' Wesen sein sollen –, steht zu erwarten, dass der Aufbau und Ausdruck von Identität für Soldatinnen und Soldaten ein Problem darstellen kann. Die Ich-Identität oder Selbigkeit, die jeden Menschen als singuläres, einzigartiges Individuum ausmacht, steht in einem spannungsvollen Verhältnis zur Wir-Identität, die Menschen als Teil einer durch gemeinsame Merkmale bestimmten Gruppe auszeichnet.

Im Verlauf eines Lebens und Berufslebens müssen Selbstbild und Selbstverständnis immer wieder neu konstruiert werden. Die wissenschaftliche Forschung hat wiederholt gezeigt, dass selbst die Erinnerung des Menschen eine Konstruktion ist, die gewisse Zwecke für die gegenwärtige Selbstwahrnehmung und Selbstdarstellung hat. Identität stellt sich demnach her in einem hoch komplex-konstruktiven Prozess, und selbst bei Erwachsenen ist sie nicht dauerhaft stabil, sondern ändert sich mit neuen Erfahrungen. Identitätsbildung und die Herausbildung eines beruflichen Selbstverständnisses ist also ein immer wieder erneuerter selbstreflexiver Prozess, in dem Erfahrungen und Erlebnisse – innere, äußere, aktuelle sowie gespeicherte – verarbeitet und in das Selbstbild integriert werden.

Teilbereiche der Identität eines Menschen sind das Selbstkonzept als die kognitive Komponente dieses Identitätskonstruktionsprozesses und das Selbstwertgefühl als die emotionale Komponente der Identität. Die Aufgabe des Individuums besteht darin, diese zwei Instanzen, Selbstkonzept und Selbstwertgefühl, miteinander in eine gute Verbindung zu setzen. Das Selbstkonzept entsteht aus dem Selbstbild. Das Individuum entwirft ein Selbstbild von sich nach den Fragestellungen: Wer/Was/Wie bin ich? Je nach Antwort entstehen Selbstwertgefühle, einerseits durch die Verdichtung von situativen Selbstwertgefühlen bzw. Selbstwahrnehmungen und andererseits durch die Bewertung einzelner Aspekte entsprechend dem Selbstkonzept.

Deutlich ist mit diesen Bemerkungen geworden, dass die Identität einer Person sich in einem hochkomplexen konstruktiven Prozess ausbildet, der durch Sprache und Erfahrungen angestoßen wird, reflexiv-kognitive und emotionale Dimensionen hat und das Selbst- und Weltbild, die Selbsterfahrung beziehungsweise Selbstwahrnehmung und den Selbstwert einer Person bestimmt. Die Leistung des Individuums, seine Lebens- und Welterfahrung als vor sich selbst als sinnvoll, dem Guten und Rechten dienend, zu konstruieren, kann keinem einzelnen Individuum abgenommen werden; sie muss von ihm individuell erbracht werden. Eine solche Konstruktion in dem beschriebenen Sinne wäre auch die Konstruktion der eigenen Biografie entsprechend dem Prinzip von Befehl und Gehorsam. Ein Soldat kann vielleicht sagen: Ich habe immer auf Befehl hin gehandelt. Eine solche Selbstwahrnehmung führt dann aber möglicherweise dazu, dass der sich entsprechend präsentierende Mensch Probleme mit seinem Selbstwertgefühl hat, denn die in der Gesellschaft weit verbreitete Hochschätzung von Individualität lebt davon, dass Individualität mit einem hohen Maß an Selbstverantwortung einhergeht. Das sieht inzwischen auch die militärische Organisation so: Die Struktur von Befehl und Gehorsam darf nicht die individuelle Verantwortlichkeit des Individuums auflösen; gerade ein demokratischer Staat kann nicht seine Bürger – und ein Staatsbürger in Uniform ist und bleibt der Bundeswehrsoldat – aus der Mitverantwortung für ihre Aufgaben entlassen.

2.2 Selbstverständnis

Einem aufmerksamen Leser der Bundeswehrmedien ebenso wie der Tageszeitungen und Zeitschriften kann es gegenwärtig so scheinen, als ob Soldatinnen und Soldaten unter dem Zwang der Verhältnisse in Afghanistan ein neues Selbstbild entwickeln müssten: Aus den Aufbauhelfern in Uniform sind Soldaten geworden, die im Kampf mit Taliban täglich Gefechte bestehen müssen. Auch deutsche Soldatinnen und Soldaten werden getötet und töten ihrerseits. Unter der Überschrift „Deutschland hilft Afghanistan" auf der Webseite der Bundesregierung findet sich folgende Aufgabenbeschreibung für den Einsatz der Bundeswehr und der zivilen Helfer in Afghanistan: „Deutschland engagiert sich seit 2002 in Afghanistan. Terrorbekämpfung, Wiederaufbau des Landes sowie die wirtschaftliche und soziale Entwicklung dieser Region sind die zentralen Aufgaben. Bundeswehr, deutsche Polizisten und deutsche Entwicklungshelfer arbeiten eng zusammen und unterstützen die internationale Staatengemeinschaft." (Online: http://www.bundesregie rung.de/Webs/Breg/DE/Afghanistan/afghanistan.html; letzter Zugriff: 23.11. 2009) Diese Darstellung der Aufgaben steht in scharfem Kontrast zu den Themen, die seit dem Luftangriff auf zwei von Taliban entführte und in einem Flussbett festgefahrene Tanklaster diskutiert werden. In den Zusammenhang der Einflussgrößen, die geeignet sind, das soldatische Selbstverständnis prägend zu beeinflussen, gehört auch das am 8. September 2009 der Öffentlichkeit übergebene Ehrenmal der Bundeswehr am Bendlerblock, das an die im Dienst der Bundeswehr getöteten und – wie es seit kurzem im Blick auf Auslandseinsätze heißt: aufgrund von Feindeinwirkung gefallenen – Soldatinnen und Soldaten erinnert.

Bezeichnend für neue Diskussionen, die sicher nicht spurlos für das soldatische Selbstverständnis sind und bleiben werden, ist ein Themenkreis in einer der letzten monatlich erscheinenden Informationsbroschüren des katholischen Militärbischofs für die deutsche Bundeswehr „Kompass. Soldat in Welt und Kirche". Hier fragt in der Oktoberausgabe des Jahres 2009 der Assistant Professor am Department of Politics and Public Administration der Universität Hong Kong, Uwe Steinhoff: „Wann ist Töten im Krieg moralisch erlaubt?" Seine Antwort unterscheidet zwischen „der erlaubten und gerechten Tötung einerseits und der bloß erlaubten andererseits". Wer sich gegen einen „ungerechten Angriff" zur Wehr setzt, hat dem Artikel zufolge das moralische Recht auf seiner Seite. Stillschweigend wird die Argumentation – ausgehend von einem Fall der Selbstverteidigung im bürgerlichen Leben – so entwickelt, dass die Übertragung auf Afghanistan gelingen kann: Soldaten dürfen „unter Umständen ungerechte Feindsoldaten auch dann töten (...), wenn diese nicht gerade angreifen, sondern schlafen, ihre Waffen warten oder sich auf einem strategischen oder taktischen Rückzug befinden". Untermauert wird das in der „Philosophischen Betrachtung" derselben Frage, wonach die Tötung sogar von Zivilisten dann gerechtfertigt ist, wenn sie „das kleinere Übel" darstellt. Allerdings fordert Steinhoff abschließend, dass der einzelne Soldat eine Tötungshandlung in einem Krieg nicht schon dann für moralisch erlaubt halten darf, wenn er durch einen demokratischen Rechtsstaat in die militärische Auseinandersetzung geschickt wurde und im Gehorsam gegen seine Vorgesetzten handelt.

In einer unbestritten friedensorientierten Gesellschaft wie derjenigen der Bundesrepublik Deutschland ergibt sich für die Soldatinnen und Soldaten das Problem, dass Gewalt stark tabuisiert ist, dass ihnen selbst aber aufgetragen ist, Gewaltmittel einzusetzen. Das kann nicht ohne Folgen bleiben für ihr Selbstverständnis und Berufsbild.

2.3   Berufsbild

Das Berufsbild des Soldaten wird maßgeblich von den Vorgaben bestimmt, an denen derjenige, der den Beruf ausübt, sich ausrichten muss. Diese Vorgaben können schriftlich niedergelegt sein, beispielsweise in Zentralen Dienstvorschriften oder in Weisungen und Befehlen, sie können aber auch aus Traditionen und mündlichen Überlieferungen abgeleitet werden. Der Beruf des Soldaten soll sich von bestimmten Normen her verstehen. Entsprechend sollen nur solche Menschen, die diesen ethischen Vorgaben entsprechen, Soldat werden. Als solche Normen für Soldatinnen und Soldaten können z. B. gelten: hart und durchsetzungsfähig sein, friedensförderlich sein, kampfbereit sein etc. So kann man aus der neuen Zentralen Dienstvorschrift 10/1 Innere Führung (2008) einen ganzen Katalog von Normen und Werten ableiten, die das Selbstkonzept und das Selbstwertgefühl des soldatischen Individuums positiv prägen sollen. Diese Festschreibungen auf ein Etwas konstruieren Wesentliches für das Individuum. Sie ontologisieren gewissermaßen bestimmte Eigenschaften für die Soldatinnen und Soldaten der Bundeswehr.

Das Berufsbild umfasst mindestens zwei Facetten: Es wird von der Öffentlichkeit mit der Bundeswehr und ihren Angehörigen in Verbindung gebracht, und es beansprucht, von den Angehörigen der militärischen Organisation (gegebenenfalls auch gegen die Interessen von Einzelnen) internalisiert zu werden. Da das Berufsbild des Soldaten gegenwärtig deutlichen Modifikationen unterliegt, ist es naheliegend, dass um seine Weiterentwicklung gerungen wird.

2.4   Identitätspolitik

Außen-, Sicherheits- und Verteidigungspolitiker betreiben Identitätspolitik für die Soldatinnen und Soldaten der Bundeswehr, indem sie ihnen bestimmte Aufträge erteilen und rechtliche Rahmenbedingungen vorgeben. Wer die Soldatinnen und Soldaten in die Welt hinausschickt – sei es als humanitäre Helfer oder als Kämpfer –, verändert ihre Selbstwahrnehmung und Selbstbeschreibung. Auch der Deutsche Bundeswehrverband, die beiden christlichen

11

Großkirchen, humanitäre Organisationen und andere gesellschaftliche Akteure beeinflussen die Soldatinnen und Soldaten, bemühen sich, diese in ihrer Identität zu prägen und betreiben in diesem Sinne Identitätspolitik. So hat die Frage nach der gesellschaftlichen Integration der Bundeswehr oder die nach der ethischen Berechtigung ihrer Aufträge Wirkung auf Selbstkonzept und Selbstwertgefühl, auf die individuelle Selbstdeutung wie auf das gruppenspezifische Konstrukt soldatischer Identität. Identitätspolitik und Identitätsaufbau ist zu beschreiben als ein beständiges Ringen zwischen verschiedenen Akteuren, die jeweils versuchen, individuelle Identitäten und Gruppenidentitäten zu beeinflussen. Zu bedenken ist aber auch: Der Versuch von Identitätssteuerung fordert Widerstand immer dann heraus, wenn es sich nicht um einen dialogischen Prozess handelt. Herausgefordert wird der Widerstand der Betroffenen von Identitätspolitik gerade dadurch, dass sie sich selbst als Objekt von Veränderungswünschen erfahren.

Identitätspolitik dient der Herstellung eines Ausgleichs zwischen dominanten und dominierten Interaktionspartnern, zwischen den Menschen, die in der Bundeswehr Dienst tun und den ihren Dienst reglementierenden Vorschriften, gesellschaftlichen Diskussionen zu den Aufgaben der Soldatinnen und Soldaten und politischen Aufträgen. Während zur Erläuterung des konstruktiv-dialogischen Charakters von Identität Konzepte aus der Psychologie herangezogen wurden, ist Identitätspolitik im Rückgriff auf Theorien der politischen Theorie zu umreißen. Identitätspolitik wird sowohl von dominanten Gruppen zur Erhaltung als auch von dominierten Gruppen zur Änderung des status quo benutzt.

Demgegenüber versucht die Identitätspolitik der dominierten Gruppen zu einem „Wir-Gefühl" zu finden. Es geht in den dominierten Gruppen darum, sich selber darzustellen und die eigene Identität zu definieren, um den von außen auferlegten Zuschreibungen, dem Berufsbild, eine Selbstdefinition entgegenzusetzen. Beispiele dafür sind etwa Webseiten, auf denen Soldatinnen und Soldaten sich über ihre Einsatzerfahrungen austauschen oder Kasinodiskurse. Auch die Entstehung neuer Selbstvertretungen von Soldatinnen und Soldaten ist denkbar. Dominierte Gruppen bedenken häufig nicht, dass sie ihrerseits Identitätspolitik betreiben, oder sie sehen ihre Aktionen und Interaktionen als vorübergehend notwendiges Stadium an, das eine von den dominierten Gruppen angeblich verschwiegene beziehungsweise aus dem öffentlichen Diskurs ausgeklammerte Wahrheit zur Sprache bringen will. Genau diese Situation besteht gegenwärtig in der Interaktion zwischen Bundeswehrsoldaten, ihrem Verband und der politischen Führung, dem deutschen Parlament und dem Verteidigungsministerium.

Die Unterscheidung von dominierender beziehungsweise dominanter und dominierter Gruppe ist schematisch und doch macht sie eines deutlich: Identitätspolitik ist ein beständiges Ringen zwischen verschiedenen Akteuren, die jeweils versuchen, individuelle Identität und Gruppenidentität zu prägen. Diese Vermittlung muss einerseits jeder Soldat und jede Soldatin selbst leisten, wenn sie oder er dem Dienstherrn, also der dominanten, qua iure identitätsbestimmenden Gruppe gegenüber treu und loyal sein will. Andererseits fordert jeder Versuch von Identitätssteuerung Widerstand heraus, wenn es sich nicht um einen dialogischen Prozess handelt. Individuen sind ihre Identität selbst aufbauende Wesen, sie prüfen die ihnen von außen, seitens der Politik und der Gesellschaft zukommenden Rollenzuschreibungen an ihrem bisherigen Selbstkonzept und Selbstwertgefühl und an ihren Erfahrungen ab. Verkompliziert werden die geschilderten Versuche der Identitätspolitik dadurch, dass die Soldatinnen und Soldaten sich ihrerseits als Gruppe von Kameraden erfahren und also der dominanten Gruppe gegenüber versuchen, ihrerseits zur dominierenden Gruppe zu werden.

3 Das Buch

Nach dieser Kartografierung des Themenfeldes ist es nun an der Zeit, die einzelnen Beiträge dieses Buches in der gebotenen Kürze vorzustellen.

Den Anfang macht *Erhard Stölting* mit einem konzeptionellen Beitrag zum Verhältnis von Organisation, Institution und Individuum, das am Beispiel des Militärs entfaltet wird. Seine Überlegungen rekurrieren vor allem auf das Sperrige, das Störrische und das Widerständige im Individuum und seiner Individualität. Seinen Ausgangspunkt nimmt Stölting beim Individuum, das in atomisierter Form nicht wirklich zu denken ist, sondern immer in Relation zu einer es umgebenden Gesellschaft. „Das Individuum", so schreibt er, „ist also nicht etwas, das fest gegeben ist, sondern etwas, das in der Interaktion mit einer je spezifischen natürlichen und sozialen Umwelt entsteht und nur in der Differenz zu ihr fassbar wird. Das Individuum lässt sich zwar als gestaltbar denken, aber es lässt sich kaum determinieren. Es tut doch meist etwas anderes als man erwartet, nur selten zwar das, was es ausdrücklich nicht tun soll, wohl aber etwas, mit dem niemand so gerechnet hatte." Damit bringt er letzten Endes zum Ausdruck, dass das rationalistisch durchgeplante Ideal der Disziplinierungs- und Zurichtungsversuche des Militärs notwendigerweise an Realisierungs- und Verwirklichungsgrenzen stoßen muss und die Planer-Ingenieure besser Abstand vom Ideal des Maschinen-Menschen nehmen sollten, denn die mechanistische Maschinen-Analogie, so sie bis ins Letzte durchexerziert wird, entzieht dem Individuum seine Individualität. Der mechanistischen Formalität in Institutionen entzieht sich das Individuum nun durch die Etablierung informeller Strukturen, die – so das paradoxe Ergebnis bei Stölting – nicht notwendig dysfunktional für die Institution sein müssen. Sie können es, ja, doch meist ist die Informalität funktional für die Funktionalität der Institution. Sie zu bekämpfen ist deswegen zumeist wenig ratsam.

Dass die Formalität der Bundeswehr ihre Soldaten und Soldatinnen nun keineswegs ihrer Individualität beraubt, sondern dem Individuum und seinen verschiedenen Identitätsfacetten Raum zur Entfaltung lässt, verdeutlicht der Beitrag von *Dieter Ohm*. Er skizziert die Erwartungen, die die militärische Organisation an ihre Soldaten und Soldatinnen heranträgt und zeichnet somit das soldatische Berufsbild der deutschen Streitkräfte. Dieses ist umfangreich, vielgestaltig und deckt eine große Bandbreite von verschiedenen Berufsrollen ab, die bisweilen einander sogar teilweise widersprechen können bzw. gegensätzliche Handlungslogiken verlangen. Doch insbesondere mit der Inneren Führung verfügt die Bundeswehr über eine Führungsphilosophie, deren praktische Anwendung den Soldatinnen und Soldaten einen festen Bezugspunkt bietet.

Loretana de Libero pflichtet dieser Aussage bei und öffnet zugleich den Blick für die historisch kontingenten Identitäts- und Berufsbildentwürfe der deutschen Streitkräfte nach 1945. Sie zeichnet die Entwicklung nach, die vom Leitbild des ,miles Christianus' in der Anfangsphase der Bundeswehr zum Leitbild des ,miles protector' der Gegenwart führt. Vor allem aber gibt sie einen profunden Einblick in die Traditionspolitik der Bundeswehr seit ihrer Gründung, die unter den Soldaten niemals unumstritten war und sich immer wieder ernsthaften Versuchen ausgesetzt sah, auf prekäre Traditionslinien aus den Vorgänger-Armeen der Bundeswehr zurückzugreifen. Mit großer Sympathie, doch letztlich nicht ganz frei von Zweifeln hinsichtlich seines Gelingens, begleitet sie den Versuch der Bundeswehr, ihre eigene Geschichte als traditionsbildend zu begreifen, also Traditionen aus der Bundeswehr heraus zu kreieren, die den Soldaten und Soldatinnen Halt, Orientierung, Selbstvergewisserung bieten können.

Jens Warburg wiederum wertet die Debatte über Selbstverständnis, Berufsbild und Identität der Bundeswehr und ihrer Soldaten und Soldatinnen als Krisensymptom, das anzeigt, dass sich die Bundeswehr in einer krisenhaften Situation befindet. Diese führt er auf die „paradoxen Anforderungen" zurück, die an die deutschen Soldaten und Soldatinnen in ihren Einsätzen gerichtet werden. Letzten Endes gibt sich Warburg skeptisch, ob die *greedy institution* Bundeswehr mittels ihrer Formal- und Machtstruktur langfristig in der Lage sein wird, diese paradoxen Anforderungen den Angehörigen der Bundeswehr kohärent und widerspruchsfrei zu vermitteln. „Die Paradoxie besteht (...) darin, dass sie Gegner militärisch bekämpfen und gleichzeitig wie zivile Akteure auftreten sollen, die keinesfalls aktiv am Kampfgeschehen beteiligt sein dürfen, um ihre Rollen ausüben zu können. Den Soldaten wird ein Spagat abverlangt, wenn sie innerhalb des gleichen Berufs und gleichzeitig oder doch zumindest zeitnah einerseits ihr Handeln an Normen ausrichten sollen, die sie befähigen sollen, Menschen zu verletzen und zu töten, und andererseits darauf, Menschen zu helfen. (...) Problematisch ist die Erwartung, dass die Soldaten innerhalb des gleichen Tätigkeitsfeldes, innerhalb des gleichen Berufs und zeitnah ihr Handeln an Normen ausrichten sollen, die im Widerspruch zueinander stehen. In diesem Sinne wird den Soldaten im Kriegseinsatz eine Paradoxie auferlegt und möglicherweise ein Zuviel an Flexibilität abverlangt." Die Anforderungen an die Soldaten und Soldatinnen sind für Warburg so hoch und so paradox, dass der individuelle Soldat und die individuelle Soldatin daran unter Einsatzbedingungen eigentlich nur scheitern kann. Ihm/ihr bleiben dann nur zwei Fluchtwege, die beide der Logik der Reduktion von Komplexität folgen: Entweder flüchtet man sich in eine reine Jobmentalität oder man fixiert sich auf den Kampf.

Den Blick in die empirische Praxis der Auslandseinsätze wirft anschließend *Jan Koehler* mit seinem Bericht aus Afghanistan und seiner Analyse des deutschen zivile und militärische Elemente verbindenden Ansatzes des Provincial Reconstruction Teams (PRT) in Kundus. Dabei beschreibt er die Reaktion der afghanischen Bevölkerung auf diesen Ansatz als durchaus positiv, merkt aber kritisch an, dass der Ansatz vielleicht doch zu militärlastig sei. Zudem stelle sich die Kooperation zwischen den militärischen und den zivilen Elementen als ungemein schwierig dar. Außerdem bemängelt er, dass sich das PRT aufgrund der üblichen Personalrotationen der Chance begibt, eine lernende Organisation zu werden. Insgesamt kommt er zu einer durchaus recht ähnlichen Schlussfolgerung wie Warburg.

Einen Einblick aus ganz anderer Perspektive in die Schwierigkeiten und Probleme des soldatischen Anforderungsprofils im Auslandseinsatz erhält man bei *Karl-Heinz Biesold*, der aus der Praxis seiner medizinisch-psychologischen Arbeit berichtet und hierbei insbesondere auf die Posttraumatische Belastungsstörung (PTBS) eingeht. Wie es zu einem PTBS kommt, in welcher Form bzw. in welchen Formen es sich äußert und äußern kann, erfährt man in seinem Beitrag. Desgleichen gewährt er nicht nur einen Blick in die Diagnose und Therapie von PTBS in der Bundeswehr, sondern er schildert auch, welche Anstrengungen die Bundeswehr im Vorfeld von Auslandseinsätzen unternimmt, damit die Soldatinnen und Soldaten sozusagen ‚resistenter' gegen PTBS werden.

Bei *Wilfried von Bredow* kann man im Anschluss daran nachlesen, was es mit der Transformation der Bundeswehr auf sich hat, wie es zu ihr gekommen ist, welche Inhalte sie hat, und mit welchen Problemen sie konfrontiert ist. Vor allem interessiert Bredow dabei die Gesellschaft, konstatiert er doch eine „Gesellschaftsbedürftigkeit der Transformation": „Was passiert

(...), wenn die professionelle Transformation der Bundeswehr kräftig voranschreitet, aber in der Öffentlichkeit weder ihre Notwendigkeit noch die damit
verbundenen Maßnahmen angemessen wahrgenommen und akzeptiert werden?" Die Transformation der Bundeswehr zu erläutern und die Auslandseinsätze der Bundeswehr authentisch zu vermitteln, sind für Bredow wichtige
Elemente einer Identitätspolitik der Bundeswehr gegenüber der Gesellschaft.
Dabei geht es ihm nicht allein um eine rein sachlich-technische Seite, sondern ganz besonderes Augenmerk müssen die deutschen Streitkräfte seiner
Ansicht nach auf die „politisch-normative[n] Aspekte des Soldatenberufs"
legen. Eine wichtige Rolle wird hierbei auch spielen, sowohl die eigenen
Soldatinnen und Soldaten wie auch die deutsche Öffentlichkeit auf den Fall
vorzubereiten, dass ein Auslandseinsatz erfolglos verläuft und abgebrochen
werden muss.

Julika Bake berichtet aus einem empirischen und international verglei-
chend angelegten Forschungsprojekt zur Frage nach dem demokratischen
Soldaten und stellt die ersten Zwischenergebnisse der Fallstudie zu Deutsch-
land dar, die interessante O-Töne aus der Truppe beinhaltet. Ein wichtiger
Punkt tritt hierbei in den Interviews klar zutage, und das ist die Frage der
Loyalität und der Anerkennung der deutschen Bevölkerung gegenüber den
Leistungen der Soldatinnen und Soldaten. Ganz ähnlich sieht es in der Frage
der Loyalität und Rückendeckung der Politik gegenüber den Soldaten aus,
denn „Soldaten brauchen Rückendeckung und Handlungssicherheit, um ihren
Job machen zu können, bekommen diese aber nicht unbedingt und haben
dann erst recht das unbefriedigende Gefühl ‚Wir fordern schon so wenig, sind
so genügsam, aber nicht mal dafür reicht es!'. Dieses Problemfeld wird in
Zukunft noch an Bedeutung gewinnen, sowohl was das konkrete Beispiel der
Schusswechsel mit Todesfolge betrifft als auch was die Frage angeht, wie
man dem berechtigten Bedürfnis der Soldaten nach Loyalität und Unterstützung institutionell, politisch und gesellschaftlich begegnet."

Angelika Dörfler-Dierken hinterfragt dann die „Identitätspolitik der Bundeswehr" im Hinblick auf ihren Umgang mit dem Tod des Soldaten. Dabei
geraten Worte wie Gefallene, Krieg, Opfer oder auch Kämpfer in den Blick.
Dörfler-Dierken diagnostiziert nicht nur eine gewisse Schwerfälligkeit der
militärischen Organisation und der für sie politisch und militärisch Verantwortlichen, sondern auch einige gedankliche und politische Unstimmigkei-
ten. Man tue sich schwer mit solchen Fragen und Begriffen, meint Dörfler-
Dierken und befürchtet, „dass die Entwicklung der auf Soldatinnen und Soldaten und die Aktivitäten der Bundeswehr bezogene öffentliche Sprache sich
immer weiter martialisiert, immer stärker zu einer Sprache wird, die in der
friedlichen Zivilgesellschaft in Deutschland nicht gesprochen wird". Ihrer
Ansicht nach muss Identitätspolitik „zweierlei leisten: Sie muss diese in die

zivile und friedensorientierte Gesellschaft integrieren, und sie muss zugleich Erfahrungen anbieten, die Sinn stiften für einen polizeiähnlichen Einsatz in einem fernen Land. Das dürfte am besten dann gelingen, wenn Identitätspolitik mit den Soldatinnen und Soldaten und nicht gegen sie gemacht wird."

Gerhard Kümmel schließlich entwickelt in seinem Beitrag ein analytisches Modell, dass „das soldatische Subjekt konkret in einem Interpenetrationszusammenhang von gestresster militärischer Organisation, ambitionierter Politik, ambivalenter Gesellschaft und prä-/post-westfälischer Weltrisikogesellschaft" verortet. In diesem Interpenetrationszusammenhang wird seiner Ansicht nach das definiert, was als Rollenanforderung an die Soldatinnen und Soldaten konkret herangetragen wird, und dieses Rollen- und Funktions-Set bestimmt er als ein vielstimmiges. Entsprechend plädiert er dafür, soldatische Identität „im Plural, im Sinne von überlappenden Identitäten zu denken".

Wir denken, dass in den Beiträgen dieses Sammelbandes wichtige Elemente und Facetten des Identitäts-Selbstverständnis-Berufsbild-Diskurses angesprochen und relevante Argumente vorgetragen werden, die die Debatte weiter anregen und befruchten können. Ein konsensuales Ergebnis darf man sich allerdings nicht erhoffen. Wir danken den Autorinnen und Autoren – auch im Namen des Sozialwissenschaftlichen Instituts der Bundeswehr – für ihre Bereitschaft, ihre Expertise in den SOWI-Workshop einzubringen und sich den – auch kritischen – Fragen zu stellen. Ebenso sind wir den Autorinnen und Autoren zu Dank verpflichtet für ihre Mühe, ihre Beiträge für die Zwecke der Dokumentation des Workshops noch einmal zu überarbeiten. Schließlich geht ein großes Dankeschön an Herrn Edgar Naumann für das überaus kompetente und kritische Lektorat des Sammelbandes und an Frau Andrea Fengler für ihre Sorgfalt bei der Erstellung des Manuskripts. Möge sich die Arbeit aller Beteiligten in der Form lohnen, dass dieses Buch eine breite Leserschaft findet.

Strausberg, im Frühjahr 2010   Angelika Dörfler-Dierken
                                              & Gerhard Kümmel

Einführung des Direktors des Sozialwissenschaftlichen Instituts der Bundeswehr zur Eröffnung des Workshops

Ernst-Christoph Meier

Meine Damen, meine Herren, ich darf Sie alle zu diesem Workshop „Identität, Selbstverständnis, Berufsbild – Implikationen der neuen Einsatzrealität für die Bundeswehr" des Sozialwissenschaftlichen Instituts der Bundeswehr in Strausberg herzlich begrüßen. Ich freue mich sehr, dass dieser Workshop hier, zu diesem Thema und in dieser Zusammensetzung stattfindet.

Das Thema dieses Workshops „Identität, Selbstverständnis, Berufsbild – Implikationen der neuen Einsatzrealität für die Bundeswehr" knüpft nahtlos an Studien des Sozialwissenschaftlichen Instituts der Bundeswehr an, welche sich in unterschiedlichen Zusammenhängen mit dem soldatischen Selbstverständnis und der soldatischen Identität in der Bundeswehr beschäftigen.

Der Impuls für diesen Workshop ist der Erkenntnis geschuldet, dass der dramatische Wandlungsprozess der Streitkräfte in den vergangenen gut 15 Jahren eine ebenso dramatische Veränderung des Selbstverständnisses der Soldaten der Bundeswehr bewirkt hat. Die Ergebnisse unserer eigenen Forschungsarbeit reflektieren diesen Wandel.

Der Wandel von der territorial orientierten Verteidigungsarmee zur im globalen Rahmen agierenden Einsatzarmee wirft nach wie vor viele Fragen auf. Sie sind auf den verschiedenen Ebenen des soldatischen Subjekts, der militärischen Organisation und der Gesellschaft angesiedelt.

Die Antworten darauf sind für ganz unterschiedliche Zusammenhänge relevant – von der Attraktivität und Personalgewinnung der Streitkräfte bis hin zum Verständnis des politischen Auftrags und zur Einsatzrealität der Soldatinnen und Soldaten.

Die Selbst- und Fremdwahrnehmung des Soldaten der Bundeswehr, sein Berufsbild, seine Einstellungen und Haltung zu dem, was er – immer häufiger im Einsatz – tut, werden hierbei durch verschiedene Faktoren beeinflusst. Ich möchte sechs von ihnen nennen:

1. die Hybridisierung des Soldaten – wie dies von Haltiner und Kümmel angesichts seiner multifunktionalen Aufgaben im Einsatz genannt wird – und wie dies auch in der Weißbuch-Formel vom Kämpfer, Helfer, Schützer und Vermittler zum Ausdruck kommt;
2. die hohen und zum Teil gravierend veränderten Ansprüche an die Aufgabenerfüllung vor Ort in intellektueller, ethischer, interkultureller und natürlich auch militär-fachlicher Hinsicht;

3. ein Wertepluralismus, der traditionelle Pflicht- und Akzeptanzwerte in ihrer Wertigkeit zugunsten der Persönlichkeitsentfaltung und individuellen Selbstbestimmung reduziert hat;
4. die veränderte Bedeutung der Anwendung militärischer Gewalt unter den heutigen sicherheitspolitischen Bedingungen;
5. der multinationale Charakter von Einsätzen als Regel;
6. die Loslösung des Soldaten im oftmals gefährlichen Einsatz vom zivilen Bürger, der im tiefsten Frieden in Deutschland zurückbleibt.

Jeder dieser Faktoren hat enorme Implikationen für den einzelnen Soldaten von heute, für die kollektive soldatische Identität und für eine Gesellschaft, die ihre Streitkräfte in den fernen Einsatz schickt. Zusammengenommen verdeutlichen sie den in den besonderen Einsatzbedingungen liegenden Paradigmenwechsel für die Herausbildung von Identität und beruflichem Selbstverständnis der Soldaten der Bundeswehr.

Für diesen Workshop haben wir uns für eine Struktur entschieden, welche die normative Dimension soldatischer Identität der empirischen gegenübergestellt. Das eine wie das andere liegt weder umfassend vor noch wird dies natürlich jemals in der Zukunft der Fall sein. Trotzdem glauben wir, dass dieser Ansatz für einen Workshop, der sich dieses schillernden Themas soldatischer Identität annimmt, Sinn macht, auch wenn es natürlich immer auch andere Zugänge gibt. Ich bin sicher, wir werden, wie es sich für eine wissenschaftliche Veranstaltung gehört, sehr heterogene Beiträge hören. Das ist so auch gewollt.

Meine Damen, meine Herren, im Januar 2008 wurde mit der Zentralen Dienstvorschrift 10/1 durch den Bundesminister der Verteidigung ein wichtiges und durchdachtes Grundlagenpapier zur Inneren Führung unter dem Titel „Selbstverständnis und Führungskultur" erlassen. Sie ist verbindlich für alle Soldatinnen und Soldaten. Aber sie beantwortet nicht alle Fragen, und selbst die, die sie beantwortet, können natürlich auch anders beantwortet werden.

Die Identitätsdiskussion wird also weitergehen. So wie sich die Einsatzrealität der Bundeswehr in all ihren Dimensionen weiterentwickeln wird. Dieser Workshop ist ein kleiner Teil der fortdauernden Diskussion über das, was den Soldaten der Bundeswehr heute ausmacht.

Ich wünsche Ihnen und uns eine interessante Konferenz, die wir alle erkenntnisreicher beenden als wir sie heute beginnen. Der nun folgende Eröffnungsvortrag von Prof. Stölting ist dafür die beste Voraussetzung. Herr Prof. Stölting, ich möchte mich noch einmal für Ihre Bereitschaft zu diesem Vortrag, auf den wir alle gespannt sind, bedanken und darf Sie nun bitten, mich an dieser Stelle abzulösen. Vielen Dank.

Organisation, Institution und Individuum: Der militärische Kontext in soziologischer Perspektive

Erhard Stölting

1   Einleitung

Es ist zuweilen einfacher, sich mit betriebswirtschaftlichen Instrumenten der sozialen Wirklichkeit zu nähern: Wenn eine bestimmte konkrete Absicht, ein ausformulierter Zweck vorhanden ist, wenn die möglichen Instrumente und Restriktionen bekannt sind, lassen sich zielführende Strukturen finden und nach Möglichkeit implementieren. Die Zwecke werden von oben bis zu einer bestimmten unteren Ebene hin durchgereicht. Was für eine tiefer liegende Ebene Zweck ist, kann für die höhere Mittel sein und entsprechend rational eingeschätzt und beurteilt werden. Aber die auf diesen Voraussetzungen aufbauenden und vorab rational durchdachten Maßnahmen funktionieren oft schlechter als angenommen. Die Planenden haben vielleicht etwas falsch eingeschätzt, etwas anderes übersehen; ihre Planung wird nachjustiert. Auch das ist üblich und zu erwarten.

Die eben entfaltete Konstellation entspricht dem Rationalitätsmodell Max Webers, es ist also bereits soziologienah. Allerdings schließt Weber Kritik von unten nach oben nicht aus. Sie betrifft nicht die ethische Gültigkeit der übergreifenden Zwecke; hierarchische Organisationen sind intern nicht als demokratische zu denken. Die Kritik nach oben betrifft nur die Auswahl der Mittel und ihren Einsatz. Selbst die Wissenschaft hat nach Weber keine Kompetenz, die Gültigkeit von Wertentscheidungen zu beurteilen. Dem Wissenschaftler und dem Techniker stehen legitime Werturteile nur in ihrer Eigenschaft als Bürger, nicht als Fachleute, zu. (vgl. Weber 1973a) Aber sie können mit ihrer Kompetenz beurteilen, wie es zu einer bestimmten Zwecksetzung gekommen ist, ob sie widerspruchsfrei formulierbar ist, ob sie überhaupt realisierbar ist, welche Kosten ihre Realisierung verursachen wird, ob sie dann nicht mit anderen Zwecksetzungen kollidiert.

Diese Perspektive ist zwar vielen Sozialwissenschaften gemeinsam, so der Politikwissenschaft, der Verwaltungswissenschaft und der Betriebswirtschaftslehre. Sie wird in ihnen aber immer wieder ignoriert. Immer wieder beanspruchen Wissenschaftler und Techniker öffentlich über ihre Fachkompetenz hinaus eine moralische Autorität. Und Politiker, die ihre Werthaltungen öffentlich verbergen wollen, billigen ihnen diese Autorität öffentlich zu. Dafür verschweigen oder diskreditieren sie in anderen Fällen wissenschaftliche Befunde, die bei der Realisierung ihrer Wunschvorstellungen nicht hilfreich erscheinen. Was für alle wissenschaftlich und technisch komplexen Bereiche gilt, gilt im Übrigen auch für militärische Angelegenheiten. Wie man eine militärische Aktion durchführt, steht in der Kompetenz der entsprechenden Fachleute, ob man sie durchführen soll, nicht.

Bleibt man beim rationalen Handeln für vorbestimmte Zwecke, dann kann sich eine weitere Komplikation ergeben, die die rationale Planung erschwert, wenn es nicht um technische Planungen und Geräte im engeren Sinne, sondern um menschliche Kooperationen geht. Auch Sozialwissenschaftler übernehmen gern den Habitus kühl kalkulierender Techniker, die es mit durchrechenbaren Modellen und eindeutigen Ergebnissen zu tun haben. Was die Technik und die entsprechenden Wissenschaften, die es mit unbelebter und belebter Natur zu tun haben, so anziehend macht, ist ihre offensichtliche ‚Härte', die die angeblich ‚weichen' Wissenschaften nicht erreichen.

Es geht hier nicht mehr um die normativen Entscheidungen – ob also der Konstrukteur einer neuen und technischen raffinierten Guillotine auch über ihren Einsatz entscheiden sollte. Es geht darum, dass in sozialen Prozessen Phänomene enthalten sind, die sich nicht restlos technisch reduzieren lassen. Dem untersuchten und bearbeiteten Stoff gegenüber, den sozialen Beziehungen, lassen sich zwar technisch-modellierende Überlegungen anwenden bzw. es lassen sich die ‚weichen' Konstellationen zugunsten möglichst exakter Modellierungen isolieren. Dann scheint eine Planung zum guten Ende möglich zu sein, aber sie erscheint aus theoretischen Gründen unplausibel. Es ist zwar nicht klar, woran der Plan scheitern wird, nur dass er im ersten und zweiten Anlauf unerwartete Folgen haben wird, ist sicher. Die angeblich ‚weichen' sozialen Faktoren sind unausweichlich. Sie liegen zum Teil im Individuum, vor allem aber in den sozialen Interaktionen und den sozialen Institutionen. (Offe 2004) Um das sich daraus ergebende Problem einzuhegen, beginne ich mit dem Individuum, gehe von ihm aus zur Institution über um schließlich die Organisation und mit ihr die sehr praktische Welt der informellen Strukturen zu erreichen.

2   Individuum und Disziplin

Aus einer soziologischen Perspektive lässt sich das Individuum ohne Gesellschaft nicht denken. Es kommt immer schon im Plural vor (Elias 1971: 9ff.). Als isoliertes ist das Individuum eine wissenschaftliche Fiktion, die aus Gründen theorietechnischer Nützlichkeit angenommen werden kann – etwa um einen individuellen Marktteilnehmer und seine Handlungsstrategien zu modellieren. Aber als isoliertes ist das Individuum nicht real denkbar. Es steht immer schon in einem familialen Zusammenhang, es ist mit anderen verbunden, es ist Marktteilnehmer, arbeitet in Kooperationszusammenhängen, betet gemeinsam mit anderen, ist gehorsamer Untergebener oder fürsorglicher Vorgesetzter. In seinen sozialen Positionen lebt und formt sich das Individuum. Seine Biografie, in der es seine Individualität ausbildet, ist auch eine Geschichte der Einflüsse, die auf es einwirkten. Jeder und jede ist anders – nicht nur wegen eines irreduziblen individuellen Kerns, sondern darüber hinaus auch wegen der vielfältigen sozialen Zusammenhänge, in denen die je spezifische Individualität entstand. Das Individuum ist also nicht etwas, das fest gegeben ist, sondern etwas, das in der Interaktion mit einer je spezifischen natürlichen und sozialen Umwelt entsteht und nur in der Differenz zu ihr fassbar wird.

Das Individuum lässt sich zwar als gestaltbar denken, aber es lässt sich kaum determinieren. Es tut doch meist etwas anderes als man erwartet, nur selten zwar das, was es ausdrücklich nicht tun soll, wohl aber etwas, mit dem niemand so gerechnet hatte. In vielen Fällen ist das nicht weiter schlimm; der planende Verstand aber ist zu ständigen Umarbeitungen veranlasst. Begrifflich lässt sich das durch eine begriffliche Aufspaltung des ‚Ich' fassen – in eines, das handelt, und in eines, das das Handeln beobachtet. Das ‚I' in der Formulierung von George Herbert Mead (1934) lässt sich als eine Art Zufallsgenerator beschreiben, dem ein ‚Me' entgegensteht und das sich reflektierend und beobachtend auf das ‚I' bezieht.

Aus dieser Perspektive lässt sich weder ein deterministisches Wissenschaftsprogramm fundieren noch entsprechende Sozialtechniken. Sie lässt sich aber insofern an die moderne soziologische Systemtheorie anschließen, als es den Begriff der Kontingenz in das Zentrum der Theoriekonstruktion rückt (Luhmann 1984). Auf eine Kommunikation ist nicht nur eine einzige ‚Anschlusskommunikation' zu erwarten, sondern verschiedene alternative. Sicher ist nur, dass es überhaupt zu einer Anschlusskommunikation kommen wird. Ein Schüler etwa kann die Anweisung eines Lehrers befolgen, er kann aber auch rebellieren, er kann weghören usw. – die Möglichkeiten sind jedem vertraut, der einmal eine Schule besucht hat (Luhmann 2002: 102ff.). Für militärische und vor allem für moderne militärische Kontexte ist diese Kontingenzvorstellung außerordentlich wichtig, denn sie kann deterministische Orientierungen, die in ihrer Eindeutigkeit und Klarheit auf den ersten Blick so hilfreich sind, unterminieren.

Dabei sind die Versuche einer Determination gerade in der militärischen Geschichte wichtig gewesen – etwa in der massenhaften Disziplin seit den Heeresreformen unter Moritz von Oranien ab 1580, noch vor der Nationalisierung der europäischen Armeen (Roberts 1995: 13–35; Oman 1991). Die Soldaten und die Heeresabteilungen, in denen sie zusammengefasst wurden, sollten mechanisch auf Anweisungen reagieren und auf diese Weise zu handhabbaren Werkzeugen in der Hand ihrer Befehlshaber werden (Bröckling 1997; Delbrück 1920: 285ff.). Die Körper der Soldaten – und implizit auch ihre Psychen – sollten maschinenähnlich reagieren, sie sollten komplexe technische Verrichtungen wie im Schlaf, ohne weiteres Überlegen durchführen. Auf diesem Wege hätten die Armeen als Instrumente der rational planenden Führungen operieren können.

Die Rückwirkungen der strikten Disziplin auf die Heeresorganisation waren erheblich. Die Verwandlung der Armeen in ein Instrument planenden Verstandes stellte den höheren Offizieren die Aufgabe, die Armeen dann taktisch und strategisch erfolgreich einzusetzen. Ihr Berufsbild glich sich insofern jenem von Ingenieuren an. Die neue Disziplin durchdrang über das Armeewesen hinaus und nach deren Vorbild auch die weitere Gesellschaft. Die Manufakturen des 18. Jahrhunderts, ebenso wie die Fabriken des 19. Jahrhunderts setzten eine strikte Disziplin – einschließlich einer strikten Zeitdisziplin – voraus und durch (Mann 1998: 249ff.; Thompson 1980: 34ff.). Auch hier wurden die großen Komplexe technischer Funktionen und menschlichen Handelns einem Regime planender Direktion unterworfen – im Idealfall einem einheitlichen und widerspruchsfreien Willen.

Das hinter dieser disziplinären Konzeption stehende Menschenbild entsprach dem der europäischen Aufklärung und hatte seine Kulmination und stärkste Vereinfachung in Julien Offray de la Mettries ‚L'homme machine' (1748a), in dem der menschliche Organismus und der menschliche Geist einer Maschine analog bzw. als Maschine gedacht wurde.[1] Die Idee, die Menschen nach dem Paradigma einer Maschine zu denken, blieb in Teilen der Humanwissenschaften bis ins 21. Jahrhundert wirksam, fruchtbar und unvollkommen. Das Gleiche galt allerdings auch für das im 19. Jahrhundert aufkommende organische Paradigma, das in der Systemtheorie bis heute fortwirkt. Die Erziehung und die Handlungsleitung begannen sich dann jener von Dompteuren und Züchtern zu gleichen.

Aber nicht alle Veränderungen, die infolge der Heeresreform Moritz von Oraniens einsetzten, waren geplant oder planbar. Die Maschinenanalogie ließ sich nicht restlos umsetzen. Menschen waren eben keine Maschinen. Anders als Natur selbst mussten sie durch die Disziplin erst zu einem Verhalten gebracht werden, das gerade nicht ‚natürlich' war. Der Körper und der Geist waren erst zu disziplinieren, so dass sie sich *wie* Natur verhielten. Das galt für den gesamten Bereich, in dem die aufklärerische Disziplin durchgesetzt wurde, also etwa auch für die Pädagogik (Bröckling 1997; Foucault 1975: 137ff.). Das entsprechende mechanistische Menschenbild ließ damit keinen Raum für Individualität. Wo Individualität auftauchte, störte sie, sie erschien als Disziplinlosigkeit, als mangelnde Unterwerfung usw. Sie sollte wegreguliert werden – teils durch notfalls drakonische Strafen, teils durch beharrli-

---

1 De la Mettrie selbst war allerdings nicht festgelegt; von ihm stammt auch die Organismusanalogie (vgl. Mettrie 1748b).

ches Einüben, teils durch eine Ethik des unbedingten Gehorsams, der bestimmten Aspekten der christlichen Tradition nicht ganz fremd war.

Es entspricht dem technischen Paradigma, dass es auf den höheren Ebenen der disziplinierten militärischen und wirtschaftlichen Hierarchien nicht mehr um eine Entsubjektivierung von Soldaten, sondern um die Verwandlung der Offiziere analog den Technikern, Ingenieuren und Unternehmensführern ging, denen strategische Entscheidungskompetenz zugebilligt wurde. So konnten die Offiziere auch in den oberen Ständen zum männlichen Vorbild schlechthin werden. Sie stünden im technischen Paradigma sozial auf der anderen Seite, sie gehörten zu jenen, die die Natur der anderen beherrschen, koordinieren und in möglichst klugen Strategien einsetzen. Diese Perspektive ist der disziplinären nicht entgegengesetzt, sie erscheint als deren notwendige Ergänzung und widerspricht ihr gleichwohl, ein Widerspruch der in die soziologische Komplexität der Organisationsplanung hineinreicht.

3   Ethik und Institution

Die Grundkonstellation lässt sich am deutschen Idealismus – vor allem bei Fichte und Hegel besonders gut exemplifizieren, ohne dass sie an dieser Stelle umfangreich expliziert werden müsste (Janke 2008; Schmidt 2007). Der Naturzusammenhang bzw. die physische Welt wurde in dieser Denkform zunächst ähnlich gedacht wie bei den auf den ersten Blick mechanistischen Aufklärern. Die ,bloße' Natur galt als Determinationszusammenhang, der durch Naturgesetze regiert wurde. Als Naturwesen waren damit auch die Menschen zunächst in ihrem Denken und Handeln als determiniert zu denken. Insofern sie aber den Naturgesetzen unterworfen waren, galten sie als unfrei. Freiheit erlangten sie erst, indem sie ihr Handeln der reflektierenden Vernunft unterwarfen, sich also gegen die Natur stellten bzw. ihrer Vernunft die eigene Natur unterwarfen. Diese angestrebte Dominanz der Vernunft erhielt die Bezeichnung ,Sittlichkeit'. Voraussetzung von Freiheit, gedacht als Freiheit von Naturzwängen, war also eine Unterwerfung unter die Sittlichkeit, die sich aus der Vernunft ableitete. ,Bildung' bestand dann in einer Umformung der eigenen Person auf die Forderungen der Vernunft hin, deren Postulate in der Persönlichkeit aufgingen. ,Freiheit' hieß also gerade nicht Spontaneität, also auch nicht Beliebigkeit, sondern Handeln nach Maßgabe seiner Überprüfung durch die Vernunft. Die Vernunft aber schloss eine verantwortliche Beziehung der Person zum Gemeinwesen ein. Das eigene Streben nach Sittlichkeit konnte nicht die Verhinderung dieses Strebens bei anderen in Kauf nehmen; im Postulat der Sittlichkeit war immer auch die Verantwortlichkeit für das Ganze enthalten.

Dieser emphatische Begriff der gebildeten Individualität hatte für den militärischen Zusammenhang Konsequenzen und konnte in bestimmten Fällen die militärisch ambivalente Tugend der Insubordination begründen – und das bis hin zu den Konsequenzen, die die Verschwörer des 20. Juli für sich zogen. Johann Friedrich von der Marwitz (1723–1781) war hier das leuchtende Vorbild („Wählte Ungnade, wo Gehorsam nicht Ehre brachte"; zit. nach Fontane 1994: 224ff.).

Der durch den deutschen Idealismus geprägte Begriff des Individuums wirkte bis in die Konzeptionen des Individuums nach, die im 20. Jahrhundert formuliert wurden (Stölting 1986: 298ff.), etwa durch den großen Pädagogen Eduard Spranger (1953) oder den Mitbegründer der deutschen Soziologie, Leopold von Wiese (1932). Ihnen war bewusst, dass Menschen nicht nur durch Lehrer oder durch pädagogische Institutionen geprägt werden, sondern vor allem durch die Gruppen weitgehend Gleichaltriger, in die sie integriert waren und in denen sie nach gruppenspezifischen Normen Anerkennung erstrebten. Hier erfuhren sie – zeitlich nach ihrem Elternhaus und es ergänzend – eine biografisch nicht selten entscheidende zusätzliche Sozialisation. Hier formten sich ihre Persönlichkeiten.

Der Durchgang durch die Sozialisation in den Gruppen Gleichaltriger war in dieser Konzeption eine wesentliche und unumgehbare Phase des Jugendalters. Sie glückt aber nur dann wirklich, wenn die dort vermittelten Normen verinnerlicht wurden. Die Gruppennormen sollten die individuelle Persönlichkeit in einer Weise formen, in der das Individuum schließlich in seinen Urteilen nicht mehr auf seine unmittelbare soziale Umwelt angewiesen wäre. Es könne dann eigene Urteile fällen und – mit sittlichen Begründungen – individuell der eigenen sozialen Umgebung widersprechen, im Extremfall also autonom und tapfer dem eigenen Gewissen folgen.

Natürlich bleibt das ethische Ziel einer autonomen Persönlichkeit, wie sie im deutschen Idealismus formuliert und von Eduard Spranger und Leopold von Wiese fortgeführt wurde, ein selten realisiertes Ideal. Ein solches Handeln wäre im emphatischen Sinne durch Werte geleitet und bereit gewesen, Opfer auf sich zu nehmen, wie von der Marwitz. Spranger und Wiese hatten das Ideal zwar formuliert, waren aber selbst zu schwach gewesen, es zu realisieren. Sie lehnten innerlich das NS-Regime ab, aber dann mangelte es ihnen selbst verständlicherweise doch an Mut (Spranger 1955: 457–473; von Wiese 1957; vgl. auch Matthes 1998). Das musste aber nicht bedeuten, dass sie mit ihrem Anspruch unrecht hatten. Die Abhängigkeit von den anderen, das soziale Milieu, in welches das Individuum integriert ist, ist und bleibt doch groß. Das Ziel einer Orientierung des Handelns an unbedingten Werten bleibt eine seltene Ausnahme.

Die Vorstellung der Existenz leitender Werte, die in der idealistischen Philosophie aus der Vernunft abgeleitet werden sollte und eine entsprechende allgemein verbindliche Ethik begründen können sollte, aber lässt sich wiederum soziologisieren. Die Relativierung entstand in kulturvergleichenden Beobachtungen, sowohl geschichtlich wie ethnologisch (Jaeger/Rüsen 1992). Dass andere historische Epochen unter anderen Wertungen standen, dass unterschiedliche Kulturen anderen Wertungen folgten, stand im Widerspruch zu der Hoffnung einer Begründung der Sittlichkeit aus der Vernunft.

Max Weber, der bereits auf dieses relativierende Wissen reagierte, hatte nur die Frage der Gültigkeit dezisionistisch beantwortet, aber die historische Untersuchung von Werten als wissenschaftlich akzeptiert. Werte, Komplexe von Werten waren als Fakten erforschbar. Das galt für die Geschichtswissenschaft und die Ethnologie ohnehin. Nun impliziert der Begriff der ‚Kultur', dass bestimmte soziale Gemeinschaften über gemeinsam geteilte Begriffe und Normen verfügen, durch die sie sich von anderen unterscheiden (Malinowski 2005; Stocking 1996). Der Begriff wurde in der strukturell-funktionalen Theorie auf ganze Gesellschaften übertragen und fand bei Talcott Parsons (1951: 151ff.; vgl. auch Kuper 1999: 47ff.) eine bündige Ausformulierung. Ihr zufolge werden Gesellschaften durch Werte, die in ihrer Gesamtheit das ‚kulturelle System' ausmachen bzw. die normative Stabilität einer Gesellschaft garantieren, stabilisiert. Die künftigen Mitglieder der Gesellschaft nehmen in der Sozialisation die Werte der Kultur in sich auf, ‚verinnerlichen' sie und werden dadurch in die Gesellschaft integriert. Umgekehrt existiert die Kultur real nur in den individuellen Gesellschaftsmitgliedern, die auch für die Verinnerlichung der kulturellen Werte bei den nachwachsenden Generationen sorgen. Sie sind nicht den Individuen, sondern der Gesellschaft zuzurechnen, aber sie existieren in den Individuen, die sie verinnerlicht haben.

Der Begriff der Institution verlagert diesen Begriff einer normativen Kultur wiederum aus den Individuen hinaus: Der moderne Begriff der Institution hat sich innerhalb der romantischen Rechtswissenschaft bei Savigny herausgebildet und bezog konzeptuell immer bereits die Gesellschaft ein. Die ‚Institute' stellen bei Carl von Savigny, der den Begriff im 19. Jahrhundert entfaltete, die Beziehungen einzelner Rechtssätze zum Rechtssystem überhaupt her. Die Institutionen sind damit etwas, das dem konkreten Recht vorgängig ist und in sich – nach Savigny – den ‚Volksgeist' verkörpert (Rüthers 1968: 78ff.; Röhl 1990: 357ff.). Die Brücke zur soziologischen Reformulierung findet sich jedoch bei dem französischen Juristen Maurice Hauriou (vgl. Desqueyrat 1968: 118ff.; Luhmann 2009 [1965]). Institutionen sind für ihn die eigentlichen objektiven Elemente des Rechtssystems; sie schaffen die Rechtsnormen und nicht umgekehrt. Der individuelle rationale Zugriff geschieht also bereits im Kontext bestehender Institutionen. Institutionen sind danach nicht mit rational gesetzten und geplanten Einrichtungen, also Organisationen, gleichzusetzen. Hier weicht der sozialwissenschaftliche Sprachgebrauch von dem alltäglichen und dem politischen ab. Institutionen sind danach eben nicht rational geplant, sie entstehen und lassen sich – anders als Organisationen – nicht planvoll herstellen. Eine Universität ist etwa eine Institution. Die Universität Göttingen ist eine Organisation, die sich an dem Begriff der Institution Universität orientiert, nach ihm geformt wurde und insofern die Bezeichnung zurecht trägt. Als Institution ist sie nicht beliebigen bürokratischen Zugriffen zugänglich; es lassen sich reformierende Eingriffe denken, nach denen es falsch erscheinen könnte, sie weiterhin als ‚Universität' zu bezeichnen. Organisierende reformende Veränderungen von Organisationen können sich an Institutionen orientieren, ohne dadurch vollständig determiniert zu sein (Stölting 1999: 111ff.).

Zum soziologischen Begriff der Institutionen gibt es, trotz der perspektivischen Differenzierungen bei verschiedenen Theoretikern und Strömungen, doch wesentliche Übereinstimmungen, von der konservativen Konzeption Arnold Gehlens über die liberalen Vorstellungen von Helmuth Plessner bis zu dem phänomenologischen Begriff bei Peter Berger und Thomas Luckmann (Lethen 2004: 89ff.).

In allen Fällen handelt es sich bei Institutionen um normativ stabilisierte Verhaltenserwartungen. Gemeinsamer anthropologischer Ausgangspunkt ist die Instinktreduziertheit der Menschen. Weil die Menschen bei ihren Reaktionen auf Reize aus der natürlichen oder sozialen Umwelt nicht instinktiv reagieren können, sind sie zunächst auf ihren Verstand angewiesen. Sie reagieren anders als Tiere überlegt. Aber sie wären in ihren Überlegungen angesichts einer Überfülle von Reizen, die auf sie eindringen, überfordert. Sie könnten gar nicht mehr rational handeln, wenn sie nur rational handeln müssten. Hier übernehmen die Institutionen, die sich in der Gesellschaft bilden, die Funktion eines ‚Instinktersatzes'. In stabilen, nicht weiter überlegten Annahmen über die Welt und über das richtige Handeln kann ich auf Reize ohne große Überlegung reagieren. Ich gewinne eine Sicherheit, die mich für konzentrierte Reflexionen außerhalb meines alltäglichen Handelns und jenseits normativer Unsicherheiten entlastet. Institutionen sind also Vorstellungen darüber, wie etwas getan werden soll, sie sind Komplexe sozialer Praktiken, die aus für selbstverständlich gehaltenen Rollen bestehen. Diese Verhaltenserwartungen müssen sich nicht allein auf Menschen richten, sie können sich auch auf Organisationen als ganze richten.

Das einleitend dargestellte Dilemma von Wertsetzungen und individuellem rationalen Handeln verschiebt sich damit auf eine Differenz von Institu-

28

tion einerseits und rational geplanter Organisation andererseits, die doch aufeinander verweisen. Der Begriff der Institution ermöglichte dabei eine Spezifizierung, die die Vorstellung einer einheitlichen gesellschaftlichen Kultur, wie sie bei Talcott Parsons bestanden hatte, auflöst. Gesellschaften erscheinen nicht mehr als einheitlich, sondern über ihre institutionelle Vielfalt in sich selbst als vielfältig.

Diese Vielfalt aber hat Rückwirkungen auf die Möglichkeiten instrumenteller organisatorischer Planung. Die beteiligten Individuen sind durch ihre Institutionen geprägt, zu denen sie sich verhalten, ohne von ihnen determiniert zu sein. Die organisatorischen Kontexte, Herrschaftsverhältnisse, Planungen haben Rückwirkungen auf ihr Handeln. Aber ihrerseits verhalten sie sich zu den Zumutungen von außen, wobei ihre Reaktionen wiederum durch die Institutionen mitbedingt werden. In dieser Aussage steckt implizit bereits die Vermittlung zwischen der mechanischen und der idealistischen Perspektive, die sowohl in der deutschen wie in der amerikanischen Soziologie des 20. Jahrhunderts entwickelt wurde. Wir wissen auch durch George Herbert Mead oder durch Charles Horton Cooley, dass sich die Person in Interaktion mit anderen formt (Joas 1985; Cooley 1998). Die Menschen sind mit normativen Ansprüchen konfrontiert, die von der sozialen Umgebung ausgehen. Das individuelle Handeln wird von der sozialen Umgebung entsprechend spezifischer Normen positiv oder negativ beurteilt und sanktioniert. Die Menschen sind andererseits für ihr Selbstwertgefühl auf die Anerkennung der sozialen Umgebung angewiesen. Das gänzlich autonome und selbstbewusste Individuum, das sich um seine Umwelt nicht mehr schert, ist danach weitgehend eine literarische Fiktion, eine geläufige, aber kontrafaktische Form der Darstellung oder ein seltener Extremfall.

Wir wissen zugleich, dass es der Person nur selektiv auf das Urteil ihrer sozialen Umwelt ankommt, auf das Urteil jenes engeren Kreises, der sich – in Anschluss an Robert K. Merton – als ‚Bezugsgruppe' bestimmen lässt (Merton 1968a: 279ff.; 1968b: 335ff.). Ihr wollen die Menschen gefallen, aus ihrer Perspektive betrachten und beurteilen sie sich selbst. Unterschiedliche Bezugsgruppen aber können ganz unterschiedliche Handlungsweisen negativ oder positiv bewerten. In der Jugendsoziologie ist dieser Zusammenhang besonders wichtig geworden. Abweichendes Verhalten von Jugendlichen ist deshalb schwer zu ändern, weil sich die meisten Jugendlichen in solchen Gruppen verorten, in deren Rahmen gerade dieses abweichende Verhalten positiv sanktioniert wird und die damit zum positiven Selbstwertgefühl der Jugendlichen beitragen. Drogen- und Alkoholkonsum, Gewalt, politischer Extremismus oder Diebstahl sind in dieser Hinsicht nicht einfach individuelle Handlungsoptionen, denen durch individuelle Maßnahmen beizukommen wäre. Sie entspringen einem gruppenspezifischen Konformismus. Das – von außen gesehen – abweichende Verhalten wird nach innen gerade durch Konformität bestimmt. Dieser Mechanismus gilt auch für nicht-deviantes Verhalten; er trifft auch bei Jugendlichen zu, die sich für Technik oder für Kunst interessieren.

Die Folge davon ist bei abweichenden Jugendlichen, dass eine Ansprache an die individuelle Vernunft oder andere Formen individueller Beeinflussung so selten positive Resultate zeitigen. Die Jugendlichen hängen in der Regel stärker von der Anerkennung ihrer unmittelbaren sozialen Umgebung ab als von ihrer potenziell vernünftigen Einsicht. Der amerikanische Soziologe James S. Coleman hat daraus pädagogische Konsequenzen gezogen. Es solle in Schulen am besten mehrere Statushierarchien geben (Coleman/Hoffer 1987; Coleman 1999: 75ff.). Wer nicht gut in Mathematik ist, ist vielleicht gut in Sport; wer nicht gut in Sport ist, kennt sich vielleicht in der Literatur aus; wer Literatur langweilig findet, kann vielleicht Klavier spielen usw. Jeder sollte die Chance haben, sich irgendwoher Anerkennung zu besorgen, um ein gutes Selbstwertgefühl zu haben, das wiederum Bedingung für Handlungsfähigkeit ist.

4 Formelle und informelle Strukturen: Organisatorischer Eigensinn

Das Beispiel jugendlicher Kulturen ist etwas ausführlicher dargestellt worden, weil es einen sozialen Mechanismus einsichtig machen kann, der auch für Menschen in ihrer jeweiligen sozialen Umgebung überhaupt gilt. Es macht zugleich auf zwei wichtige Sachverhalte aufmerksam: Erstens lassen sich die normativen Strukturen in Subkulturen zusammenfassen, die kleinteilig sind und sich weiter untergliedern können. Was gemeinhin als ,Kultur' einer Gesellschaft unterstellt wird, besteht dann aus einer außerordentlich komplexen Vielfalt von Partialkulturen, die sich teilweise überschneiden, die teilweise mit anderen konfligieren und die teilweise andere ignorieren. In keiner dieser Partialkulturen ist ein umfassender Gesamtblick auf eine Gesellschaft enthalten; alle erfassen nur Ausschnitte aus ihrer je partikularen Perspektive. Die meisten machen zugleich Aussagen über das Ganze, von dem sie sich dann abgrenzen. Diese kleinteiligen Kulturen reagieren auf ihre soziale Umwelt, wie sie sie wahrnehmen, aber sie sind schwer plan- oder steuerbar.

Diese Perspektive geht auf die soziologische Chicago-Schule zurück, die ausgehend von Robert Ezra Park in einer großen Fülle empirischer Studien die Gesellschaft des Chicagos der 1920er-Jahre als ein Feld von Partialkulturen untersuchte – etwa die Kultur professioneller Diebe, die des organisierten Verbrechens, die italienischer und polnischer Ghettos, die von Schlachthöfen usw. – also sowohl die von ‚abweichenden' wie von ‚nicht-abweichenden' Milieus.[2] In diesem Sinne hat sich der Kulturbegriff auch in weitere Segmente der Gesellschaft hinein erweitert und dort Forschungen angeregt – etwa über Organisationskulturen, Unternehmenskulturen oder Corporate Culture (Martin 1985: 186ff.; 2001; Franzpötter 1997; Parker 2000; Schein 2004).

Die Erforschung unterschiedlicher Unternehmenskulturen etwa ist gerade wegen Problemen der Kooperation außerordentlich wichtig. Es ist bekannt, dass die Fusion von Unternehmen, ja selbst von Banken, gerade wegen der unterschiedlichen und sehr spezifischen Unternehmenskulturen nicht einfach ist und oft scheitert. Man führt eben nicht nur Organisationen zusammen, deren jeweiliger Aufbau von Fachleuten planvoll gestaltet wurde und die sich daher ohnehin zu ähneln scheinen. Man führt auch soziale Einheiten zusammen, in denen sich verschiedene soziale Kulturen ausgebildet hatten, die sich nicht nur funktional und kulturell unterscheiden, sondern auch solche, die einander funktional identisch zu sein scheinen und dennoch unterschiedliche Kulturen ausgebildet haben. Es ist bekannt, dass einige der Probleme der gescheiterten Fusion von Daimler und Chrysler unternehmenskulturelle waren (Preuß 2009).

Im engeren Kontext stellen sich ähnliche Probleme auch bei der Kooperation unterschiedlicher militärischer Traditionen – etwa in gemischten Verbänden (vgl. Gareis/Hagen 2004; Leonhard/Gareis 2008). Die auftretenden Probleme sind nicht nur sprachliche; sie beruhen nicht nur auf vorurteilsvollen Zuschreibungen und erst recht nicht auf unterschiedlichen Nationalkulturen. Sie zu untersuchen, setzt einen sehr viel präziseren und detaillierteren Blick voraus, der sich ebenso wenig von hypothetischen Annahmen über Gesamtgesellschaften ableiten lässt wie von organisatorischen und technischen Unterschieden, die minimal sein können.

Die Kulturen oder Subkulturen, von denen hier die Rede war, sind nicht geplant geschaffen worden. Sie sind entstanden, partiell kontingent, immer teilweise unter Rückgriff auf einige ältere Traditionsbestände. Wendet man dies auf das Beispiel der Armee an, so heißt dies: Eine militärische Kultur ist entstanden und nicht bewusst angestrebtes Resultat planvollen, rationalen Handelns. Im Gegensatz dazu ist eine Armee in ihren formellen Strukturen in der Regel Resultat bewusster Gestaltung – und sei es nur, dass diese Gestaltung aus einer Vielzahl kleinerer und über die Zeit verteilter und nicht immer absichtsvoll koordinierter Einzelschritte bestand. Die Ausgangsüberlegung des Unterschiedes bewussten technischen Vorgehens und von Handlungsmotivationen, die nicht auf Technik reduzierbar sind, gilt auch hier.

---

2   Vgl. hierzu die Studien von Zorbaugh 1929; Cressey 1932; Sutherland 1937; Wirth 1928; Thrasher 1927. Vgl. ferner Lindner 1990; Coulon 1992.

Zur weiteren Präzision ist es an dieser Stelle sinnvoll, heuristisch auf eine ältere Differenzierung der Organisationssoziologie zurückzugreifen: auf den Unterschied zwischen formellen und informellen Strukturen. Die formelle Organisation ist jene der Betriebswirte, der Organisationsplaner, die eine bestehende Organisation zielbewusst reorganisieren oder – unter Rückgriff auf Erfahrungen – neue entwerfen und implementieren. Sie formulieren Satzungen und Regeln, einschließlich der mit ihnen verbundenen Sanktionsmechanismen. Sie kalkulieren die finanziellen und zeitlichen Kosten und versuchen akzeptable Lösungen zu ersinnen. Die Tatsache, dass in den planvollen Aufbau neuer oder den Umbau älterer Organisationen Erfahrungen und das Wissen um irrationale Faktoren in der Umwelt eingehen, hebt die rationale Planmäßigkeit des organisatorischen Aufbaus nicht auf. Am Ende stehen Modelle, Satzungen und Regelwerke, die das künftige Funktionieren der Organisation kalkulierbar machen.

Wie bei allen technischen Konstruktionen sind interne logische Fehler denkbar, die das Funktionieren beeinträchtigen. Es sind Fehleinschätzungen der (gesellschaftlichen) Umwelt denkbar, in denen die Organisation funktionieren soll. Schließlich können sich die Technik oder andere Umweltfaktoren weiterentwickeln und in alten Strukturen in ihrer Entfaltung gehemmt werden usw. In jedem Fall sind dann neue Anpassungen erforderlich, die die Rationalität der organisierenden Personen nicht aufheben, sondern voraussetzen.

In dieser Form sind moderne Gesellschaften gerade durch den Aufbau großer formaler Organisationen bestimmt, in denen das technische Denken und das technische Menschenbild der Aufklärung seine Fortsetzung findet. Die einzelnen Menschen sind in diesen organisatorischen Großstrukturen ‚Rädchen‘, sie scheinen entmündigt zu werden – was unterstellt, sie seien vorher mündig gewesen. Das ist durch Max Weber bereits in dem Bild der alles durchdringenden instrumentellen Rationalität erfasst worden, dem entstehenden ‚Gehäuse der Hörigkeit‘ oder, wie es in englischen Übersetzungen heißt, dem ‚Iron Cage‘. Es handelt sich um die alarmierte Wahrnehmung einer wachsenden Unterordnung der Einzelnen, die während der Heeresreformen des 16. Jahrhunderts bereits modelliert worden war. Der naturwissenschaftlich-technische Blick widerlegt sich zwar durch die disziplinarischen Anstrengungen selbst; man müsste die Menschen nicht disziplinieren, wenn sie reiner Naturstoff wären. Aber das Bemühen, eine technische Rationalität und technische Effizienz in gesellschaftlichen Strukturen durchzusetzen, verstärkte die Furcht vor einer Entmündigung der Menschen.

Nach Max Weber wurde diese Furcht im 20. Jahrhundert immer wieder aus den unterschiedlichsten Perspektiven formuliert. Sie erscheinen Siegfried Kracauer (1963: 50ff.) zufolge in den Unterhaltungsrevuen der 1920er-Jahre, wie den Tiller-Girls, die nach ihm das Modell militärischer Paraden nicht nur übernahmen, sondern ein Zeichen dafür setzten, dass selbst die Unterhaltungsindustrie – und damit die Gesellschaft überhaupt – von dem Modell militärischer Disziplin durchdrungen wurde. Die Furcht erschien in anderer Gestalt bei C. Wright Mills (1951) in seiner Konzeption der Angestelltengesellschaft. Sie fand sich schließlich in anderer politischer und theoretischer Perspektive im Begriff der Organisationsgesellschaft bei James S. Coleman (1982; vgl. auch Schimank 2007: 239ff.) oder in wieder anderer Perspektive in dem Begriff der ‚Kolonisierung der Lebenswelt' bei Jürgen Habermas (1981: 171ff.).

Formelle Strukturen sind aber weniger klar, eindeutig und weniger stabil als in praktischer Hinsicht vielfach unterstellt wird. Sie bedürfen der Interpretation. Auch die schriftlich fixierte Regel wird nämlich an ihren Grenzen negiert, reaffirmiert, überschritten oder verteidigt. Die Regelhaftigkeit ist, wie Günther Ortmann (2003) gezeigt hat, ohne ihre gedachte oder wirkliche Überschreitung nicht denkbar. All das aber lässt sich in rationalen Modellen nicht mehr fassen. Dabei bilden sich die informellen Strukturen innerhalb der formellen. Von oben her planbar und lenkbar sind sie per definitionem nicht. Ihre Wirkung auf die Organisation als ganze ist ambivalent. Auf der einen Seite überbrücken informelle Strukturen Lücken der formellen. In traditionellen hierarchischen Organisationen ist etwa die Kommunikation zwischen unterschiedlichen Abteilungen einer Verwaltung oder einer Bürokratie nur über die gemeinsame vorgesetzte Stelle zulässig. Sie soll den Überblick darüber behalten, was in ihrem Kompetenzbereich geschieht. Dieses Kommunikationsmodell hat so noch nie richtig funktioniert; in Zeiten des Telefons und der Cafeterien funktioniert es erst recht nicht ebenso wie in anderen Foren, in denen sich horizontale Kommunikation zwanglos herstellen und nicht verbieten lässt. Überdies ist die Anwendung der Regelwerke immer eine Sache des wohlwollenden Ermessens. In allen formellen Organisationen gibt es Regeln, die überhaupt nicht umgesetzt werden können. In ihrer Gesamtheit enthalten die einzelnen Regelwerke in der Regel Widersprüche. Man kann bestimmten Geboten nicht nachkommen, ohne andere zu verletzen. Für die in einem organisierten Arbeitsmilieu Handelnden geht es also darum, zu entscheiden, welche Regeln wann wie angewendet können, welche man nur im Kopf haben sollte, ohne sie weiter zu beachten, und welche ohnehin vergessen werden.

Bedenkt man diesen Zusammenhang von formellen und informellen Strukturen, ist es nicht erstaunlich, dass eines der wirkungsvollsten Instrumente bei Arbeitskämpfen die Beachtung der Vorschriften ist, also der ‚Dienst nach Vorschrift'. Paradox ist daran, dass eine Organisation, deren Beschäftigte sich tatsächlich an alle Vorschriften halten, nicht funktionieren kann. Die Regeln dienen im Falle einer Panne oder einer Havarie allerdings

dazu, Schuldige zu identifizieren. Alle, Fluglotsen und Lehrer, Wirtschafts-
prüfer und Feuerwehrleute, Professoren und Soldaten, verletzen ständig Regeln und ermöglichen dadurch, dass die Organisation funktioniert. Die Ordnung bedarf der Regelverletzung, um nicht in den Stillstand oder ins Chaos
zu geraten. In jeder Regel steckt eine Mehrdeutigkeit, die der Handelnde mit
seiner Entscheidung aufheben muss.

Bezieht man dies auf die alte Differenz von formellen und informellen
Strukturen, dann kann die Regelverletzung wieder informell geregelt sein. Es
gibt also informelle organisationskulturelle Regelungen dafür, wie mit welchen Regeln umzugehen ist. Auch hier kann abweichendes Verhalten Sankti-
onen provozieren – Tadel, soziale Isolation bis hin zu Mobbing usw. Welche
sozialen Regeln jeweils gültig sind, lässt sich nur durch empirische Forschung herausfinden.

Wenn informelle Strukturen auf der einen Seite die informell zulässigen
oder erwünschten Regelinterpretationen bzw. Regelverstöße definieren und
damit das Funktionieren des Ganzen sicherstellen, so können informelle Regelungen auf der anderen Seite doch die Intention des Ganzen unterwandern.
Es können auch solche Regeln außer Kraft gesetzt, ignoriert oder umgebogen
werden, die für das erwünschte Funktionieren des Ganzen notwendig sind.
Im extremen Fall gilt das etwa für Korruption; es gilt aber bereits auch für
informelle Regeln, die dem übergeordneten zugeschriebenen Zweck entge-
genlaufen. Es ist möglich, dass das Führungspersonal von Unternehmen, ge-
billigt durch gruppenspezifische informelle Regeln, das eigene Unternehmen
ausplündert und in den Ruin treibt. Unterschlagungen in Staatsbürokratien
können – auf der jeweiligen Ebene und in Machtgruppen – informell gebilligte Ausmaße annehmen, die den Staat in seiner Existenz gefährden. Auf einer
sehr viel harmloseren Ebene sind aus Schulklassen informelle Regeln vertraut, nach denen Fleiß und ein inhaltliches Interesse an den Lehrstoffen in
der Sozialisation von den Mitschülern negativ sanktioniert werden.

Die informellen Strukturen sind also zugleich funktional notwendig *und*
möglicher Ursprung einer Gefahr für das Ganze. Sie zeigen auch, dass das
rationale Organisationsmodell, das von den Oranischen Heeresreformen und
ihren zivilen Entsprechungen ausging, nie vollständig durchgeführt werden
konnte oder kann – weder im militärischen noch in den vielen unterschiedlichen zivilen Bereichen. Sie stellen damit eine erhebliche Herausforderung
dar. Ihre Existenz lässt sich nicht vermeiden. Selbst unter totalitären Bedingungen entstehen sie – manchmal lassen sie sich als eine Art Widerstand ide-
alisieren. Mit ebenso großer Häufigkeit verstärken sie, was an totalitären Bedingungen fürchterlich ist, durch eine Steigerung von Willkür und Zynismus.
Auch die geschickteste Führung muss mit informellen Strukturen rechnen,

die sie nur partiell beeinflussen kann und deren potenziell schädliche Wirkungen sie versuchen sollte zu neutralisieren.

5 Schluss

Informelle Strukturen und Organisationskulturen bzw. organisatorische Subkulturen sind eng miteinander verkoppelt. Das Mitglied einer Organisation sieht sich häufig subjektiv nicht der Organisation als ganzer unmittelbar verpflichtet, sondern nur vermittelt über die spezifische innerorganisatorische Subkultur, in die es integriert ist. Für Soldaten würde das bedeuten, sie sind dem Wohl der Armee als ganzer bzw. dem Wohl des Staates so verpflichtet, wie ihre spezifische innerorganisatorische Subkultur es verlangt. Wenn diese Subkultur patriotische Gesinnung und patriotisches Handeln verlangen und positiv sanktionieren, dann werden sich die einbezogenen Soldaten tendenziell an diesen Normen orientieren. Wo diese Subkultur Regelverletzungen positiv sanktioniert, werden Regelverletzungen eher die Regel sein. Wo Veränderungen in einer spezifischen informellen Subkultur durchgesetzt werden sollen – auch durch spezifische Arten formeller Überwachung und Sanktionierung – werden die entsprechenden Maßnahmen auch subkulturelle Wirkungen haben, möglicherweise nicht die erwünschten. Man stelle sich etwa die Wirkungen eines strikten Alkoholverbots bei der Bundeswehr vor.

Für die organisatorischen Reformen aller großen Organisationen ist das bedeutsam. Reformen sind im Detail kaum planbar, immer wieder tauchen Faktoren auf, die zuvor nicht bedacht worden waren. Zuweilen werden die formell angestrebten Ziele erreicht, die unbedachten Nebenfolgen lassen den Erfolg aber fragwürdig erscheinen. Ein paradigmatisches Beispiel dafür ist die Prohibition in den USA zwischen 1919 und 1933. Die Prohibition erreichte viele ihrer angestrebten Ziele, etwa eine größere Sündenfreiheit und eine Steigerung der Volksgesundheit durch eine Senkung des nationalen Alkoholkonsums (Blocher 2006: 233ff.; Dills/Miron 2004: 285ff.). Es förderte und stabilisierte aber zugleich den Ausbau des organisierten Verbrechens, eine Folge, mit der die Väter der Prohibition nicht gerechnet hatten (Woodiwiss 2003: 3ff.). Die grundsätzliche und generalisierbare soziologische Erfahrung ließe sich im Begriff der ,unintendierten Folgen' intentionalen Handelns erfassen (Merton 1936: 894ff.; Boudon 1977). Mindestens ebenso wichtig wie die gute und moralische Planung ist die antizipierende Rücksicht auf deren unintendierte Folgen. Es gibt nicht nur die ,self-fulfilling prophecies', sondern auch die ,self-defeating prophecies' bzw. den Effekt, dass eine Reform das Gegenteil dessen erreicht, was sie eigentlich will.

Überstürzte und schlecht durchdachte Reformen müssen deswegen nicht in jedem Falle katastrophale Wirkungen haben. Sie sind gerade wegen der

Eigensinnigkeit der großen Organisationen wieder korrigierbar oder erneut reformierbar. Sowohl kluge wie törichte Entscheidungen stoßen zwar selten auf Widerstand, aber sie werden umgedeutet, durch informelle Strukturbildungen neutralisiert oder umgeleitet. Eine kluge und dringend notwendige Reform durchzusetzen, verlangt daher Beharrlichkeit und Geduld. Die Anstrengung, eine große Organisation durch Reformen zu retten, verlangt ebensoviel persönliche Leidensfähigkeit wie die, sie zu ruinieren.

Literatur

Beare, Margaret E. (Hrsg.) (2003): Critical Reflections on Transnational Organized Crime, Money Laundering, and Corruption. Toronto: University of Toronto Press.

Berger, Bennett M. (Hrsg.) (1990): Authors of Their Own Lives. Intellectual Autobiographies by Twenty American Sociologists. Berkeley, Cal.: University of California Press.

Blocher, Jack S. (2006): Did Prohibition Really Work? Alcohol Prohibition as a Public Health Innovation. In: Journal of Public Health, 96: 2, 233–243.

Boudon, Raymond (1977): Effets pervers et ordre social. Paris: Presses Universitaires de France.

Bröckling, Ulrich (1997): Disziplin. Soziologie und Geschichte militärischer Gehorsamsproduktion. München: Fink.

Coleman, James S. (1982): The Asymmetric Society. Syracuse, N. Y.: The Syracuse University Press.

Coleman, James S. (1990): Columbia in the 1950s. In: Berger (Hrsg.) 1990: 75–103.

Coleman, James S./Hoffer, Thomas (1987): Public and Private High Schools: The Impact of Communities. New York: Basic Books.

Cooley, Charles Horton (1998): On Self and Social Organization, hrsg. von Hans-Joachim Schubert. Chicago: The University of Chicago Press.

Coulon, Alain (1992): L'École de Chicago. Paris: P. U. F.

Cressey, David (1932): The Taxi-Dance Hall. A Sociological Study in Commercialized Recreation and City Life. Chicago: The University of Chicago Press.

Delbrück, Hans (1920): Geschichte der Kriegskunst. Die Neuzeit. Berlin: Stilke.

Desqueyrat, André (1936): Die Institution, ihre Natur, ihre Arten, ihre Probleme. In: Schnur (Hrsg.) 1968: 118–175.

Dills, Angela K./Miron, Jeffrey A. (2004): Alcohol Prohibition and Cirrhosis. In: American Law and Economics Review, 6: 2, 285–318.

Edeling, Thomas/Jann, Werner/Wagner, Dieter (Hrsg.) (1999): Institutionen-ökonomie und Neuer Institutionalismus. Überlegungen zur Organisations-theorie. Opladen: Leske & Budrich.

Elias, Norbert (1971): Was ist Soziologie? Weinheim: Juventa.

Fischer, Joachim/Joas, Hans (Hrsg.) (2004): Kunst, Macht und Institution. Studien zur Philosophischen Anthropologie, zur soziologischen Theorie und Kultursoziologie der Moderne. Frankfurt a. M.: Campus.

Fontane, Theodor (1994): Wanderungen durch die Mark Brandenburg. Das Oderland. Berlin: Aufbau Verlag.

Foucault, Michel (1975): Surveiller et punir. Paris: Gallimard.

Franzpötter, Reiner (1997): Organisationskultur – Begriffsverständnis und Analyse aus interpretativ-soziologischer Sicht. Baden-Baden: Nomos.

Frost, Peter J. et al. (Hrsg.) (1985): Organizational Culture. Beverly Hills, Cal.: Sage.

Gareis, Sven Bernhard/Hagen, Ulrich vom (2004): Das Multinationale Korps Nordost in Stettin. Opladen: Leske & Budrich.

Göhler, Gerhard/Lenk, Kurt/Schulze-Bruns, Rainer (Hrsg.) (1990): Die Rati-onalität politischer Institutionen. Baden-Baden: Nomos.

Habermas, Jürgen (1981): Theorie des kommunikativen Handelns. Bd. 2. Frankfurt a. M.: Suhrkamp.

Jaeger, Friedrich/Rüsen, Jörn (1992): Geschichte des Historismus. Eine Ein-führung. München: Beck.

Janke, Wolfgang (2008): Die dreifache Vollendung des deutschen Idealis-mus. Amsterdam: Rodopi.

Joas, Hans (1985): George Herbert Mead. A Contemporary Re-Examination of his Thought. Cambridge: Polity Press.

Kracauer, Siegfried (1963): Das Ornament der Masse. Frankfurt a. M.: Suhr-kamp.

Kuper, Adam (1999): Culture. The Anthropologists' Account. Cambridge, Mass.: Harvard University Press.

Leonhard, Nina/Gareis, Sven Bernhard (2008): Die deutsch-französische Streitkräftekooperation als Paradigma. Wiesbaden: VS Verlag für Sozi-alwissenschaften.

Lethen, Helmut (2004): Anleitung zur Schlaflosigkeit. Über den Formzwang in der politischen Anthropologie von Helmuth Plessner und Arnold Geh-len. In: Fischer/Joas (Hrsg.) 2004: 89–103.

Lindner, Rolf (1990): Die Entdeckung der Stadtkultur. Soziologie aus der Er-fahrung der Reportage. Frankfurt a. M.: Campus.

Luhmann, Niklas (1984): Soziale Systeme. Grundriß einer allgemeinen Theo-rie. Frankfurt a. M.: Suhrkamp.

Luhmann, Niklas (2002): Das Erziehungssystem der Gesellschaft. Frankfurt a. M.: Suhrkamp.

Luhmann, Niklas (2009 [1965]): Grundrechte als Institution. Berlin: Duncker & Humblot.

Malinowski, Bronisław (2005): Eine wissenschaftliche Theorie der Kultur. Frankfurt a. M.: Suhrkamp.

Mann, Michael (1998): Geschichte der Macht. Bd. 3. Frankfurt a. M.: Campus.

Martin, Joanne (1985): Can Organizational Culture be Managed? In: Frost et al. (Hrsg.) 1985: 186–199.

Martin, Joanne (2001): Organizational Culture. Mapping the Terrain. London: Sage.

Matthes, Eva (1998): Geisteswissenschaftliche Pädagogik nach der NS-Zeit. Politische und pädagogische Verarbeitungsversuche. Bad Heilbrunn: Klinkhardt.

Mead, George Herbert (1934): Mind, Self, and Society. Chicago: Chicago University Press.

Merton, Robert K. (1936): The Unanticipated Consequences of Purposive Action. In: American Sociological Review, 1: 6, 894–904.

Merton, Robert K. (1968a): Continuities in the Theory of Reference Groups and Social Structure. In: Merton 1968c: 279–334.

Merton, Robert K. (1968b): Contributions to the Theory of Reference Group Behavior. In: Merton 1968c: 335–440.

Merton, Robert K. (1968c): Social Theory and Social Structure. New York: The Free Press.

Mettrie, Julien Offray de la (1748a): L'Homme machine. Leyde: Luzac.

Mettrie, Julien Offray de la (1748b): L'Homme plante. Potsdam: Voss.

Mills, C. Wright (1951): White Collar: The American Middle Classes. London: Oxford University Press.

Offe, Claus (2004): Kann man Institutionen konstruieren? Überlegungen zum Institutionenwandel und zum institutional design. In: Fischer/Joas (Hrsg.) 2004: 173–184.

Oman, Charles (1991): A History of the Art of War in the Sixteenth Century. London: Greenhill.

Ortmann, Günther (2003): Regel und Ausnahme. Paradoxien sozialer Ordnung. Frankfurt a. M.: Suhrkamp.

Parker, Martin (2000): Organizational Culture and Identity. London: Sage.

Parsons, Talcott (1951): Toward a General Theory of Action. New York: Harper.

Preuß, Susanne (2009): Ende eines Abenteuers. Schlussstrich unter das Kapitel Daimler-Chrysler. In: FAZNET vom 05. August 2009.

Roberts, Michael (1995): The Military Revolution, 1560–1660. In: Rogers (Hrsg.) 1995: 13–35.

Rogers, Clifford J. (Hrsg.) (1995): The Military Revolution Debate. Readings on the Military Transformation of Early Modern Europe. Boulder, CO: Westview Press.

Röhl, Klaus-Heiner (1990): Institutionentheoretische Ansätze. In: Göhler/Lenk/Schulze-Bruns (Hrsg.) 1990: 357–380.

Rüthers, Bernd (1968): Die unbegrenzte Auslegung. Zum Wandel der Privatrechtsordnung im Nationalsozialismus. Tübingen: Mohr Siebeck.

Schein, Edgar (2004): Organizational Culture and Leadership. 3. Aufl. New York: Wiley.

Schimank, Uwe (2007): Das ,stahlharte Gehäuse der Hörigkeit' revisited – James Colemans ,asymmetrische Gesellschaft'. In: Schimank/Volkmann (Hrsg.) 2007: 239–254.

Schimank, Uwe/Volkmann, Ute (Hrsg.) (2007): Soziologische Gegenwartsdiagnosen 1. 2. Aufl. Wiesbaden: VS Verlag für Sozialwissenschaften.

Schmidt, Steffen (2007): Hegels System der Sittlichkeit. Berlin: Akademie Verlag.

Schnur, Roman (Hrsg.) (1968): Institution im Recht. Darmstadt: Wissenschaftliche Buchgesellschaft.

Spranger, Eduard (1953): Psychologie des Jugendalters. Heidelberg: Quelle und Meyer.

Spranger, Eduard (1955): Mein Konflikt mit der nationalsozialistischen Regierung 1933. In: Universitas, 10, 457–473.

Stocking, George W. (1996): After Tylor. British Social Anthropology, 1888–1951. London: Athlone.

Stölting, Erhard (1986): Akademische Soziologie in der Weimarer Republik. Berlin: Duncker & Humblot.

Stölting, Erhard (1999): Informelle Machtbildung und Leitideen im institutionellen Wandel. In: Edeling/Jann/Wagner (Hrsg.) 1999: 111–131.

Sutherland, Edwin H. (1937): The Professional Thief. Chicago: The University of Chicago Press.

Thompson, Edward P. (1980a): Plebeische Kultur und moralische Ökonomie. Aufsätze zur englischen Sozialgeschichte des 18. und 19. Jahrhunderts. Frankfurt a. M.: Ullstein.

Thompson, Edward P. (1980b): Zeit, Arbeitsdisziplin und Industriekapitalismus. In: Thompson 1980a: 34–66.

Thrasher, Frederic M. (1927): The Gang. Chicago: The University of Chicago Press.

Weber, Max (1973a): Der Sinn der „Wertfreiheit" der soziologischen und ökonomischen Wissenschaften. In: Weber 1973b: 489–540.

Weber, Max (1973b): Gesammelte Aufsätze zur Wissenschaftstheorie. Tübingen: Mohr Siebeck.

Wiese, Leopold von (1932): System der allgemeinen Soziologie. München: Duncker & Humblot.

Wiese, Leopold von (1957): Erinnerungen. Köln: Westdeutscher Verlag.

Wirth, Louis (1928): The Ghetto. Chicago: The University of Chicago Press.

Woodiwiss, Michael (2003): Transnational Organized Crime. The Strange Carreer of an American Concept. In: Beare (Hrsg.) 2003: 3–34.

Zorbaugh, Harvey W. (1929): The Gold Coast and the Slum. Chicago: The University of Chicago Press.

Soldatische Identität – normativ

Dieter Ohm

1 Soldatische Identität

Was ist soldatische Identität? Wenn man sich heute einer solchen Frage nähert, bemüht man regelmäßig die Google-Suchmaschine. Zum Suchbegriff ‚soldatische Identität' werden dort Anfang Dezember 2008 über 6 000 Fundquellen angezeigt. Eine offizielle Definition des Bundesministeriums der Verteidigung ist nicht darunter, was allerdings auch nicht verwundert. Es gibt schlichtweg keine offizielle Definition für die soldatische Identität. Warum das so ist und was dennoch als soldatisches Selbstverständnis erwartet wird, möchte ich im Folgenden darlegen.

2 Fremdbild – Eigenbild

Herybert Menzel hat es sich in seinem ‚Westwall-Lied' mit den Liedzeilen „Soldaten sind immer Soldaten. Die kennt man an Blick und Tritt." sehr einfach gemacht. Wenn man sich unter diesem Gesichtspunkt Landsknechte aus dem Dreißigjährigen Krieg, Offiziere aus der Wilhelminischen Zeit, Landser aus dem Zweiten Weltkrieg oder Soldaten der Bundeswehr anschaut, muss man doch feststellen, dass es so einfach nicht ist. Es gab und gibt offensichtlich zumindest völlig unterschiedliche Fremdbilder vom Soldaten.

Für mich hat Eberhard Birk dieses Phänomen in einem Aufsatz über das Bild des Offiziers sehr treffend beschrieben: „Wollte man das Ergebnis einer fiktiven Umfrage unter unbeteiligten Zivilisten zugrundelegen, wären die Bilder des Offiziers schnell skizziert: Der Offizier bildet im Frieden seine Soldaten aus und führt sie im Krieg (heute: Einsatz). Im Subtext, so wird man weiter annehmen dürfen, hat man den schneidigen Leutnant oder Hauptmann vor Augen, der den Sturmangriff gegen feindliche Stellungen führt, den sich auf langjährige Erfahrungen berufenden Stabsoffizier, den Monokel tragenden adligen preußischen General mit ordensgeschmückter Brust, den in Stalingrad oder Berlin letzte Stoßtrupps befehligenden Wehrmachtsoffizier, den der SED-Parteiräson folgenden spröden NVA-Offizier oder den nach zwei Wochen Truppenübungsplatz zurückkehrenden schmucklosen Verteidigungsspezialisten der Bundeswehr bis 1989/90, der nach und nach vom bewaffneten und studierten, uniformtragenden ‚Entwicklungshelfer' abgelöst wurde, der seinerseits, resp. nun die ihrerseits, Selbstmordanschlägen am anderen Ende der Welt ausgesetzt ist." (Birk 2007a: 62)

Doch auch das schildert nur das Fremdbild. Bei meinem Vortrag geht es aber vielmehr um den Versuch, das Eigenbild, das Selbstverständnis des Soldaten bzw. der Soldatin der Bundeswehr zu skizzieren. Wenn man sich dieser Frage nähern will, muss man zwangsläufig zurück zu den Anfängen der Bundeswehr und die Frage stellen, was damals bestimmend für die Identität der Soldaten der Bundeswehr sein sollte. Sehr bewusst hat man zu jener Zeit weitgehend mit der Vergangenheit und der überlieferten Tradition gebrochen und etwas Neues gewollt. Anknüpfend an die Ideen der preußischen Heeresreform, die Ideale des militärischen Widerstands im Dritten Reich und auf der Basis der Normen und Werte des Grundgesetzes der Bundesrepublik Deutschland wurde der ‚Staatsbürger in Uniform' geschaffen. Mit dem Begriff des Staatsbürgers in Uniform sollte deutlich gemacht werden, dass der Soldat der Bundeswehr eben nicht nur Soldat ist, sondern noch andere Existenzen in sich trägt. Im Ist-Zustand hat sich daraus bis heute ein sehr vielseitiges und komplexes Bild des Soldaten und der Soldatin der Bundeswehr ergeben und zwar als Fremd- und Eigenbild. Woraus sich wiederum völlig unterschiedliche Rollenerwartungen ergeben.

3   Rollenerwartungen

Diese Rollenerwartungen zielen sowohl auf das zivile Leben als Mann oder Frau, als Vater oder Mutter u. a. m., in dem Familie, Partnerschaft und Freundeskreis wichtig und fordernd sind, aber auch auf das militärische Leben, in dem die Rolle als Soldat normiert ist. Das beginnt mit der bereits angesprochenen Grundforderung, dass die Soldaten und Soldatinnen der Bundeswehr Staatsbürger in Uniform sein sollen. Diese Norm stellt quasi die Brücke dar zwischen dem Leben eines zivilen Bürgers oder einer Bürgerin und dem eines Soldaten oder einer Soldatin. Darüber hinaus sollen insbesondere Offiziere Führer, Erzieher und Ausbilder sowie Fachleute ihrer Truppengattung oder ihres Waffensystems sein.

Doch schon diese Forderung hat sich im Laufe der Zeit weiterentwickelt. Logistiker, IT-Spezialist, Controller, Organisator, Personalmanager, Historiker, Jurist, Presseoffizier u. a. m. sind Berufsbilder, die heute wie selbstverständlich das Berufsbild des Soldaten zusätzlich definieren. Dazu kommt noch die Tatsache, dass die so genannten Uniformträgerbereiche, die Organisationsbereiche und die Teilstreitkräfte weitere spezifische Forderungen an die Sozialisation ihrer jeweiligen Soldaten und Soldatinnen stellen. Diese Forderungen werden wiederum dadurch relativiert, dass immer mehr Aufgaben Teilstreitkraft- usw. übergreifend ausgeführt werden müssen. Die Einbindung in multinationale Strukturen erfordert weitere Qualifizierungen wie zum Beispiel Fremdsprachenkenntnisse und die Befähigung zur Interoperabilität. Heute werden unsere Soldaten und Soldatinnen zusätzlich und gerade in den Einsätzen in besonderen Auslandsverwendungen in vielfältiger Weise gefordert. Neben dem Kampfauftrag als ultima ratio sind sie in erster Linie zur Friedenssicherung und Stabilisierung eingesetzt. Sie sind dabei auch Schützer, Helfer und Vermittler, und es wird von ihnen neben der militärischen Professionalität ethische Kompetenz, moralische Urteilskraft und interkulturelle Kompetenz verlangt. Diese ganz unterschiedlichen Erwartungen ergeben ein Spannungsfeld, in dem sich soldatische Identität widerspiegelt. Es ist durch zahlreiche Gegensatzpaare gekennzeichnet, wie sie durch Gerhard Kümmel beispielhaft beschrieben werden und die z. B. durch die Paare Einsatz – Grundbetrieb oder Fremdwahrnehmung – Selbstverständnis ergänzt werden können. (vgl. Kümmel 2007: 13–16; vgl. auch den Beitrag von Kümmel in diesem Band)

4 Orientierungshilfe

Was gibt nun dem Soldaten und der Soldatin Orientierung in dieser schwierigen und unübersichtlichen Lage mit unterschiedlichen Wahrnehmungen und Rollenerwartungen? In erster Linie die Werte des Grundgesetzes der Bundesrepublik Deutschland, aber auch die Normen des Soldatengesetzes und sicher die Zentrale Dienstvorschrift (ZDv) 10/1 Innere Führung (BMVg 2008), die sich explizit mit dem Selbstverständnis der Bundeswehr und ihrer Soldatinnen und Soldaten beschäftigt. Auch die unterschiedlichsten Schriften der Religionsgemeinschaften, sofern sie sich mit ethischen Fragen auseinandersetzen, können helfen. Wertvoll ist in diesem Zusammenhang die Aussage von Papst Johannes Paul II.: „Der eigentliche Kern der Berufung zum Soldaten ist nichts anderes als die Verteidigung des Guten, der Wahrheit und vor allem all jener, die zu Unrecht angegriffen werden." (Papst Johannes Paul II. 1989: 867)

5 Gültige Normen

Welche Normen gelten nun für die Soldatinnen und Soldaten der Bundeswehr? Von allen Soldaten und Soldatinnen der Bundeswehr wird verlangt, dass sie neben ihrer Identität als menschliche Individuen die sehr komplexe Identität eines Soldaten oder einer Soldatin annehmen, die wesentlich von der ‚Firmenphilosophie' der Bundeswehr, der Inneren Führung, geprägt ist. Zentraler Ausgangspunkt ist dabei das Menschenbild des Grundgesetzes mit der

Unantastbarkeit der menschlichen Würde. Dieses Selbstverständnis bildet die Grundlage für jeglichen Dienst in der Bundeswehr, sowohl im Grundbetrieb als auch im Einsatz. Der Soldat oder die Soldatin muss in diesem Sinn Staatsbürger bzw. Staatsbürgerin in Uniform sein, aber, wenn es sein muss, auch der entschlossene Kämpfer oder die entschlossene Kämpferin. Beides stellt keinen Widerspruch dar. Der altbekannte Dreiklang aus Führen, Erziehen und Ausbilden behält dabei weiterhin seine volle Berechtigung. Insbesondere Vorgesetzte müssen diese Kompetenzfelder beherrschen und ausfüllen. Darüber hinaus sind die Soldaten und Soldatinnen Experten in ihrer Fachtätigkeit und verstehen sich auf das erfolgreiche Vermitteln zwischen Menschen, Kulturen und Konfliktparteien. Sie sind zudem Helfer, Schützer und Retter.

Wenn man auf die beiden Pole (Retter – Kämpfer) dieser Aufzählung unterschiedlicher Rollen schaut, wird von den Soldaten und Soldatinnen verlangt, Leben zu schützen, aber in letzter Konsequenz auch zu nehmen. Dabei muss das in unserem Rechtsstaat selbstverständlich auch immer einer rechtlichen Prüfung standhalten. Diese beeindruckende Bandbreite fordern wir allen unseren Soldaten und Soldatinnen über das Soldatengesetz und die davon abgeleiteten Normen ab. Daraus ergibt sich in Verbindung mit den Werten und dem Menschenbild des Grundgesetzes die normative soldatische Identität der Soldaten und Soldatinnen der Bundeswehr.

6 Werte und Tugenden

Welches sind nun die Werte des Grundgesetzes, an die die Soldatinnen und Soldaten in besonderer Weise gebunden sind? Wie bereits angesprochen: die Würde des Menschen und die Menschenrechte aus Artikel 1, dann Freiheit (Artikel 2), Gleichheit (Artikel 3) und letztlich die in Artikel 20 festgeschriebene Demokratie. Die Werte stehen für das, wofür der Soldat bzw. die Soldatin kämpft. Tugenden, die sich aus dem Soldatengesetz ergeben, beantworten die Frage: Wie kämpft der Soldat bzw. die Soldatin? Die neue Zentrale Dienstvorschrift (ZDv) 10/1 Innere Führung enthält deshalb einen aus dem Soldatengesetz abgeleiteten Wertekanon, den sie wie folgt formuliert: „Soldatinnen und Soldaten der Bundeswehr sind überzeugt von den Werten und Normen des Grundgesetzes. In diesem Sinne sind sie:

- tapfer,
- treu und gewissenhaft,
- kameradschaftlich und fürsorglich,
- diszipliniert,
- fachlich befähigt und lernwillig,

- wahrhaftig gegenüber sich und anderen,
- gerecht, tolerant und aufgeschlossen gegenüber anderen Kulturen und
- moralisch urteilsfähig." (BMVg 2008: Ziff. 507)

Diese Tugenden gelten zu jeder Zeit für jeden Soldaten und jede Soldatin und gehören zwingend zu ihrer Identität.

7   Zusammenfassung

Wenn ich das Gesagte zusammenfasse, möchte ich dies mit einer Frage einleiten, die gleichzeitig der Titel eines viel verkauften Sachbuchs von Richard David Precht (2007) ist: ‚Wer bin ich – und wenn ja, wie viele?' Und ich möchte hinzufügen: Und was soll ich als Soldat oder Soldatin sein?

Jeder Mensch hat eine Identität, die sich aus unterschiedlichen Elementen zusammensetzt. Neben der individuellen Identität verfügt er auch über eine Identität, die sich aus seinem Beruf ergibt. Soldaten und Soldatinnen verfügen ebenfalls über eine solche ‚Berufsidentität'. Diese soldatische Identität war und ist auch immer von den jeweiligen Rahmenbedingungen bestimmt und deshalb in unterschiedlichen Zeiten und Kulturen anders ausgeprägt.

Für die Soldaten und Soldatinnen der Bundeswehr sind für den ‚beruflichen' Teil ihrer Identität bestimmte Rollenerwartungen, Werte und Normen vorgegeben. Neben den unterschiedlichen Rollenerwartungen, die sich z. B. durch die Zugehörigkeit zu einer Teilstreitkraft oder einer Laufbahn ergeben, muss sich die Identität der Soldaten und Soldatinnen der Bundeswehr am Grundgesetz, dem Soldatengesetz und dem mit der Zentralen Dienstvorschrift (ZDv) 10/1 Innere Führung (BMVg 2008) vorgegebenen Konzept der Inneren Führung ausrichten. Leitbild für alle Soldaten und Soldatinnen zu jeder Zeit und in jeder Situation ist der Staatsbürger bzw. die Staatsbürgerin in Uniform, der oder die in unterschiedlichen Rollen den Werten des Grundgesetzes verpflichtet ist und sich an den im Soldatengesetz normierten Tugenden ausrichtet.

Literatur

Birk, Eberhard (2007a): Abschied vom Bild des Offiziers? In: Birk (Hrsg.) 2007b: 62–70.
Birk, Eberhard (Hrsg.) (2007b): Einsatzarmee und Innere Führung. (Gneisenau Blätter 6) Fürstenfeldbruck: Gneisenau Gesellschaft.

Bundesministerium der Verteidigung (BMVg) (2008): Zentrale Dienstvorschrift (ZDv) 10/1 Innere Führung. Selbstverständnis und Führungskultur der Bundeswehr. Bonn: Bundesministerium der Verteidigung.

Kümmel, Gerhard (2007): Eine schwierige Melange. Das Bild des Soldaten der Bundeswehr im Wandel. In: if – Zeitschrift für Innere Führung, 1, 13–16.

Papst Johannes Paul II. (1989): Militärdienst ist für Gesellschaft nützlich. Ansprache von Papst Johannes Paul II. an junge Soldaten am 2. April [1989]. In: Der Apostolische Stuhl 1989. Ansprachen, Predigten und Botschaften des Papstes, Erklärungen der Kongregationen. Vollständige Dokumentation, hrsg. vom Sekretariat der Deutschen Bischofskonferenz in Zusammenarbeit mit der Redaktion des deutschsprachigen L'Osservatore Romano, Città del Vaticano – Köln: Libreria Editrice Vaticana – Bachem, 866–868.

Precht, Richard David (2007): Wer bin ich – und wenn ja, wie viele? München: Goldmann.

Soldatische Identität, Tradition und Einsatz

Loretana de Libero

1 Einleitung

Eine „Armee ohne Pathos" sollte sie sein (vgl. Weinstein 1951). Keine Kopie, keine Restauration, „grundlegend Neues" wollten kriegsgediente Generäle im Zeichen der Wiederbewaffnung schaffen, als sie sich 1950 in Himmerod zu ersten Überlegungen zusammenfanden (vgl. zur Himmeroder Denkschrift vom Oktober 1950 Rautenberg/Wiggershaus 1985: 17–34). Ohne Pathos sollte die künftige Streitmacht sein, aber nicht ohne Ethos: Eine neue Konzeption des Soldatischen, ein besonderer Typus des Soldaten sollte die innere Struktur der Armee tragen und eine moderne Unternehmensphilosophie, die Innere Führung, prägen. So heißt es in einem Dokument der Dienststelle Blank, dem späteren Verteidigungsministerium, vom 10. Januar 1953: „Alle Arbeiten auf dem Gebiet der ‚Inneren Führung' haben das Ziel, den Typ des modernen Soldaten zu schaffen und fortzubilden, der freier Mensch, guter Staatsbürger und vollwertiger Soldat zugleich ist."[1]

In der Gründungsphase der Bundeswehr wurde ein Idealbild soldatischer Identität geformt, welches auf historischen Erfahrungen und sozialen wie politischen Einsichten beruhte. Kein zeitloser Soldat, kein ‚Funktionär der Waffe' war nunmehr gefordert, sondern der ‚Bürger-Soldat', der ‚Staatsbürger in Uniform' als Leitbild einer komplexen Führungskonzeption, die sich an der Verfassung, dem Soldatengesetz und dem damit verbundenen Auftrag der Friedenserhaltung für den freiheitlich verfassten demokratischen Staat ausrichtet (vgl. hierzu etwa Nägler 2009; Dörfler-Dierken 2005: 23–29; Freudenberg 2005: 136–159; zum Komplex grundlegend Hartmann 2007 mit weiterführender Literatur).

Diese normative Identitätskonstruktion stand in einem Spannungsfeld zwischen rein funktionalem und ethisch-moralischem Handeln. Der Konflikt zwischen zeitunabhängigen Soldatentugenden auf der einen und einer ethisch gebundenen Berufsauffassung auf der anderen Seite prägte daher lange Zeit die Diskussionen um soldatische Identität (zur medialen Vermittlung dieser Konzeption in den 1950er-Jahren Schmidt 2007: 165–188; Protte 2003: 569–610; Loch 2008). Er scheint, wie eine aktuelle Subjektpositionierung des Heeres zeigt (Budde 2008: 29–34; vgl. demgegenüber Stieglitz 2008: 17–19), wohl auch heute noch nicht ganz ausgestanden.

---

1 Dienststelle Blank, Regelung der Inneren Führung, BA-MA, BW 9/411.

Letztlich spiegelten die Auseinandersetzungen um das rechte berufliche Selbstverständnis die Tatsache wider, dass soldatische Identität per se nicht widerspruchsfrei ist oder gar abschließend festgelegt werden kann. Die Frage nach der Herausbildung soldatischer Identität betrifft im normativen Sinn ja zugleich auch die Frage nach nationaler, bürgerlicher, personaler, ja nach ,der' Identität als solcher überhaupt. Das zentrale Definitionsproblem kreist um die Frage, was soldatische Identität ausmacht, unterliegen doch militärische Verhaltensmuster generell durch politische, soziale und auch biologische Interdependenzen dynamischen Veränderungen, neuen Anforderungen und hohen Erwartungen. Selbstverständlichkeiten oder Teile dieses mentalen Ganzen können sich, etwa durch ein sich wandelndes Aufgabenspektrum der Armee, einer Armee im Einsatz, verändern und abschwächen; sie können verdrängt oder überlagert werden. Das soldatische Leitbild idealer Art ist als Identifikationsmuster Produkt von Interaktion und Reaktion. Es reagiert vor allem erkennbar auf sicherheitspolitische Neuorientierungen, wie der Blick in die lange Bundeswehrgeschichte zeigt.

2 Normative Identitätskonstruktionen in der Geschichte der Bundeswehr

Der ,miles Christianus', der christliche Ritter, sollte in den 1950er-Jahren Vorbild für die Bundeswehrangehörigen werden, wollte es nach der Unterabteilung ,Innere Führung' im Verteidigungsministerium gehen. Wolf Graf von Baudissin suchte im ,Handbuch Innere Führung' von 1957 die abendländischen, ritterlichen Tugenden als Gegenbild zum dialektischen Materialismus wachzurufen. Der Offizier der Bundeswehr sollte die christliche Tradition bejahen und sich „zu dem Urbild des abendländischen Soldaten: dem ,Miles Christianus', dem Ritter" (Handbuch Innere Führung 1957: 76) bekennen (zur christlichen Ethik Baudissins vgl. Dörfler-Dierken 2007: 55–68). Dieses religiöse Konstrukt konnte sich jedoch nicht durchsetzen, was angesichts säkularisierter Nachkriegszeit und einer zunehmenden Individualisierung in der modernen Wohlstandsgesellschaft nicht verwundert. Als Folge der NATO-Strategie einer flexiblen Erwiderung im Ost-West-Konflikt wurde der angedachte ,miles Christianus' zu einem nüchternen ,miles defensor', zu einem Landes- und Bündnisverteidiger: Der Dienst des Soldaten wurde als Friedensdienst verstanden. Als Devise galt bis 1990, wie es in der damaligen Zentralen Dienstvorschrift (ZDv) 10/1 Hilfen für die Innere Führung heißt: „kämpfen können, um nicht kämpfen zu müssen" (BMVg 1972: Ziff. 235, 1 und 2).

Nach dem Wegfall der Blockkonfrontation veränderten sich die sicherheitspolitische Landschaft und damit die internationalen Rahmenbedingungen. Das Aufgaben- und Einsatzspektrum einer neuen Bundeswehr als Armee der Einheit, das berufliche Selbstverständnis des Soldaten, musste den Realitäten entsprechend neu definiert werden. Zunächst reagierte die Bundeswehrführung auf die geänderte außenpolitische Situation mit konventionellen gefechtsorientierten Denk- und Verhaltensweisen. Der Soldat sollte als robuster Kämpfer vor allem das militärische Handwerk im Blick haben. So stellte der damalige Bundesminister der Verteidigung Volker Rühe im Jahre 1997 fest: „Gefordert ist der ‚stille Profi' mit den Qualifikationen intelligent, robust und teamfähig, der von der politischen Dimension des militärischen Auftrages überzeugt ist." (Rühe 1997: 33) Dieses Anforderungsprofil umschrieb der damalige Generalinspekteur Klaus Naumann in seinem Buch Bundeswehr in einer Welt im Umbruch mit dem Slogan: „Kämpfen können und kämpfen wollen" (Naumann 1994: 203).

Allerdings wurden diese normativen Vorgaben mit Blick auf die innere Verfasstheit der Truppe und das neue Aufgabenspektrum alsbald modifiziert: In Zeiten eines reagierenden Transformationsprozesses, der durch die Beteiligung an internationalen Einsätzen jedweder Art geprägt ist, sind Krisenmanagement, Konfliktlösung und Konfliktprävention im bündnispolitischen Rahmen Maßgaben für eine zeitgemäße soldatische Identität. Neben dem Bild eines ursprünglich reinen Landesverteidigers entwickelte sich nunmehr die Idee von einem ‚miles protector'. Hierbei handelt es sich um ein neulateinisches Wortpaar, das 1992 von einem Schweizer Militär, Gustav Däniker, geprägt wurde. Mit der Idee eines idealtypischen Konfliktmanagers, der schützen, retten, helfen soll, knüpfte Däniker in modernisierter, säkularisierter Form an den ‚miles Christianus' an: „Er verkörpert einen neuen Soldatentyp, den man in Analogie zum ‚miles christianus' des Spätmittelalters, des Streiters für die gute, christliche Sache, als ‚miles protector' bezeichnen kann. (...) Dieser neue Soldat wird die alten Vorstellungen vom heroischen Krieger und alleinigen Vaterlandsbeschützer, aber auch vom innerlich unengagierten ‚homo faber' des Gefechts, Schritt für Schritt verdrängen." (Däniker 1992: 151f.)

Dieses Konzept[2] wurde von der Bundeswehrführung in der Mitte der

2   Der damalige Bundesminister der Verteidigung Peter Struck verwendete in seiner Rede anlässlich des Gelöbnisses am 12. November 2005 in Bordenau hierfür auch den Begriff des „Sicherheitsgaranten": „Der Soldat der Bundeswehr bleibt auch im 21. Jahrhundert Verteidiger von Recht und Freiheit (...). Der Wechsel vom klassischen Verteidiger an der Landesgrenze zum Sicherheitsgaranten im internationalen Kontext hat jedoch Auswirkungen – auf das Selbstverständnis des Soldaten und auf das Selbstverständnis der Gesellschaft vom Soldaten. Freiheit und Sicherheit Deutschlands werden heute auch am Hindukusch verteidigt, um Bedrohungen auf Distanz halten zu können. (...) Heute ist der Soldat der Bundeswehr rund um den Globus in komplexer und schwieriger Mission unterwegs. Er hilft, er schützt, er vermittelt, er kämpft. Sein Selbstverständnis muss alle diese Aufgaben umfassen."

1990er-Jahre aufgegriffen. Der alte Krieger-Typ hatte allmählich ausgedient, auch wenn manchmal noch geredet wurde vom „archaischen Kämpfer im High-Tech-Krieg", dem die militärische Bewährung noch bevorstünde.[3] Auch im 21. Jahrhundert ist eine solche Kämpfer-Mentalität mit Blick auf die rechte soldatische Identität noch greifbar: Der derzeitige Inspekteur des Heeres hat in einem Beitrag in den Gneisenau-Blättern über das ‚Selbstverständnis des Deutschen Heeres' ausgeführt: „Der Heeressoldat muss kämpfen können und kämpfen wollen, wenn er kämpfen muss. (...) Zeitlose soldatische Werte und tugendhaftes Verhalten in unserer langen Militärgeschichte sind daher Eckpfeiler unseres Selbstverständnisses." (Budde 2008: 30f.)

Diese Aussage aus dem Jahr 2008 ist nicht unbedingt vereinbar mit dem gültigen Traditionserlass: „Alles militärische Tun muss sich an den Normen des Rechtsstaats und des Völkerrechts orientieren. Die Pflichten des Soldaten – Treue, Tapferkeit, Gehorsam, Kameradschaft, Wahrhaftigkeit, Verschwiegenheit sowie beispielhaftes und fürsorgliches Verhalten des Vorgesetzen – erlangen in unserer Zeit sittlichen Rang durch die Bindung an das Grundgesetz." (BMVg 1982: Ziff. I 7)

Der damalige Generalinspekteur Schneiderhan stellte daher in seiner Rede beim Festakt zum 50-jährigen Bestehen der Bundeswehr am 2. September 2005 im Zentrum Innere Führung in Koblenz fest, dass ein „professioneller, hoch motiviert kämpfender Soldat ohne Bindung an unsere Wertordnung letztlich nichts anderes als ein Söldner" ist.[4] Die Absage an den Landsknecht oder den eindimensionalen, apolitischen Soldaten in der bundeswehrspezifischen Identitätskonstruktion ist deutlich und folgerichtig. Es gilt das Dictum, das bereits 1981 der damalige Verteidigungsminister Hans Apel formuliert hat: „Soldatische Pflichterfüllung und militärische Tüchtigkeit sind nicht zu trennen von den politischen Zielen, denen sie dienen." (Apel 1981: 1)

Die Anforderungsprofile der Bundeswehr sind im Vergleich zu den vergangenen Jahren und Jahrzehnten vielschichtiger geworden. Der Soldat, insbesondere der Offizier, muss nun zugleich Beschützer, Ordnungshüter, Diplomat und Sozialarbeiter, neben den militärischen Grundfertigkeiten mit Handlungskompetenzen im sozialen und interkulturellen Bereich ausgestattet und wohl gerüstet mit moralisch-ethischen Grundsätzen sein entsprechend den vielfältigen Einsatzoptionen: helfen, schützen, vermitteln, kämpfen. Gefordert ist also der vielseitige Soldatentyp, wobei selbstverständlich eine be-

---

3 So der Inspekteur des Heeres Generalleutnant Hans-Otto Budde. (zit. in „Welt am Sonntag" vom 29. Februar 2004, zit. nach Libero 2006: 152)
4 Vgl. darüber hinaus Schneiderhan 2008: 38: „Der archaische Kämpfertypus, den schon Baudissin für den Aufbau der Bundeswehr als unzureichend erachtete, kann den heutigen hohen Ansprüchen nicht genügen, bzw. erfüllt nur noch einen Teil der vom miles protector geforderten Fähigkeiten."

rufsmäßige Grundhaltung vorausgesetzt wird, zu der etwa gewissenhafter Gehorsam, Disziplin, Tapferkeit und Einsatzbereitschaft gehören. Eine solche komplexe Identitätskonstruktion stellt hohe Anforderungen an die einzelnen Soldatinnen und Soldaten: Der ‚Idealsoldat' im Einsatz muss über ein großes Bündel an charakterlichen Qualitäten und Schlüsselqualifikationen verfügen, soziale Empathie, Sensibilität, aber auch eine gewisse Robustheit mitbringen, gleichzeitig Kommunikationsfähigkeit beweisen und die demokratische Unternehmensphilosophie der Armee leben. So wünschenswert dieser Prozess der Neuausrichtung ist, scheint doch eine solche einsatzspezifische Identitätskonstruktion mit Legitimationscharakter realiter nahezu unerreichbar (vgl. hierzu Libero 2006: 149–153; im Weiteren jetzt die normativen Beiträge in Birk 2008 unter dem Titel ‚Militärisches Selbstverständnis'; ferner für die Einsatzrealität Kümmel 2008 sowie Ungerer 2003).

3   Das offizielle Traditionsverständnis der Einsatzarmee

Es fragt sich vor dem Hintergrund der sicherheitspolitischen Veränderungen, welche Rolle ein werteorientiertes Traditionsverständnis für die soldatische Identität im Einsatz spielt. „Tradition verbindet die Generationen, sichert Identität und schlägt eine Brücke zwischen Vergangenheit und Zukunft." So heißt es in den gültigen „Richtlinien zum Traditionsverständnis und zur Traditionspflege der Bundeswehr" vom 20. September 1982 (vgl. zur Eigentradition der Bundeswehr Libero 2006: 75–86; Libero 2008b; zum angedachten Traditionsstrang des Bürgersoldaten von 1848: Birk 2006: 55–59).
    Seit 1960 beteiligt sich die Bundeswehr an nationalen wie internationalen Hilfseinsätzen, die bereits um 1970 als traditionsbildende ‚Ereignisse' aufgefasst wurden. Als traditionswürdige Leistungen werden im Traditionserlass von 1982 konkret die Hilfseinsätze der Streitkräfte erwähnt. 1991 prägte der damalige Generalinspekteur Admiral Dieter Wellershoff den feinen Satz: „Der Einsatz der Bundeswehr in der Hilfe für andere Menschen zählt zu den besten Traditionen, die Streitkräfte in Friedenszeiten erwerben können." (Wellershoff 1991a) Neben den zahlreichen humanitären Einsätzen im In- und Ausland werden in offiziellen Beiträgen seit einiger Zeit als neue Traditionselemente der Bundeswehr die friedenssichernden bzw. friedensstiftenden Auslandseinsätze genannt: Neben der alten ‚Tradition des Helfens' lassen sich somit Ansätze zu einer neuen ‚Tradition des Auslandseinsatzes' erkennen (vgl. zur Tradition im Einsatz Libero 2007; zu den Gedenkkulturen Libero 2008a).
    Im Weißbuch der Bundesregierung zur Sicherheitspolitik Deutschlands und zur Zukunft der Bundeswehr 2006 wird nachdrücklich betont, dass die Pflege von Traditionen einen unverzichtbaren Beitrag für die Bundeswehr als

Armee im Einsatz leiste, da sie der Selbstvergewisserung diene, das Handeln der Soldaten in den historischen Kontext einordne und Orientierung für militärisches Führen und Handeln biete. Allerdings bleibt dort unerwähnt, wie sich denn die Einsatzwirklichkeit mit den dort ebenfalls genannten Traditionslinien kompatibel verhält, nämlich den preußischen Reformen, dem militärischen Widerstand gegen den Nationalsozialismus und der Eigentradition der Bundeswehr (BMVg 2006: 78–80). Auch in der neuen Zentralen Dienstvorschrift (ZDv) 10/1 Innere Führung vom 28. Januar 2008 bleiben die Ausführungen eher im Vagen. So heißt es dort, dass Tradition die Überlieferung von Werten und Normen sei und den Soldatinnen und Soldaten bei der Bestimmung ihres Berufs- und Selbstverständnisses helfe. Sie diene der Selbstvergewisserung, ermöglicht es, das Handeln in den größeren Zusammenhang der Geschichte einzuordnen und gewährt Orientierung für militärisches Führen und Handeln: „Die Pflege von Tradition leistet deshalb einen unverzichtbaren Beitrag für die Bundeswehr als Armee im Einsatz." (BMVg 2008: Ziff. 630)

Versuche, das abstrakte Gebilde mit Inhalten zu füllen, werden jedoch anderenorts, so etwa in offiziellen Reden zum 20. Juli, unternommen. Da Traditionsinhalte nach den Bedürfnissen der Gegenwart ausgewählt werden, kann – wie von den geistigen Vätern der Inneren Führung in den 1950/60er-Jahren – das Attentat auf Hitler unter aktuellen außenpolitischen Vorzeichen „nach vorwärts verwandelt werden" (Handbuch Innere Führung 1957: 74) – oder anders ausgedrückt: Die Orientierung am Gegenwärtigen liefert den Maßstab und auch die Rechtfertigung für die wertebezogene Auswahl, so dass die Frauen und Männer des 20. Juli einst gegen den Kommunismus, jetzt gegen den Terrorismus eingesetzt werden. Der zeitgemäße Vergangenheitsbezug erfährt im Zuge der Neuausrichtung ganz spezifische Ausprägungen. So betonte etwa der damalige Bundesminister der Verteidigung Franz Josef Jung in seiner Kolumne zum 20. Juli 2006, dass sich der „Dienst in der Bundeswehr und vor allem der Einsatz unserer Soldatinnen und Soldaten für den Frieden weltweit (...) an den Werten der mutigen Akteure des 20. Juli 1944" orientierten.[5]

Tradition unterliegt der Transformation innerhalb der von der freiheitlich-demokratischen Rechtsordnung gezogenen Grenzen. Mit Blick auf soldatisches Fehlverhalten im Einsatz betont die Bundeswehrführung, dass das ethische Bewusstsein der Staatsbürger in Uniform geschärft, die militärischen Traditionen stärker ins Bewusstsein gebracht und die Auseinandersetzung mit möglichen Vorbildern gesucht werden müsse. In der einsatzvorbereitenden Ausbildung besitzt militärische Tradition allerdings noch keine kommunika-

---

5   Jung: Lebendige Tradition (Online: http://www.bmvg); vgl. noch Jung 2008: 13.

tive oder eben: identitätsstiftende Funktion. Einsatzmotivation speist sich bisher kaum aus historischen Vorbildern. Zurzeit kommt die neue Bundeswehr im Einsatz weitestgehend ohne traditionsbezogene Motivationsfaktoren oder Identitätsvorgaben offizieller Art aus. Ob der ältere Moltke oder der Große Kurfürst nach strenger Lesart des Erlasses und mit Blick auf Sinn und Zweck der Stabilisierungseinsätze die richtigen Werte, ein rechtes Selbstverständnis vom soldatischen Beruf im Einsatz vermitteln, bleibt ohnehin fraglich. Da empirische Befunde bisher fehlen, wäre übrigens interessant zu erfahren, welche ‚Helden' denn in der Seitentasche von den Soldatinnen und Soldaten selbst mitgenommen werden, so sie sich in postheroischen Zeiten noch mit Gestalten grauer Vorzeit überhaupt identifizieren mögen. Möglicherweise erweist sich eine Idee, die Brigadegeneral Karl H. Schreiner (Führungsakademie der Bundeswehr) kürzlich vortrug, als richtungsgebend: „Erinnerungskultur, z. B. an erfolgreiche Einsätze kann in der Truppe zur Vermittlung der tradierbaren Werte [und ich füge hinzu: der soldatischen Identität] genutzt werden" (Schreiner 2004: 43; vgl. hierzu auch Libero 2007: 58–61; zum besonderen Phänomen der Feldlagerkulturen Tomforde 2008: 70–75; zu den reellen Faktoren der Einsatzmotivation Biehl 2005: 268–286).[6]

Als Defensiv-Armee hat sich die Bundeswehr auch in multinationalen Auslandseinsätzen zu bewähren, von humanitären Missionen bis zum Kampfeinsatz. Sich in eine bestimmte Tradition zu stellen, gibt Auskunft über das eigene Selbstverständnis, über die eigene Identität. Festes Fundament soldatischer Identität war, ist und bleibt die Innere Führung, sie stellt die Wirksamkeit im Einsatz sicher, bietet die notwendigen Voraussetzungen, um das geforderte Optimum an militärischer Leistungsfähigkeit zu erreichen. Ob die Bundeswehr für die ethische Dimension ihres Auftrags, für die Weiterentwicklung soldatischer Identität im normativen Sinn soldatische Vorbilder vergangener Zeiten benötigt oder Verhaltensmuster, Leitfiguren genügen, die sie selbst in ihrer langen Geschichte hervorgebracht hat, muss die Zeit zeigen, denn, wie es bei Italo Svevo heißt, „die Vergangenheit ist immer neu. Sie verändert sich dauernd, wie das Leben fortschreitet" (Svevo 2007).

---

6   Seit kurzem dienen der Armee im Einsatz lebende Personen als soldatische Vorbilder, wie die erstmalige Verleihung des Ehrenkreuzes der Bundeswehr für Tapferkeit am 6. Juli 2009 zeigt. Anlässlich der Erstaushändigung an vier Unteroffiziere erklärte der damalige Bundesminister der Verteidigung Franz Josef Jung: „Die heutige Auszeichnung ist eine besondere staatliche Anerkennung für das soldatische Dienen. Sie erfolgt im Namen aller Bürgerinnen und Bürger unseres Staates, für deren Sicherheit Sie sich unter großen Gefahren eingesetzt haben. Sie, meine Herren, sind durch Ihren Einsatz für Recht und Freiheit zum Vorbild für Ihre Kameradinnen und Kameraden geworden." (Online: http://www.bmvg.de). Zum Ehrenkreuz siehe BMVg 2009: 112f.

Literatur

Apel, Hans (1981): Mitteilungen an die Presse, XVIII/6 vom 22. Januar 1981. Bonn: Bundesministerium der Verteidigung.

Biehl, Heiko (2005): Kampfmoral und Einsatzmotivation. In: Leonhard/ Werkner (Hrsg.) 2005: 268–286.

Birk, Eberhard (Hrsg.) (2004): Militärische Tradition. (Gneisenau Blätter 3) Fürstenfeldbruck: Gneisenau Gesellschaft.

Birk, Eberhard (2006): Militärische Tradition: Beiträge aus politikwissenschaftlicher und militärhistorischer Perspektive. Hamburg: Kovač.

Birk, Eberhard (Hrsg.) (2007): Einsatzarmee und Innere Führung. (Gneisenau Blätter 6) Fürstenfeldbruck: Gneisenau Gesellschaft.

Birk, Eberhard (Hrsg.) (2008): Militärisches Selbstverständnis. (Gneisenau Blätter 7) Fürstenfeldbruck: Gneisenau Gesellschaft.

Budde, Hans-Otto (2008): Das militärische Selbstverständnis des Deutschen Heeres. In: Birk (Hrsg.) 2008: 29–34.

Bundesministerium für Verteidigung, Führungsstab der Bundeswehr-B (1957): Handbuch Innere Führung. Hilfen zur Klärung der Begriffe. Schriftenreihe Innere Führung.

Bundesminister der Verteidigung (BMVg) (1982): Richtlinien zum Traditionsverständnis und zur Traditionspflege in der Bundeswehr. Gültiger Erlass vom 20. September 1982. Bonn: Bundesministerium der Verteidigung. Abgedruckt in Libero 2006: 218–224.

Bundesministerium der Verteidigung (BMVg) (1972): Zentrale Dienstvorschrift (ZDv) 10/1 Hilfen für die Innere Führung. Bonn: Bundesministerium der Verteidigung.

Bundesministerium der Verteidigung (BMVg) (2006): Weißbuch 2006 zur Sicherheitspolitik Deutschlands und zur Zukunft der Bundeswehr. Berlin: Bundesministerium der Verteidigung.

Bundesministerium der Verteidigung (BMVg) (2008): Reden zum 100. Geburtstag von Oberst i. G. Claus Schenk Graf von Stauffenberg. Berlin: Bundesministerium der Verteidigung.

Bundesministerium der Verteidigung (BMVg) (2009): Bundeswehr im Einsatz. Katalog zur Ausstellung anlässlich des 15. Jahrestages der ersten Parlamentsmandatierung von bewaffneten Einsätzen der Bundeswehr im Ausland. Berlin: Bundesministerium der Verteidigung.

Chiari, Bernhard/Rogg, Matthias/Schmidt, Wolfgang (Hrsg.) (2003): Krieg und Militär im Film des 20. Jahrhunderts. München: Oldenbourg Wissenschaftsverlag.

Däniker, Gustav (1992): Wende Golfkrieg. Vom Wesen und Gebrauch künftiger Streitkräfte. Frankfurt a. M.: Report-Verlag.

Dörfler-Dierken, Angelika (2005): Ethische Fundamente der Inneren Führung. Baudissins Leitgedanken: gewissensgeleitetes Individuum – verantwortlicher Gehorsam – konflikt- und friedensfähige Mitmenschlichkeit. (SOWI-Berichte 77) Strausberg: Sozialwissenschaftliches Institut der Bundeswehr.

Dörfler-Dierken, Angelika (2007): Baudissins Konzeption Innere Führung und lutherische Ethik. In: Schlaffer/Schmidt (Hrsg.) 2007: 55–68.

Freudenberg, Dirk (2005): Militärische Führungsphilosophien und Führungskonzeptionen ausgewählter NATO- und WEU-Staaten im Vergleich. Baden-Baden: Nomos.

Hagen, Ulrich vom (Hrsg.) (2006): Armee in der Demokratie. Zum Verhältnis von zivilen und militärischen Prinzipien. Wiesbaden: VS Verlag für Sozialwissenschaften.

Hartmann, Uwe (2007): Innere Führung: Erfolge und Defizite der Führungsphilosophie für die Bundeswehr. Berlin: miles-Verlag.

Kümmel, Gerhard (Hrsg.) (2008): Streitkräfte im Einsatz: Zur Soziologie militärischer Interventionen. Baden-Baden: Nomos.

Leonhard, Nina/Werkner, Ines-Jacqueline (Hrsg.) (2005): Militärsoziologie. Eine Einführung. Wiesbaden: VS Verlag für Sozialwissenschaften.

Libero, Loretana de (2006): Tradition in Zeiten der Transformation: Zum Traditionsverständnis der Bundeswehr im frühen 21. Jahrhundert. Schöningh: Paderborn.

Libero, Loretana de (2007): Tradition und Einsatz. Zu ethischen Aspekten der deutschen Sicherheitsvorsorge. In: Birk (Hrsg.) 2007: 58–61.

Libero, Loretana de (2008a): Einsatzarmee und Erinnerung. Bemerkungen zu Gedenkkulturen in der Bundeswehr. In: Birk (Hrsg.) 2008: 76–79.

Libero, Loretana de (2008b): Diese Tradition steht ihr gut. Von der Schwierigkeit der Truppe, sich selbst ein Vorbild zu sein. In: if – Zeitschrift für Innere Führung, 2, 46–51.

Loch, Thorsten (2008): Das Gesicht der Bundeswehr: Kommunikationsstrategien in der Freiwilligenwerbung der Bundeswehr 1956 bis 1989. München: Oldenbourg Wissenschaftsverlag.

Nägler, Frank (2009): Der gewollte Soldat und sein Wandel. Personelle Rüstung und Innere Führung in den Aufbaujahren der Bundeswehr 1956 bis 1964/65. München: Oldenbourg Wissenschaftsverlag.

Naumann, Klaus (1994): Bundeswehr in einer Welt im Umbruch. Berlin: Siedler.

Protte, Katja (2003): Auf der Suche nach dem Staatsbürger in Uniform. Frühe Ausbildungs- und Informationsfilme der Bundeswehr. In: Chiari/ Rogg/Schmidt (Hrsg.) 2003: 569–610.

Rautenberg, Hans-Jürgen/Wiggershaus, Norbert (1985): Die „Himmeroder Denkschrift" vom Oktober 1950. Politische und militärische Überlegungen für einen Beitrag der Bundesrepublik Deutschland zur westeuropäischen Verteidigung. 2. Aufl. Karlsruhe.

Rühe, Volker (1997): Innere Führung in der Bewährung, gestern und heute. Vortrag anlässlich der großen Kommandeurtagung der Bundeswehr am 4. November 1997 in Berlin.

Schlaffer, Rudolf J./Schmidt, Wolfgang (Hrsg.) (2007): Wolf Graf von Baudissin 1907–1993. Modernisierer zwischen totalitärer Herrschaft und freiheitlicher Ordnung. München: Oldenbourg Wissenschaftsverlag.

Schmidt, Wolfgang (2007): Die bildhafte Vermittlung des Staatsbürgers in Uniform in den Anfangsjahren der Bundeswehr. In: Schlaffer/Schmidt (Hrsg.) 2007: 165–188.

Schneiderhan, Wolfgang (2007): Wolf Graf von Baudissin und die demokratische Militärreform. In: Wiesendahl (Hrsg.) 2007: 29–42.

Schreiner, Karl H. (2004): Das aktuelle Traditionsverständnis der Bundeswehr. In: Birk (Hrsg.) 2004: 37–45.

Stieglitz, Klaus-Peter (2008): Die Bedeutung von Geschichte und Tradition für die Luftwaffe im 21. Jahrhundert. Potsdam: Militärgeschichtliches Forschungsamt.

Svevo, Italo (2007): Zenos Gewissen. Frankfurt a. M.: Zweitausendeins.

Tomforde, Maren (2006): „Einmal muss man schon dabei gewesen sein..." – Auslandseinsätze als Initiation in die neue Bundeswehr. In: Hagen (Hrsg.) 2006: 101–122.

Tomforde, Maren (2008): Feldlagerkulturen als gelebte Innere Führung in multinationalen Einsatzszenarien. In: Birk (Hrsg.) 2008: 70–75.

Ungerer, Dietrich (2003): Der militärische Einsatz. Bedrohung – Führung – Ausbildung. Potsdam: miles-Verlag.

Weinstein, Adelbert (1951): Armee ohne Pathos. Die deutsche Wiederbewaffnung im Urteil ehemaliger Soldaten. Bonn: Köllen.

Wellershoff, Dieter (1991a): Streitkräfte als Helfer in Not und Katastrophe. In: Wellershoff (Hrsg.) 1991b: 254–257.

Wellershoff, Dieter (Hrsg.) (1991b): Frieden ohne Macht? Sicherheitspolitik und Streitkräfte im Wandel. Bonn: Bouvier.

Wiesendahl, Elmar (Hrsg.) (2007): Innere Führung für das 21. Jahrhundert. Die Bundeswehr und das Erbe Baudissins. Paderborn: Ferdinand Schöningh.

Paradoxe Anforderungen an Soldaten im (Kriegs-)Einsatz

Jens Warburg

1 Einleitung

Wenn sich Organisationen für die Identitäten ihrer Angehörigen interessieren, und wenn sie sich fragen, welche Normen und Werte dem individuellen Handeln zugrunde liegen sollen, dann ist dies stets ein Indikator dafür, dass sich diese Organisationen in einer krisenhaften Situation befinden bzw. möglicherweise in naher Zukunft befinden werden. Den Anstoß für solche Debatten gibt häufig die Feststellung, dass Selbstverständnis und Identität der Angehörigen einer Organisation nicht mehr ausreichend mit den Anforderungen, die von den Organisationen erhoben werden, zur Deckung gebracht werden können. Die Bewältigung des Spannungsverhältnisses zwischen dem, was Organisationen von ihren Angehörigen verlangen, und dem, was die Individuen leisten wollen und leisten können, gehört zu den Routinen, die Organisationen entwickeln müssen, um bestehen zu können. Eine Debatte zu Selbstverständnis und Identität von Angehörigen einer Organisation zeigt deshalb an, dass sich dieses Spannungsverhältnis derart zuspitzt, dass in der Organisation die Befürchtung um sich greift, die von der Organisation postulierten Ziele ließen sich nicht oder nur eingeschränkt erreichen. Im Folgenden wird die These vertreten, dass die Bundeswehr und mit ihr alle Streitkräfte, die militärisch in verschiedenen, gewalttätig ausgetragenen Auseinandersetzungen intervenieren sollen, um diese Konflikte stillzustellen, aktuell solche Debatten führen müssen, weil sie paradoxe Anforderungen an ihr Personal stellen.

Das Militär erhob schon immer besondere Anforderungen an sein Personal, und diese unterlagen immer einem historischen Wandel. Deshalb wird in einem ersten Schritt auf die Besonderheit des Militärs hingewiesen, die es grundsätzlich von zivilen Organisationen unterscheidet. Im nächsten Schritt wird beispielhaft ein historischer Wandel anhand der verschiedenen Anforderungen beleuchtet, die die Bundeswehr im Laufe ihrer Geschichte an ihre Angehörigen stellte. Anschließend wird auf die aktuellen Forderungen an Soldaten avancierter Streitkräfte und die damit verbundenen Probleme eingegangen. Im Fokus dieser Ausführungen steht zwar die Bundeswehr, doch letztlich stehen alle Soldaten, die sich auf ähnliche Einsätze vorbereiten sollen, vor den gleichen Problemen.

2   Das Militär ist eine *greedy institution*

Der Begrifflichkeit Lewis Cosers zufolge ist das Militär eine *greedy instituti-on*. Es ist in einem ganz traditionellen Sinne ‚gierig', weil es im Verhältnis zu den Einzelnen, die ihm angehören, nahezu grenzenlose Forderungen stellt. Diese Gier ist nicht willkürlich, sondern ergibt sich aus dem Zweck militäri-scher Organisationen. Der Zweck militärischer Organisationen ist Clausewitz zufolge „den Gegner zur Erfüllung unseres Willens zu zwingen" (Clausewitz 1991 [1832]: 192), indem physische Gewalt angewendet wird. Der Anwen-dung von Gewalt ist eine Tendenz zum „Äußersten" (Clausewitz 1991 [1832]: 192) eingeschrieben, wie es Clausewitz vor dem Hintergrund der Ko-alitionskriege bzw. Napoleonischen Kriege (1792–1815) formulierte. Vom Zweikampf ausgehend machte er drei Prozesse aus, die jeweils die Tendenz haben, das Geschehen zu eskalieren. Die erste eskalierende Dynamik beruht auf der Annahme, dass derjenige gewinnen wird, der am rücksichtslosesten „ohne Schonung des Blutes" (Clausewitz 1991 [1832]: 192) von den ihm zur Verfügung stehenden Gewaltmitteln Gebrauch macht. Die zweite Dynamik ergibt sich daraus, dass der Kampf soweit geführt werden muss, dass der Gegner keinen weiteren Widerstand mehr leisten kann, weil der Sieger an-sonsten fürchten muss, von den Unterlegenen abermals angegriffen zu wer-den (Clausewitz 1991 [1832]: 194). Einer Kapitulation ohne Entwaffnung ist folglich nicht zu trauen und die Ehrlichkeit des Unterlegenen ist immer zu bezweifeln. Die „Uferlosigkeit" der menschlichen Vorstellungskraft (Popitz 1992: 51) bildet die Basis für die dritte eskalierende Dynamik zwischen den Kämpfenden. Denn selbst wenn man meint, man wisse, über welche Mittel der Gegner verfügt, so bleibt immer unsicher, wie stark sein Wille ist, und hieraus resultiert „eine gegenseitige Steigerung, die in der bloßen Vorstellung wiederum das Bestreben zum Äußersten haben muss" (Clausewitz 1991 [1832]: 195).

Auf dieses ‚Äußerste' müssen Soldaten vorbereitet werden, und das be-deutet, dass den Soldaten gegenüber Machtverhältnisse etabliert werden, die sich in besonders rigiden Befehlsstrukturen und Normen der Disziplin aus-drücken, für die es in zivilen Organisationen keine Entsprechung gibt. Diese Befehlsstrukturen und Normen sollen sicherstellen, dass die Soldaten selbst in extremen Situationen stets im Sinne der Organisationsvorgaben handeln. Auch wenn sie ihre physischen und psychischen Belastungsgrenzen im Ver-laufe eines Einsatzes erreichen, soll es möglich sein, dass von ihnen die Fort-setzung des Kampfes verlangt werden kann. Bezogen auf Soldaten meint das ‚Äußerste', ihre Bereitschaft Leib und Leben zu riskieren, und die ‚Gier' kulminiert genau in dieser Erwartung an die Soldaten.

3   Modifikationen

Wäre diese Gier der alles bestimmende Faktor im Verhältnis zwischen den Streitkräften und ihren Angehörigen und wären die Verbände ausschließlich und jederzeit auf einen Krieg zwischen zwei symmetrischen Staatsgebilden ausgerichtet, dann ließen sich Themen wie professionelles Selbstverständnis und soldatische Identitäten in relativ einfachen und starren Formeln abhandeln. Tatsächlich führ(t)en in der Vergangenheit und Gegenwart eine Vielzahl von Prozessen zu Modifikationen des Verhältnisses von Militärorganisationen zu ihren Angehörigen. Eine besondere Rolle spielen dabei die Einsatzszenarien der Streitkräfte. So war die Bundeswehr bis Ende der 1980er-Jahre auf einen Krieg ausgerichtet, der nie stattfinden durfte. Lediglich in einer ersten Phase, quasi als Ouvertüre, wäre dieser Krieg konventionell geführt worden, wäre aber bald in einem atomaren Schlagabtausch geendet. In dieser Zeit sollte die Bundeswehr eine ‚Armee gegen den Krieg' sein, so der Titel eines Sammelbandes (Raven 1966), „die kämpfen kann, um nicht kämpfen zu müssen". Ein faktischer Kriegseinsatz hätte (so z. B. Thomas Ellwein 1972) ihr Versagen und das der politischen Führung bedeutet. Die „Paradoxie des modernen Soldatenberufs" bestünde darin, dass der Soldat „etwas einübt, um es nicht auszuüben, der sich auf etwas vorbereitet, damit es nicht eintritt; der sich nur bewährt, wenn man sein Können zuletzt nicht benötigt" (Ellwein 1972: 78).

Wie der Soldatenberuf unter diesen Vorzeichen zu denken wäre, darüber wurde in dieser Zeit heftig gestritten, und der Streit wurde meist unter den ‚Frontstellungen' Soldat sui generis versus Staatsbürger in Uniform, Karst versus Baudissin bzw. Traditionalisten versus Reformer abgehandelt. Bis Anfang der 1980er-Jahre wurden die Auseinandersetzungen um das angemessene Berufsbild des Soldaten unter öffentlicher Anteilnahme geführt. Das von den Traditionalisten favorisierte Soldatenbild blieb in der Öffentlichkeit umstritten, weil es mit soldatischen Tugenden wie dem bedingungslosen Gehorsam und einer Opferbereitschaft in Verbindung gebracht werden konnte, die durch den Nationalsozialismus und den Zweiten Weltkrieg diskreditiert waren. Setzungen, wie „Der Soldat hat nur die Aufgabe, einen etwaigen Krieg zu gewinnen, wo immer er steht und kämpft." (Karst 1964: 14), wirkten deshalb wie aus der Zeit gefallen. Die Ausrichtung des Soldatenberufs auf einen konventionell geführten Krieg blieb obendrein umstritten, weil bereits eine solche Kriegführung an den Grenzen zwischen den beiden deutschen Staaten selbstmörderische Züge trug. Gleichzeitig klagten die Reformer zu Recht stets darüber, dass ihre Auffassungen nur halbherzig umgesetzt und in den 1980er-Jahren teilweise wieder rückgängig gemacht wurden. Dass das Selbstverständnis der Soldaten allenfalls bedingt den Vorstellungen der Reformer entsprach, zeigt auch eine Studie des Sozialwissenschaftlichen Instituts der Bundeswehr. In ihrer Studie zum Berufsbild des Offizierskorps zwischen 1970 und 1989 kamen Paul Klein und Werner Kriesel 1991 zu dem Ergebnis, dass der größte Teil des Offizierskorps auch Ende der 1980er-Jahre in seiner Selbstwahrnehmung zu einem traditionellen Berufsbild des Soldaten mit starkem Sui-generis-Einschlag tendierte. (Klein/Kriesel 1991: 44f.)

Mit dem Ende des Kalten Krieges sah sich die Bundesrepublik ‚von Freunden umzingelt'. Einen Krieg an den Landesgrenzen zu führen, war noch unwahrscheinlicher geworden. Schrittweise fiel aber bereits in den 1980er-Jahren die bisherige Bestimmung der Bundeswehr weg, ausschließlich an diesen Grenzen kämpfen zu müssen. Die Bundeswehr wurde zu einem Instrument der Außen- und Sicherheitspolitik. Anfang der 1990er-Jahre hieß dies aber noch nicht unbedingt, dass die Bundeswehr nun tatsächlich einen Krieg führen muss. So gingen die Autoren in der oben erwähnten Studie davon aus, dass der Soldat zukünftig noch weniger als bisher „ein Mann der Tat und per definitionem der Gewalt" (Klein/Kriesel 1991: 48) sein werde. Denn gerade „der Mann der Tat könnte (...) weniger gefragt sein, wenn es etwa darum geht, im Rahmen einer Friedensmission der Vereinten Nationen in einem Konflikt zu schlichten. Dann wären Fingerspitzengefühl, Sensibilität und Zurückhaltung, unter Umständen sogar Zögern und Vorsicht vielleicht die geforderten Eigenschaften. Bei der Verifikation von Abrüstungsmaßnahmen, um ein anderes Beispiel zu nennen, sind Gründlichkeit, Geduld und Einfühlungsvermögen wahrscheinlich eher gefragt als forsches Draufgängertum und Tatkraft. Fundierte wissenschaftliche Kenntnisse wären schließlich zweifelsohne nützlich, wenn Offiziere als ‚Grün-Helme'[1] tätig werden." (Klein/Kriesel 1991: 48)

Für solche Einsätze schien die Bundeswehr besonders gut geeignet zu sein, weil die bundesdeutschen Soldaten in ihren ersten Einsätzen im Vergleich zu den Soldaten verbündeter Streitkräfte ‚ziviler' auftraten. Aber die zunehmende Zivilisierung möglicher Einsätze der Bundeswehr hat sich seit Anfang der 1990er-Jahre nicht so vollzogen, wie sie Klein und Kriesel vor Augen hatten. Im Gegenteil: Die Veränderung des Aufgabenspektrums lässt sich heute nicht als eine Zivilisierung, sondern als eine Funktionsausweitung bezeichnen. Diese Bezeichnung schließt die Möglichkeit ein, dass es sich bei einem Bundeswehreinsatz auch um einen Kriegseinsatz handeln kann. Soldat sein heißt demnach für Bundeswehrsoldaten heute, sich in einem Umfang auf einen tatsächlichen Kampfeinsatz vorzubereiten, der noch vor wenigen Jahren als eher unwahrscheinlich galt. Und deshalb konnte auch der amtierende

---

1 In Analogie zum Blauhelm-Einsatz (Peacekeeping-Einsatz unter UN-Mandat) verwendeten die Autoren für Bundeswehreinsätze in Krisen- und Katastrophenfällen die Bezeichnung Grün-Helm-Einsatz.

Heeresinspekteur Budde erklären: „Wir Soldaten sind eben keine bewaffneten Sozialhelfer und sind auch kein bewaffnetes THW! Das verlangt, die Ausbildung konsequent auf die heute und in Zukunft wahrscheinlichen Einsatzerfordernisse auszurichten, und das verlangt, hart und konsequent auszubilden. Es gilt, das militärische Handwerk zu beherrschen, unter allen Bedingungen. Das erfordert physische und psychische Robustheit, und das erfordert nach wie vor die Befähigung zum Kampf. Denn die Fähigkeit zum Kampf ist die Klammer, die das Heer – wenn Sie so wollen – auch zusammenhält, ist die Voraussetzung zur Durchsetzung von Aufträgen in jedem Intensitätsspektrum – und darüber hinaus auch Teil der persönlichen ‚Risikovorsorge' unserer Soldaten." (Budde 2005: 113f.)

Erfährt damit die Vorstellung, die Identität der Soldaten müsse mit dem Kampf verbunden werden, eine Aufwertung? Sicher, wenngleich dies nicht unbedingt in den Bahnen geschehen muss, wie sich das die Traditionalisten in den 1960er-Jahren vorstellten, deren Überlegungen sich am preußischen Kasernenhof der Reichswehr orientierten.

4   Interventionsarmeen müssen nicht nur kämpfen können

Mit dem Wegfall der Ost-West-Konfrontation Ende der 1980er-Jahre entfiel für die westlichen Armeen ein Einsatzszenario – ein großer, zumindest anfangs konventionell geführter Krieg zwischen den NATO-Staaten und der Sowjetunion und ihren Verbündeten –, für den der größte Teil ihrer Ressourcen vorgesehen war. In den vergangenen Jahren haben alle NATO-Staaten die Kapazitäten stark verringert, die sie befähigen sollten, einen Gegner zu bekämpfen, der ihr Territorium militärisch bedroht. Stattdessen wurden, wenn auch in unterschiedlichem Ausmaß, verstärkt Einheiten aufgestellt, deren (anfängliches) Einsatzgebiet nicht mehr an den eigenen Landesgrenzen oder denen eines verbündeten Staates liegt, sondern in entfernten Regionen, die meist nur mit großem logistischen Aufwand erreicht werden können. Einige dieser Streitkräfte, wie die der USA, aber auch Frankreichs und Großbritanniens, verfügten schon vor 1989 über solche Einheiten; andere, wie die Bundeswehr, waren bis dahin fast vollständig auf den oben genannten konventionellen Kriegseinsatz ausgerichtet. Dieser Wandel hin zu einer Interventionsarmee bedingt vielfältige Veränderungen im Hinblick auf die Beziehungen, die das Militär „zu Politik und Gesellschaft, in ihren Binnenstrukturen und im Verhältnis zu den einzelnen Soldaten" (Biehl 2008: 10) unterhält.

Eine Veränderung, auf die im Folgenden eingegangen wird, betrifft die Kompetenzen, über die Verbände einer Interventionsarmee verfügen müssen, um ihr Ziel erreichen zu können. Während die Orientierung der soldatischen Identität am Ideal des Kämpfers für eine Armee ausreichen mag, die sich auf einen Krieg gegen die Streitkräfte eines anderen Staates vorbereitet, haben derzeit westliche Interventionstruppen nicht ausschließlich die Aufgabe, einen Gegner zu bekämpfen, der ihnen jederzeit als Gegner erkennbar gegenübertritt. Außerdem werden den Soldaten, neben dem konventionellen Kriegseinsatz, weitere Aufgaben – worauf der Begriff der Funktionsausweitung auch hinweist – zugewiesen. Das derzeit vorherrschende Einsatzszenario für Streitkräfte, die militärisch in Krisen- und Kriegsgebiete intervenieren, sieht vor, dass sie dort eine neue politische Ordnung zu etablieren haben und dabei nicht darauf hoffen können, sich nach kurzem Aufenthalt aus dem sozialen Raum zurückzuziehen, um die Macht und Verantwortung lokalen Kräften zu übertragen. Stattdessen müssen sie auch dann außerhalb ihrer Kasernen im zivilen Raum präsent sein, wenn sie keinen militärischen Gegner bekämpfen.[2]

Das Militär muss für solche Einsätze in weit stärkerem Maße über nicht-militärische, also zivile Kompetenzen verfügen. Selbst wenn diese Aneignung ziviler Kompetenzen von einigen Soldaten und Offizieren als ein Verstoß gegen ihr soldatisches Selbstverständnis erlebt wird, müssen sie fähig sein, Kontakt mit der Zivilbevölkerung aufzubauen, um Vertrauen in die von ihnen mitgeschaffene Ordnung zu schaffen. Sie müssen dazu eben doch mit den ihnen zur Verfügung stehenden technischen Geräten quasi als Technisches Hilfswerk wirken. Erwartet wird, dass die Soldaten quasi wie bewaffnete Sozialarbeiter agieren, um Streitigkeiten zwischen Zivilisten zu schlichten und dass sie in anderen Situationen als Polizisten auftreten können. Weitere Berufsbezeichnungen, die in diesem Zusammenhang immer wieder genannt werden, sind die des Diplomaten und des Vermittlers. Charakterisiert werden damit Verhaltens- und Handlungsweisen, die bis vor wenigen Jahren ausschließlich zivilen Berufen zugeordnet wurden. Weiter wird von verschiedenen Autorinnen und Autoren hervorgehoben, dass die Soldaten aufgrund der Funktionsausweitung und ihres Einsatzes im Ausland über interkulturelle Kompetenzen verfügen müssen. Um interkulturell kompetent handeln zu können, müssten die Soldaten, so Maren Tomforde, „Ambiguitätstoleranz, Einfühlungsvermögen, Rollendistanz, Kommunikations- und Empathiefähig-

---

2 Bei aller Konzentration dieser Ausführungen auf die westlichen Interventionsstreitkräfte soll nicht unerwähnt bleiben, dass auch andere Staaten Teile ihrer Streitkräfte für Auslandseinsätze bereitstellen. So stellen die asiatischen Staaten Pakistan, Bangladesch und Indien die größten Truppenverbände für die so genannten Friedensmissionen der UNO, die vor allem auf dem afrikanischen Kontinent personalintensiv sind. Im Dezember 2008 stellten diese drei Staaten über 26 000 bzw. 34 Prozent der Soldaten bereit, die der UNO zur Verfügung standen. Von Seiten der Bundeswehr waren im gleichen Zeitraum 228 Soldaten im Einsatz der UNO, sie stellte damit weniger als ein halbes Prozent des Truppenkontingents. Eine aktuelle Übersicht zu den Einsätzen ist auf der Internetseite http://www.un.org/Depts/dpko/ dpko/contributors zu finden.

keit, Kontaktfreudigkeit, Verhaltensflexibilität, Unvoreingenommenheit, Toleranz, Respekt, Offenheit, Initiative, geringen Ethnozentrismus sowie eine hohe Frustrationstoleranz mit sich bringen." (Tomforde 2008: 75f.)

Von den Soldaten werden damit ausgesprochen zivile Berufskompetenzen gefordert. Mit den neuen Aufgaben ändern sich zugleich die Bewertungsmaßstäbe, nach denen ihr Verhalten beurteilt wird. Verhaltensweisen, die früher im Allgemeinen eher als ‚unschönes Benehmen' erachtet wurden, können nun als völlig inakzeptabel gelten. Sie werden nicht mehr als im Grunde harmlose Begleiterscheinungen eines Männerbundes angesehen, der „informell in größerem Maße Ausschweifungen im Verhalten duldet als die gemischte zivile Gesellschaft", wie dies Janowitz und Little in den 1960er-Jahren formulierten (Janowitz/Little 1965: 75), sondern sie können zu Irrungen werden, die geeignet sind, den gesamten Einsatz zu diskreditieren. Ein solcher Fall lag vor, als im Herbst 2006 Bilder in den Medien auftauchten, die zeigten, wie Bundeswehrsoldaten mit menschlichen Totenschädeln in Afghanistan posierten. Ein Thema, das in diesem Zusammenhang immer wieder Kritik hervorruft, ist das Sexualverhalten von Soldaten. So wird kritisiert, dass in der Nähe von Stationierungsorten von UN-Soldaten die Prostitution aufblüht, und als besonders schwerwiegend gelten die Vorwürfe, dass vor allem in Afrika die UN-Soldaten einheimische Frauen und Kinder vergewaltigen und missbrauchen würden und damit gegen die Politik der UN verstoßen.

5 Schwer einlösbare bis paradoxe Anforderungen

An die Soldaten werden nur schwer einlösbare, wenn nicht paradoxe Anforderungen gestellt. Wie hoch die Anforderungen sind, wird deutlich, wenn man sich vergegenwärtigt, dass zur Charakterisierung der Anforderungen häufig Berufsbezeichnungen verwendet werden, die nur ausgeübt werden können, wenn die Betreffenden ein mehrjähriges Studium zumindest an einer Fachhochschule absolviert haben. Nun werden diese Anforderungen aber nicht nur an Offiziere gestellt, sondern grundsätzlich an alle im Ausland eingesetzten Soldaten. Personal, das den oben genannten umfangreichen Anforderungsprofilen gerecht wird, wird sich deshalb nicht leicht rekrutieren lassen, zumal Eigenschaften wie „Teamfähigkeit, kritische Loyalität, Reflexions- und Urteilsfähigkeit" (Haltiner/Kümmel 2008: 50) als Schlüsselqualifikationen auch in der Wirtschaft stark nachgefragt werden. Ein sicher nicht gering zu veranschlagendes weiteres Problem nicht nur bei der Rekrutierung rangniedriger Soldaten dürfte sein, dass ein basales Motiv, weshalb sich männliche und weibliche Jugendliche für den Dienst bei der Bundeswehr zumindest in der Vergangenheit entschieden, ihre Erwartung war, dass sie hiermit einen als langweilig empfundenen zivilen Alltag zeitweise unterbrechen könnten (siehe Birckenbach 1985). Und liegt die Geringschätzung gegenüber soft skills wie interkultureller Kompetenz, die Tomforde (2008: 74) in der Bundeswehr, aber auch in anderen Streitkräfte ausmacht, nicht zuletzt darin begründet, dass viele (männliche) Militärangehörige sich für den Dienst entschieden, um sich solchen ubiquitär erhobenen als weiblich geltenden Fähigkeiten – die ihnen bereits im Kindergarten und in den Schulen begegneten – zu entziehen?[3] Auch aus der Vielzahl von Eigenschaften, über die nach Auffassung von Tomforde Soldaten verfügen müssen, um interkulturell handeln zu können, wird ersichtlich, dass es sich bei den genannten Eigenschaften nicht um Jedermanns-Ressourcen handelt. Sie sind, worauf Tomforde (2008: 75) hinweist, in der gesamten Gesellschaft eher zu wenig als ausreichend anzutreffen. Es ist kaum vorstellbar, dass Militärangehörigen in naher Zukunft eine besondere Vorreiterrolle bei der Vermittlung von Eigenschaften wie Ambiguitätstoleranz zufallen wird.

Als schwer umsetzbar muss auch die Anforderung an die Soldaten gelten, eine Rolle wie die des Schlichters zwischen Konfliktparteien einnehmen zu können und zum anderen – möglicherweise gleichzeitig oder doch zumindest zeitnah – selber für eine Konfliktpartei zu stehen. Problematisch hieran ist, dass damit gegen eine Voraussetzung für das Schlichten von Konflikten verstoßen wird. Denn wem es gelingen soll, Konflikte zu schlichten, der hält am besten Distanz zu allen am Konflikt Beteiligten, ist eben keine Konfliktpartei, sondern nimmt, bezogen auf den zu schlichtenden Konflikt, eine neutrale Position ein. Wenn aber die eigene Organisation als eine Konfliktpartei gilt, ist es auch für Soldaten von Verbänden schwer, die mit kampffernen Aufgaben betraut sind – sei es mit der Vermittlung in sozialen Konflikten vor Ort, sei es mit der Koordination von zivilen Aufbauprojekten –, ihre Aktivitäten als eine nicht auf den militärischen Kampf bezogene Tätigkeit darzustellen. Um dieses Problem an einem Beispiel zu illustrieren: Fragt ein Mitarbeiter einer Nichtregierungsorganisation (NGO) einen Dorfbewohner nach der Lage im Ort und nach Streitigkeiten zwischen den Bewohnern, kann diese Frage von dem Befragten prinzipiell als Ausdruck des Willens eingeschätzt werden, ihm und seinem sozialen Umfeld zu helfen. Stellen Soldaten die gleichen Fragen, wird immer der Verdacht im Raum stehen, dass hier gerade Aufklärung über den militärischen Gegner betrieben wird.

---

3 Einen, wenn auch indirekten Hinweis auf die Relevanz dieses Motivs kann man beispielsweise in der Studie zum Berufswunsch Jugendlicher vom Sozialwissenschaftlichen Institut der Bundeswehr finden: 53 Prozent der männlichen Jugendlichen interessierten sich 2006 für Militärtechnik und Bewaffnung. Nur neun Prozent der befragten weiblichen Jugendlichen zeigten das gleiche Interesse. (Bulmahn 2007: 75f.)

Letztlich laufen die mit der Funktionsausweitung verbundenen Anforderungen auf eine neue Paradoxie für den Beruf des Soldaten und sein Selbstverständnis hinaus. Paradox sind die Anforderungen nun aber nicht mehr, weil von ihnen verlangt wird, dass sie sich auf einen Krieg vorbereiten sollen, den sie nicht führen dürfen. Die Paradoxie besteht vielmehr darin, dass sie Gegner militärisch bekämpfen und gleichzeitig wie zivile Akteure auftreten sollen, die keinesfalls aktiv am Kampfgeschehen beteiligt sein dürfen, um ihre Rollen ausüben zu können. Den Soldaten wird ein Spagat abverlangt, wenn sie innerhalb des gleichen Berufs und gleichzeitig oder doch zumindest zeitnah einerseits ihr Handeln an Normen ausrichten sollen, die sie befähigen sollen, Menschen zu verletzen und zu töten, und andererseits darauf, Menschen zu helfen.

Problematisch an diesem Spagat ist nicht, dass die Individuen mit gegensätzlichen Rollenanforderungen konfrontiert werden. Abgesehen von sehr kleinen Kindern gehört jedes Individuum mehreren sozialen Einheiten an, die von ihm erwarten, dass es in der Lage ist, sich den jeweils spezifischen Normenstrukturen anzupassen (siehe Popitz 1961: 67). Dies ist keineswegs ein Ausdruck moderner Gesellschaften, denn die „soziale Plastizität des Menschen" (Popitz 1961: 63) ist auch in anderen Gesellschaften zu finden und läuft nicht unbedingt auf eine Überforderung des Individuums hinaus. Problematisch ist die Erwartung, dass die Soldaten innerhalb des gleichen Tätigkeitsfeldes, innerhalb des gleichen Berufs und zeitnah ihr Handeln an Normen ausrichten sollen, die im Widerspruch zueinander stehen. In diesem Sinne wird den Soldaten im Kriegseinsatz eine Paradoxie auferlegt und möglicherweise ein Zuviel an Flexibilität abverlangt.

6   Zwischen Schützen und Kämpfen – Three Block War

Vielleicht noch stärker als andere Streitkräfte betont die Bundeswehr, dass der Erfolg der Interventionen nicht allein von der militärischen Stärke der entsandten Verbände abhängt. So verwendet die Bundeswehr eine Grafik, die die Wörter ‚Schützen, Helfen, Vermitteln, Kämpfen' gleichmäßig um einen Kreis anordnet, in dem unter dem Bundeswehr-Signet (Eisernes Kreuz) ‚Bundeswehr – Im Einsatz für den Frieden.' steht.

Abbildung 1: Schützen, Helfen, Vermitteln, Kämpfen

Quelle: Bundeswehr/Bucurescu; http://tinyurl.com/a3ej9p (letzter Zugriff: 07.01.2009).

Das Kämpfen wird damit zu einer Tätigkeit unter anderen, von denen gleich-
rangig der Erfolg des Einsatzes abhängt. Auf einer Internetseite wird unter
der Überschrift „Im Einsatz für den Frieden." obendrein die Gleichzeitigkeit
der verschiedenen Tätigkeiten hervorgehoben: „Nur im Zusammenspiel als
Helfer, Vermittler, Schlichter und Kämpfer können die aktuellen Anstrengungen für Frieden und Sicherheit in den Einsatzgebieten realisiert werden."
(Online: http://tinyurl.com/a3ej9p; letzter Zugriff: 07.01.2009) Da in dieser
Aufzählung der ‚Schlichter' an die Stelle des ‚Schützens' getreten ist, wird
hier sogar noch stärker die Bedeutung kampfferner Tätigkeiten für eine erfolgreiche Militärintervention herausgestrichen.

Freilich lassen sich auf der gleichen Internetseite auch Hinweise finden,
die eine andere Interpretation nahelegen. Folgt man nämlich dem Link zum
aktuellen Weißbuch, stößt man auf ein Zitat des damaligen Verteidigungsministers Franz Josef Jung, das eine ganze Seite beansprucht und deshalb als
paradigmatisch gelten darf. In diesem Zitat wird eine ganz andere Wertung
des Verhältnisses vom Helfer, Vermittler, Schlichter und Kämpfer vorgenommen: „Der Soldat muss im Einsatz kämpfen können. Das bleibt immer
die Grundlage. Er ist darüber hinaus immer auch als Helfer, Vermittler und
Schlichter gefordert." (BMVg 2006: 102) Das Kämpfen wird hier zur basalen
Tätigkeit der Soldaten erklärt. Die anderen Tätigkeiten haben den Charakter

zusätzlicher Anforderungen an die Soldaten, die zwar notwendig sind, denen aber zugleich eine nachrangige Bedeutung zugewiesen wird.[4]

Gestützt wird diese Interpretation durch die Anfang 2008 vorgestellte Neufassung der Zentralen Dienstvorschrift (ZDv) 10/1 Innere Führung. Der Presse- und Informationsstab des Verteidigungsministeriums hob als eine wichtige Änderung gegenüber der 15 Jahre alten Fassung ihren stärkeren Bezug zur „Einsatzrealität" der Bundeswehr hervor (Online: http://tinyurl.com/7ms76a; letzter Zugriff: 07.01.2009). Nur im „Tagesbefehl des Bundesministers der Verteidigung" vom 28. Januar 2008, der der Dienstvorschrift vorangestellt ist, wird ausdrücklich davon gesprochen, dass die Soldaten bei Auslandseinsätzen als Helfer, Vermittler und Schlichter wirken müssten. Die Bereitschaft und die Fähigkeit zum Kampf müssten darüber hinaus erhalten bleiben (BMVg 2008: 6).

Was das im Einzelnen bedeuten soll, wird allerdings in der Dienstvorschrift nicht ausgeführt. Stattdessen werden die Soldaten an verschiedenen Stellen darauf hingewiesen, was im Verlauf von Kampfhandlungen von ihnen verlangt werden kann. So heißt es im Absatz 105: „Ihr militärischer Dienst schließt den *Einsatz der eigenen Gesundheit und des eigenen Lebens* mit ein und verlangt in letzter Konsequenz, im Kampf auch zu töten." (BMVg 2008: 9; Hervorhebung im Original) Dass die Soldaten im Kampf zu töten haben, fand in der alten Fassung keine Erwähnung. Neu ist auch der Hinweis, dass der militärische Kampf von ihnen in „letzter Konsequenz erfordert zu töten und dabei das eigene Leben und das Leben von Kameraden einzusetzen" (BMVg 2008: 21).[5]

Die Gleichzeitigkeit militärischer und kampfferner Aktivitäten ist elementarer Bestandteil des ‚Three Block War', der von der Bundeswehr als wichtiges Einsatzszenario eingestuft wird. Das Bild vom Three Block War geht auf den in der 2. Hälfte der 1990er-Jahre amtierenden Generalstabschef des US-Marine-Corps, General Charles Krulak, zurück. Vor dem Hinter-

---

4   Im Weißbuch wird nur an dieser einen Stelle vom Schlichter gesprochen.
5   Ein wesentlicher Grund, weshalb in der Neufassung auf diese Weise der Kampf thematisiert wird, ist darin zu sehen, dass sich der Text direkt an die Soldaten wendet. In der vorangegangenen Fassung wandte sich der Text an die Vorgesetzten, die unter anderem darauf hingewiesen wurden, dass sie die Aufgabe hätten, ihre Untergebenen auf den Kampf vorzubereiten. Auch hätten sie sie auf die „besonderen Bedingungen und Gefahren (...) unter denen sie dann handeln müssen" einzustellen (Bundesministerium der Verteidigung 1993: Anlage 1, Leitsatz 1, Soldatisches Berufsverständnis). Den Autoren der Fassung 2008 scheint ein besonders dringendes Anliegen zu sein, den Soldaten möglichst direkt mitzuteilen, dass ihr Einsatz bedeuten kann, andere Menschen zu töten. Auffallend ist, dass vom Tod nur in Bezug auf die Gegner gesprochen wird. Dass sie selber Leid erfahren können und sie ebenso wie ihre Untergebenen getötet werden können, bleibt unausgesprochen bzw. wird in den Terminus des Einsatzes gekleidet. Den Autoren scheint es also nicht mit der gleichen Eloquenz geboten zu sein, die Soldaten auf die Gefahr hinzuweisen, dass sie sterben könnten.

grund der desaströsen Militärintervention der USA in Somalia (1992) führte er in einer Rede vor der amerikanischen Journalistenvereinigung ,National Press Club' in Washington 1997 aus, dass die Soldaten „in one moment in time (...) will be feeding and clothing displaced refugees – providing humanitarian assistance. In the next moment, they will be holding two warring tribes apart – conducting peace-keeping operations. Finally, they will be fighting a highly lethal mid-intensity battle. All on the same day, all within three city blocks." (zit. nach Cocksedge 2005: 267)

Mit der Bezeichnung Three Block War umriss Krulak den bevorzugten Einsatzort von Soldaten: den urbanen Raum. Städte und ihr urbanes Umfeld nehmen schon heute eine zentrale Rolle im Einsatzgebiet von Interventionstruppen ein, und im Allgemeinen wird davon ausgegangen, dass dieser Trend noch zunehmen wird, weil in wenigen Jahren mehr Menschen in städtischen Gebieten leben werden als auf dem Land (siehe UN 2008). In urbanen Räumen wird, so die zentrale militärische Überlegung, über den Erfolg von Interventionen entschieden.

Der Kampf im urbanen Raum, ja schlicht ihre Präsenz, bedeutet für die Soldaten eine große Herausforderung, weil sie mit Lebensbedingungen konfrontiert werden, die für sie ungewohnt sind. Als belastend wirken sich auf sie vor allem die buchstäblich greifbare Not und das Elend vieler Menschen aus, denen sie in den Straßen und auf den Plätzen begegnen, sowie der Anblick der Zerstörungen durch vorangegangene Kampfhandlungen. Gefechte im urbanen Raum bringen für die Soldaten weitere Härten mit sich, weil hier häufig die Gegner nicht allein durch den Einsatz von Distanzwaffen, abgefeuert von Flugzeugen, Hubschraubern und Artilleriegeschützen, bekämpft werden können, sondern Infanteristen vor Ort eingesetzt werden müssen. Militärinterventionen in urbanen Räumen führen zu einem Bedeutungszuwachs der Infanterie gegenüber anderen Waffengattungen, insbesondere gegenüber Artillerie und Panzern. Wenngleich auch die Infanteristen zunehmend mit technischen Mitteln ausgestattet werden – hervorzuheben sind hier vor allem Technologien zur besseren Aufklärung (unbemannte, ferngesteuerte Vehikel), verbesserte Kommunikationsmittel, Nachtsichtgeräte und Ausstattungen, die den Körper der Soldaten schützen sollen – hängt ihr Einsatz entscheidend von ihren individuellen Fähigkeiten ab. Die Gegner werden zwar auch weiterhin mit (Waffen-)Technik bekämpft, aber die vor Ort eingesetzte Manpower hat wesentlichen Anteil am Verlauf eines Gefechts (siehe hierzu ausführlich Warburg 2008: 284f.). Infanteristen haben keine durch Technik erhöhte Distanz zum Geschehen, sondern sind mit Schusswaffen und Bomben erreichbare Ziele, und sie werden auch unmittelbarer mit den Folgen ihres Handelns konfrontiert, wenn sie ihre Waffen einsetzen. Sie sehen zeitnah die Zerstörungen, die ihre Waffen anrichten, und mitunter auch die von ihnen

Verletzten und Getöteten. Ihre geringe Distanz zum Geschehen bedingt, dass auf diese Weise eingesetzte Soldaten ihren Habitus militarisieren, um wieder Distanz zu gewinnen.

Jenseits plakativer Sentenzen, die den Gleichklang von Helfen, Vermitteln und Kämpfen suggerieren, stehen offenkundig die Anforderungen, die der militärisch geführte Kampf an die Soldaten stellt, im Brennpunkt der programmatischen Überlegungen zur ‚Einsatzrealität'. Selbst wenn, wie im Szenario des Three Block War, das Helfen und Vermitteln integraler Bestandteil des Militäreinsatzes sein soll, hat das Kämpfen ein deutliches Übergewicht gegenüber den Paradigmen der Funktionsausweitung.[6] Werden die Kampfhandlungen in urbanen Räumen geführt, ist davon auszugehen, dass die Kluft zwischen den Anforderungen des Helfens und des Kämpfens für die Soldaten sogar größer wird. Das Selbstverständnis der Soldatinnen und Soldaten wird sich gerade in militärisch zugespitzten Situationen am Extrempunkt ihres möglichen Handelns, dem Töten und Getötet werden, orientieren.

Und trotzdem: die Anforderungen der Funktionsausweitung werden durch das Übergewicht des Kampfes nicht obsolet, beruhen sie doch auf der Einsicht, dass mit Kampfhandlungen allein die gegenwärtigen und in naher Zukunft beabsichtigten Militärinterventionen kaum erfolgreich sein können. Die Kriege im Irak und in Afghanistan zeigen eindrücklich, wie sich aus Siegen über die militärisch auftretenden Gegner Niederlagen entwickeln können. Das Übergewicht des Kampfes gegenüber den Paradigmen der Funktionsausweitung hebt die Paradoxie also nicht auf, sondern verschärft sie.

7   Modifikationen II

So schwierig es für den einzelnen Soldaten sein wird, sich auf die paradoxen Anforderungen einzustellen, zweifelsohne ist es für militärische Organisationen möglich, Wege zu finden, um die Gleichzeitigkeit von Helfen und Töten handhabbar zu machen. Wie für alle modernen Organisationen so besteht

---

6   Dies zeigt auch ein Blick auf die Darstellung der Bundeswehr zu einer großen Übung der Infanteriekampfschule Hammelburg zum Three Block War. Zu Beginn dieser Übung führten Bundeswehrsoldaten in einem urbanen Raum eine Patrouille durch und halfen bei der Verteilung von Hilfsgütern. Am Ende der Übung tobte der Häuserkampf und ein Panzer vom Typ Leopard 2 fuhr auf den Platz. „Noch ist der Ort friedlich (...)" (Online: http://tinyurl. com/7f6ylu; letzter Zugriff: 11.01.2009) kann man als erste Bildunterschrift lesen, und kein Zweifel wird damit gelassen, dass nicht die Gleichzeitigkeit im Zentrum der Übung stehen wird. Die Dynamik der Übung hat sicher zum einen dramaturgische Gründe. Ob bewusst oder unbewusst, zeigt diese Inszenierung aber auch an, dass im Mittelpunkt nicht die Parallelität von Helfen und Kämpfen steht, sondern die Eskalation vom Helfen zum Kämpfen. Neben der erwähnten Fotostrecke findet man im Internet auch ein Video (Online: http:// www.youtube.com/watch?v=4zZ9PYs5vug; letzter Zugriff: 11.01.2009).

auch für das Militär die Möglichkeit, auf Paradoxien mit funktionaler Ausdifferenzierung zu reagieren.

So lässt sich durch die Bildung von Verbänden, die mit sehr unterschiedlichen Aufgaben betraut werden, vermeiden, dass alle Soldaten den gleichen Anforderungen genügen und auf das gleiche Selbstverständnis verpflichtet werden müssen. Bei der Bundeswehr wird eine solche Ausdifferenzierung durch die Aufstellung von so genannten Eingreif- und Stabilisierungsverbänden angestrebt. Durch spezielle Ausbildungsprogramme für einzelne Truppenteile können die Soldaten auf bestimmte Einsätze vorbereitet werden. Den einzelnen Soldaten kann nahegelegt werden, dass sie ihr Selbstverständnis an den Spezifika ihres wahrscheinlichen Einsatzszenarios ausrichten. Der Optimismus, mit dem die Sozialwissenschaftler Kümmel und Haltiner davon ausgehen, dass die „soldatische Identität" von einer Multifunktionalität gekennzeichnet sei, die es ihm erlaube, zu wissen, wie man kämpft und wie man Konfliktsituationen deeskaliert (Haltiner/Kümmel 2008: 50), kann sich auch darauf abstützen, dass die allermeisten Soldaten weder für infanteristische Kampfaufträge noch mit der Schlichtung lokaler Konflikte beauftragt werden. Die allermeisten Soldaten gehören Verbänden an, die diese Soldaten unterstützen sollen. Gemeint sind damit Tätigkeiten in den Bereichen Instandsetzung der Technik, Versorgung, Aufklärung und ähnliches mehr. Die wenigsten Soldaten, die wiederum im Ausland eingesetzt werden, haben außerhalb der Stationierungsorte, den Lagern, Kontakt mit der einheimischen Bevölkerung. Viele dieser Soldaten verlassen ihr Lager zum ersten Mal, wenn sie wieder zum Flughafen transportiert werden, um das Einsatzgebiet zu verlassen. Gefährlich bleiben Auslandseinsätze auch für diese Soldaten, da sie im Feldlager oder beim Transport vom Flughafen und zurück Opfer von Attentaten werden können.

Ein anderer Modus der funktionalen Differenzierung liegt vor, wenn die Aufgaben auf verschiedene miteinander verbündete Streitkräfte verteilt werden. Eine solche Differenzierung wurde von den US-Streitkräften in der Amtszeit des Präsidenten Bush jr. favorisiert. Die Streitkräfte wurden auf intensive Kampfhandlungen orientiert, und den Verbündeten sollte die Aufgabe zufallen, nach einem militärischen Sieg die Region zu stabilisieren und Prozesse wie Nationbuilding voranzutreiben. So haben die US-Streitkräfte in Afghanistan nach dem Sturz des Taliban-Regimes ihre Aufgabe hauptsächlich im ‚War on Terror' gesehen. Ob sich mit der Amtsübernahme von Präsident Obama die Imperative des Einsatzes in Afghanistan ändern werden, wie dies vielfach erwartet wird, muss an dieser Stelle offen bleiben.

Wenn Interventionstruppen versuchen, im Einsatzgebiet Streitkräfte aus der einheimischen (männlichen) Bevölkerung zu rekrutieren, auszubilden, auszustatten, um auf diese Weise militärische Verbündete zu gewinnen, wird ebenfalls versucht, durch Arbeitsteilung die Erfolgsaussichten für die Militärintervention zu verbessern. Neben den offiziellen Streitkräften und der Polizei erhielten und erhalten im Irak und in Afghanistan viele Milizen Waffen- und Ausrüstungshilfe, damit sie an der Seite der Interventionstruppen kämpfen. In Afghanistan konnte 2001 durch die Aufrüstung der Nordallianz und deren Unterstützung durch Luftangriffe das Taliban-Regime gestürzt werden, ohne dass US-Bodentruppen mit großen Verbänden in die Kämpfe eingreifen mussten. Mit der Aufrüstung sunnitischer Milizen im Irak haben die USA begonnen, nachdem schiitische Milizen im irakischen Machtgefüge das militärische Übergewicht gewonnen hatten.

Ein weiterer Fall dieses Modus der Differenzierung lässt sich in Bezug auf die Truppenkontingente beobachten, die der UNO unterstellt werden. Wurde in der Bundesrepublik noch Anfang der 1990er-Jahre der so genannte Blauhelm-Einsatz als das Exempel für Auslandseinsätze der Bundeswehr diskutiert, kann man heute feststellen, dass sich kein europäischer Staat und schon gar nicht die USA an den personalintensiven Blauhelm-Einsätzen in Afrika mit größeren Truppenkontingenten beteiligen (siehe Fußnote 1). Nicht durch die Bereitstellung von Bodentruppen, sondern vor allem durch Beitragszahlungen an die UNO, unterstützen die USA und die europäischen Staaten die Peacekeeping-Einsätze.

Wenn die intervenierenden Staaten militärische und polizeiliche Aufgaben im Einsatzgebiet an private Unternehmen vergeben, führt dies zu einer Mischform der zuerst genannten Differenzierungstypen. Dieser Modus der Differenzierung lässt sich auch als ein Prozess der Privatisierung militärischer Leistungen beschreiben, der immer mehr an Bedeutung gewinnt. Private Military Firms arbeiten mit den Streitkräften in höchst unterschiedlichen Tätigkeitsbereichen zusammen. Ihre Beschäftigten warten Computernetzwerke, rüsten als Zivilisten zum Beispiel Kampfflugzeuge mit Waffen aus, sind mit ihrem sozialen Know-how als Berater und Ausbilder tätig, bewachen Gefängnisse, verhören Gefangene und führen mitunter auch Kampfeinsätze durch. Die meisten Contractors sind allerdings ehemalige Soldaten aus südamerikanischen, osteuropäischen oder asiatischen Staaten. Sie sind für Sicherheitsfirmen tätig, die sie vor allem in personalintensiven Bereichen wie Logistik und Objektschutz einsetzen und ihnen – gemessen am Sold und Versicherungsleistungen, die für Soldaten der Koalitionstruppen aufgewendet werden müssen – ein relativ geringes Entgelt zahlen. Die Auftragserteilung an diese privaten Sicherheitsfirmen senkt die Kosten für die Militärintervention, und gleichzeitig werden die Folgen des Krieges privatisiert, wenn die Angestellten verletzt oder getötet werden. Für die Privatisierung verdeckter Operationen dürfte dagegen mehr das Motiv verantwortlich sein, die Gefahren zu verringern, politisch für die Folgen solcher Einsätze verantwortlich gemacht zu werden. Auffallend ist, dass dort, wo das Outsourcing besonders weit vorangetrieben wurde, wie dies in den USA der Fall ist, das Militär dazu neigt, im militärischen Gefecht die ‚Kernkompetenz' der (staatlichen) Streitkräfte zu sehen. Für das Selbstverständnis der Angehörigen dieser Streitkräfte sind deshalb die Tätigkeiten innerhalb dieses Feldes von zentraler und prestigeträchtiger Bedeutung.

8   Unaufgehobene Paradoxie

Es wäre freilich ein Irrtum zu glauben, durch Ausbildungsmaßnahmen und funktionale Differenzierung hätte man die Paradoxie aufgehoben. Sie bleibt virulent und prozessiert einerseits als Streitigkeit innerhalb der Organisation oder als Konflikt mit anderen Organisationen. Andererseits müssen die Soldaten allen gegenteiligen Bemühungen zum Trotz weiterhin innerhalb eines Spannungsfeldes handeln, das im Zuge von Eskalationen immer noch an Schärfe zunehmen kann. So ist nach Anschlägen und ähnlichem mehr zu erwarten, dass die interkulturelle Handlungskompetenz auch von dafür prädestinierten Soldaten und Soldatinnen abnimmt. Grundsätzlich ist zu vermuten, dass die Ideale auch gut ausgebildeter Soldaten durch die Belastungen im Verlauf ihres Einsatzes Schaden nehmen. Bereits der Aufenthalt in einem Gebiet, in dem sich die Soldaten ständig und aus 360 Grad von der sie umgebenden Zivilgesellschaft bedroht fühlen, muss ihre Fähigkeit verringern, sich für die Zivilgesellschaft empathisch zu öffnen. Bereits Auslandseinsätze, in denen die Soldaten ‚lediglich' in einem bedrohlichen Umfeld leben müssen, bedeuten für sie Stress, setzen ihre Vorstellung, wie man idealerweise handeln soll, unter Druck. Gleiches gilt auch für die Soldaten, die selten bzw. gar nicht während ihres Einsatzes die Lager verlassen. Sie sehen sich wie alle anderen Soldaten im Lager der Gefahr ausgesetzt, von Raketen und Granaten beschossen zu werden. An die Paradigmen der Funktionsausweitung müssen auch diese Soldaten zumindest herangeführt werden wie Tomforde am Beispiel interkultureller Kompetenz zeigt. Auch diese Soldaten müssen über Wissen über andere Kulturen etc. verfügen, damit sie besser mit dem indirekten Kontakt zu der sie umgebenden Welt zurechtkommen. Ansonsten, so Tomforde (2008: 82), könne ihr „Nicht-Kontakt, Unwissen über die ‚Gesellschaft außerhalb des Zauns' sowie Erzählungen, die nicht kulturell eingebettet werden können (...) zu einem erhöhten Bedrohungsgefühl und mangelnder Selbst- und Fremdreflexion führen". Und dies wiederum könnte zu Fremdenfeindlichkeit und um sich greifenden rassistischen Sichtweisen in der Truppe beitragen.

Je größer die Gefahren für die Soldaten sind, desto eher werden sie dazu neigen, sich von komplexen und sich widersprechenden Handlungs- und

Verhaltensweisen zugunsten einfacherer Handlungskonzepte abzuwenden. Ein solches einfaches, weniger komplexes Handlungskonzept können sie in den tradierten Leitbildern soldatischen Handelns finden. Um den Gefährdungen besser standzuhalten, können die Soldaten auch bestimmte Haltungen zum Geschehen einnehmen. Zwei idealtypische Ausprägungen, die gegensätzlich zueinander stehen, lassen sich dabei unterscheiden. Gemeint sind die ‚Jobmentalität' und die existenzialistische Aufwertung des Soldatischen. Letzteres kann wiederum mit den tradierten Leitbildern soldatischen Handelns verschmelzen.

Von einer Jobmentalität wird immer dann gesprochen, wenn die Soldaten betonen, sie hätten ein instrumentelles Verhältnis zu ihrer jeweiligen Tätigkeit. Die Jobmentalität steht in dem Ruf, eine Haltung zu sein, die unangemessen für Soldaten ist. Denn als Jobber werden sie mit den dramatischen Nebenfolgen des kriegerischen Handelns ebenso wenig fertig wie mit Kontrahenten, die nicht nach dem Jobprinzip handeln. In Situationen auf Leben und Tod vergrößert die Mentalität von Jobbern und Zeitarbeitern die ohnehin bestehenden Gefahren. Wenn Soldaten davon sprechen, sie würden ‚nur' einen Job ausüben, kann das ein Hinweis auf enttäuschte Erwartungen und das Ausmaß der an sie gestellten Anforderungen sein. Indem sie von einem Job sprechen, versuchen sie, sich von den an sie gestellten Anforderungen zu distanzieren, weil sie ihm nur eine temporäre Bedeutung zuschreiben, die für sie keine nachhaltigen Folgen haben wird. Eine solche Reaktionsweise lässt sich häufig bei Soldaten finden, die nach einem Einsatz versuchen, vom Erlebten abzurücken.

Mit der existenzialistischen Aufwertung des Soldatischen sind Haltungen gemeint, die auf den Kampf fixiert sind. In der physischen Überwältigung des anderen suchen diese Soldaten die Bestätigung ihrer Identität. Existenzialistische Haltungen signalisieren den Versuch der einzelnen Soldaten, sich an das Kriegsgeschehen im Sinne einer Flucht nach vorn anzupassen. Kriegsteilnehmer, die sich über lange Zeit in Extremsituationen befinden, laufen Gefahr, sich kein ziviles Leben jenseits des Krieges mehr vorstellen zu können. Während der Jobber spätestens unter realen Gefechtsbedingungen ein Problem bekommt und selbst zum Problem wird, ist der Existenzialist außerhalb des Gefechtsfeldes und nach dem Krieg eine Last und manchmal eine Gefahr für die Herkunftsgesellschaft.

Das soldatische Selbstverständnis mäandert dann nicht, wie dies Haltiner und Kümmel (2008: 51) hoffen, um die von der politischen und militärischen Führung verordneten Anforderungsprofile. Die Eskalationen des Gewaltgeschehens und die im Kampf gemachten Erfahrungen und nicht die Anforderungsprofile würden zum Gravitationszentrum für die Selbstbilder der Soldaten. Und auch die Identitäten derjenigen Soldaten, die fern vom Kampfgeschehen eingesetzt werden und nur indirekt durch Handlungsketten mit dem Geschehen verbunden sind, gerieten in dieses Kraftfeld. In zugespitzten Situationen können die Soldaten ein Festhalten an den Paradigmen der Funktionsausweitung als Begehren einer ‚gierigen' Institution wahrnehmen, die von ihnen zu viel verlangt.

Die paradoxen Anforderungen an die Soldaten lassen sich in Probleme der Ausbildung und der Organisationsstruktur verwandeln. Dadurch dass sie auf andere soziale Ebenen verschoben werden, verlieren sie zwar für die einzelnen Soldaten an Schärfe, aber gerade wenn die Soldaten sich extremen Situationen ausgesetzt sehen – und was anderes sind Kampfeinsätze? –, drohen sie, wieder auf die Individuen zurückzufallen und sich als ihr Versagen auszudrücken. In diesem Zusammenhang sei an eine phänomenologische Grundeigenschaft der Gewalt erinnert: Gewalt zerstört und schafft Ordnungen. Sie reduziert Komplexitäten, weil sie dort, wo vormals Ambivalenz herrschte, Eindeutigkeit befördert. Konzeptionen, die das unterschätzen, drohen an denjenigen zu scheitern, die die Gewalt exekutieren sollen.

Literatur

Biehl, Heiko (2008): Von der Verteidigungs- zur Interventionsarmee. Konturen eines gehemmten Wandels. In: Kümmel (Hrsg.) 2008: 9–20.

Birckenbach, Hanne (1985): Mit schlechtem Gewissen. Baden-Baden: Nomos.

Budde, Hans-Otto (2005): Aktuelle Aspekte zur Transformation des Deutschen Heeres. In: Clausewitz-Gesellschaft e. V. (Hrsg.) 2005: 105–123.

Bulmahn, Thomas (2007): Berufswahl Jugendlicher und Interesse an einer Berufstätigkeit bei der Bundeswehr. Ergebnisse der Jugendstudie 2006 des Sozialwissenschaftlichen Instituts der Bundeswehr. (Forschungsbericht 81) Strausberg: Sozialwissenschaftliches Institut der Bundeswehr.

Bundesministerium der Verteidigung (BMVg) (1993): Zentrale Dienstvorschrift (ZDv) 10/1 Innere Führung. Bonn: Bundesministerium der Verteidigung.

Bundesministerium der Verteidigung (BMVg) (2006): Weißbuch 2006 zur Sicherheitspolitik Deutschlands und der Zukunft der Bundeswehr. Berlin: Bundesministerium der Verteidigung. Online: http://tinyurl.com/8vtpkv (Letzter Zugriff: 14.01.2009).

Bundesministerium der Verteidigung (BMVg) (2008): Zentrale Dienstvorschrift (ZDv) 10/1 Innere Führung. Selbstverständnis und Führungskultur der Bundeswehr. Bonn: Bundesministerium der Verteidigung.

Clausewitz, Carl von (1991 [1832]): Vom Kriege. Hamburg: Dümmler.

Clausewitz-Gesellschaft e. V. (Hrsg.) (2005): Jahrbuch 2005. Band 1. Hamburg: Clausewitz-Gesellschaft e. V. Online: http://clausewitz-gesellschaft. de/uploads/media/Jahrbuch_2005.Inhalt_01.pdf (Letzter Zugriff: 06.01. 2009).

Cocksedge, Simon (2005): The Three-Block War and Future Conflict. Some Implications for the Rifle Platoon. In: Australian Army Journal, 3: 1, 267–272.

Coser, Lewis A. (1974): Greedy Institutions: Patterns of Undivided Commitment. New York: The Free Press.

Ellwein, Thomas (1972): Die Zukunft des Soldaten und seine Ausbildung. In: Neues Hochland, 64, 78–87.

Haltiner, Karl/Kümmel, Gerhard (2008): Die Hybridisierung des Soldaten: Soldatische Subjekte und Identitätswandel. In: Kümmel (Hrsg.) 2008: 47–53.

Janowitz, Morris/Little, Roger W. (1965): Militär und Gesellschaft. Boppard: Harald Boldt.

Karst, Heinz (1964): Das Bild des Soldaten. Versuch eines Umrisses. Boppard: Harald Boldt.

Klein, Paul/Kriesel, Werner (1991): Das Berufsbild des Offiziers im Spiegel empirischer Daten (1970–1989). (SOWI-Arbeitspapier 47) München: Sozialwissenschaftliches Institut der Bundeswehr. Online: http://tinyurl.com /87fsf7 (Letzter Zugriff: 14.01.2009).

Kümmel, Gerhard (Hrsg.) (2008): Streitkräfte im Einsatz: Zur Soziologie militärischer Interventionen. Baden-Baden: Nomos.

Popitz, Heinrich (1961): Soziale Normen. In: Popitz 2006: 61–75.

Popitz, Heinrich (1992): Phänomene der Macht. Tübingen: Mohr.

Popitz, Heinrich (2006): Soziale Normen. Frankfurt a. M.: Suhrkamp.

Raven, Wolfram von (Hrsg.) (1966): Armee gegen den Krieg. Wert und Wirkung der Bundeswehr. Stuttgart-Degerloch: Seewald.

Tomforde, Maren (2008): Zu viel verlangt? Interkulturelle Kompetenz während der Auslandseinsätze der Bundeswehr. In: Kümmel (Hrsg.) 2008: 69–86.

Warburg, Jens (2008): Das Militär und seine Subjekte. Bielefeld: transcript.

United Nations Department of Economic and Social Affairs, Population Division (Hrsg.) (2008): Urban Population, Development and the Environment 2007. New York: United Nations. Online: http://www.un.org/esa/ population/publications/2007_PopDevt/Urban_2007.pdf (Letzter Zugriff: 20.07.2009).

Herausforderungen im Einsatzland: Das PRT Kunduz als Beispiel zivil-militärischer Interventionen

Jan Koehler

1 Einführung: Komplexe Interventionen als neuer Einsatzrahmen des deutschen Militärs

Die externe Bereitstellung von Sicherheit ist bei zivil-militärischen Interventionen, die wie im Kosovo, in Ost-Timor oder in Afghanistan auf Aufbau und Stabilisierung rechtsstaatlich institutionalisierter Herrschaft abzielen, die Schlüssellegitimation der militärischen Präsenz im intervenierten Land. „Keine Sicherheit ohne Entwicklung und keine Entwicklung ohne Sicherheit" wird für die doppelgleisige Strategie der Bundesregierung im Afghanistankonzept als Motto ausgegeben (Bundesregierung 2007: 4, 11).[1]

Die Zuspitzung auf Interdependenz ist dabei das eigentlich Neue. Demnach bedingt physische Sicherheit Entwicklung, und wirtschaftliche, gesellschaftliche und politische Entwicklung macht physische Sicherheit nachhaltig. Dieser angenommene Nexus in Form einer rückgekoppelten Verstärkung zwischen militärisch beförderter Sicherheit und ziviler Entwicklung in von kollektiver Gewalt gekennzeichneten Interventionsgebieten ist die zentrale Rechtfertigung und ein bestimmender Bestandteil der zivil-militärischen Strategie.

Griffige Devisen reflektieren eine Neugewichtung des erwarteten Wirkungszusammenhangs zwischen zivilen und militärischen Komponenten einer Intervention: *Winning the hearts and minds of the population*; *winning the peace* oder *bringing the peace dividend to the people* heben die Grenzen militärischer Interventionsmacht hervor und unterstreichen die zentrale Rolle, die Akzeptanz bei der Bevölkerung spielt, um die politisch gesteckten Ziele der Intervention zu erreichen.[2]

---

1 Vgl. auch Government of Afghanistan 2005: 9, wo die Regierung Afghanistans erklärt: „Development without security is unachievable, and security without development is meaningless."

2 Die Devise ‚winning the hearts and minds' tauchte wohl das erste Mal im Rahmen des Guerilla-Krieges der *Malayan National Liberation Armee* gegen britisch geführte Commonwealth-Streitkräfte (1948–1960) auf und wurde hier auch ein zentraler Bestandteil einer entstehenden Counterinsurgency-Doktrin, die letztlich zur erfolgreichen Befriedung Malaysias führte; die Devise wurde auch im Vietnamkrieg (1950–1975) gebraucht. Sie wurde hier allerdings weit weniger erfolgreich in militärisches Vorgehen umgesetzt (für einen Vergleich beider Fälle siehe Nagl 2006). Der Titel des Buches *Learning to Eat Soup with a Knife* weist auf einen für Counterinsurgency-Strategien einflussreichen Autoren hin, der im Auftrag der britischen Regierung auf der Seite der Aufständischen stand: T. E. Lawrence schreibt: „The Turks were stupid; the Germans behind them dogmatical. They would believe that rebellion

In Afghanistan treffen die westeuropäischen und nordamerikanischen Interventionsmächte auf kulturell fremde, staatlichen wie internationalen Interventionen gegenüber misstrauisch und mitunter feindselig eingestellte Lokalgesellschaften.[3] Gleichzeitig bieten die gestürzten Taliban mittelfristig eine islamistische Alternative zum entstehenden Nationalstaat an. Kurzfristig stellen sie in den von ihnen dominierten Landesteilen essenzielle Äquivalente staatlicher Kernfunktionen in den Bereichen Sicherheit (Gewaltkontrolle), Recht (Verhandlung von Konflikten und Durchsetzung von Entscheidungen) und materielle Reproduktion (Schutz und logistische Unterstützung des lokal dominanten Opiumanbaus, Drogenfernhandels und der Heroinherstellung) zur Verfügung.[4] Damit stehen die Interventionsmächte zusammen mit der von ihnen gestützten afghanischen Regierung in direkter Konkurrenz mit den militanten regierungsfeindlichen Kräften um Herzen, Köpfe und Bäuche der afghanischen Bevölkerung.

Der Erhalt bzw. die Gewinnung von Akzeptanz der militärischen wie zivilen internationalen Präsenz unter relevanten – also meinungsbildenden oder anderwärtig einflussreichen – Zielgruppen in der Bevölkerung ist vor diesem Hintergrund von gesteigerter Bedeutung (vgl. NATO 05.07.2007; Bundesregierung 2007).

Die neuen politischen Erwartungen, die sich an einer angenommenen positiven Rückkoppelung zwischen militärischen und zivilen Interventionsinstrumenten orientieren, müssen sich indirekt auf das Selbstbild des Militärs als Organisation und unmittelbar auf das Selbstbild der Soldaten im Einsatz auswirken. Bevor ich konkrete Auswirkungen im Einsatz anhand des Fallbeispiels Nordost-Afghanistan vorstelle, werde ich zunächst einigen bestimmenden Kontextbedingungen komplexer Interventionen nachgehen.

---

was absolute like war (...). [W]ar upon rebellion was messy and slow, like eating soup with a knife." (Lawrence 2000: 198) Als Berater und Lenker des arabischen Aufstands gegen das Osmanische Reich erkennt er die Schwächen konventioneller Militärdoktrin in der Aufstandsbekämpfung. Mittlerweile ist die zentrale Bedeutung der Haltung der intervenierten Bevölkerung im Rahmen von komplexen Interventionen sowie Aufstandsbekämpfung allgemein von vielen Interventen erkannt worden und im US-amerikanischen Fall auch in öffentlich zugängliche *Counterinsurgency Field Manuals* eingegangen (siehe Nagl/ Petraeus/ Amos 2007). Solche Doktrinen kommen allerdings nicht immer zur Anwendung. Die neue US-amerikanische Militärführung in Afghanistan sieht die Notwendigkeit eines Strategiewechsels und erklärt, dass die Sicherheit und der Schutz der Bevölkerung sowohl vor den Aufständischen als auch vor die diese bekämpfenden Militärmaschinerie kriegsentscheidend sei (siehe BBC NEWS 2009a; BBC NEWS 2009b).

3   Zu den (gescheiterten) Modernisierungsversuchen in Afghanistan siehe Cramer/Goodhand 2002; allgemeiner zu Zumutungen und Risiken von Modernisierungsbestrebungen über den Export von Staatlichkeit vgl. Scott 1998; Rottenburg 2002; Easterly 2006.

4   Aufschlussreich ist in dieser Hinsicht die Neuauflage des Verhaltenskodex (*layeha*) der Mujaheddin durch den Taliban-Führungsrat in 2006, der Rechte und Pflichten der Taliban gegenüber der Lokalbevölkerung festlegt (siehe dazu Gehringer 2006).

1.1 Neue Kriege als Herausforderung für komplexe Interventionen

Die Verschränkung von militärischen und zivilen Instrumenten findet vor dem Hintergrund qualitativer Veränderungen von interner sowie transnationaler Kriegführung statt.

Seit dem Ende der bipolaren Welt, die den meisten international wahrgenommenen gewaltsam ausgetragenen Kollektivkonflikten ein nationalstaatlich codiertes semantisches Korsett anpasste (pro-westliche oder pro-kommunistische Organisationen kämpften um die Regierungsgewalt), traten vorher latente Dynamiken der Konfliktaustragung jenseits der staatlichen Fassade in den Vordergrund. Diese Dynamiken wurden von unterschiedlichen Autoren als Gewaltmarkt (siehe Elwert 1997), Neue Kriege (siehe Kaldor 1999; Münkler 2002) oder Ökonomien des Krieges analysiert.[5] Den Analysen gemeinsam ist, dass die Dynamik kollektiver Gewalt nicht über erklärte ideologische Ziele, über atavistische Großgruppenzugehörigkeiten (ethnische oder nationale Identitäten) oder über eine vorgegebene Staatsräson erklärt werden. Stattdessen wird das zweckrationale Kalkül einzelner Gewaltunternehmer mit ihren auf unterschiedliche Weise angeworbenen Gefolgschaften in einer von Machtchancen geprägten Akteurskonfiguration in den Vordergrund der Analyse gestellt. Als Akteur ist der Reststaat zu einem Gewaltunternehmer unter anderen verkommen; als symbolische Ressource (die materielle Ressourcenflüsse, vor allem über das internationale Staatensystem, nach sich zieht) und Macht legitimierende Institution wird der Staat zur umstrittenen Beute der Gewaltakteure.

Ein weiterer dominanter Aspekt der heutigen Kriegführung ist die *Asymmetrie* zwischen den sich gewaltsam bekämpfenden Parteien. Der Begriff der Asymmetrie bezieht sich im Rahmen von komplexen Interventionen auf einen Zustand, in dem nicht-staatliche Gewaltakteure Kampfstrategien und Gewaltmittel anwenden, die charakteristisch für militärisch unterlegene Gruppen innerhalb eines Staates im Kampf gegen die Regierung sind. Dazu gehören Guerillataktiken gegen militärische Ziele genauso wie terroristische Methoden gegen zivile Zielgruppen, die eingeschüchtert oder vom herrschenden Regime entfremdet werden sollen. Bekämpften früher in erster Linie lokale Gruppen lokale Regime, so bringen heute vermehrt international organisierte Netzwerke asymmetrische Strategien gegen staatliche wie zivilgesellschaftliche Ziele weltweit zum Einsatz.

Beide Dynamiken – *die Entstaatlichung von Krieg* und die grenzüberschreitenden *asymmetrischen Gewaltstrategien* – sind dabei nicht vollständig neu. Verkriegung von Gesellschaft, der Zusammenbruch staatlicher Kern-

---

5 Für eine Übersicht siehe Lock 2001.

funktionen und die Umsetzung asymmetrischer Gewaltstrategien fanden faktisch auch während des Ost-West-Konflikts in der ‚Dritten Welt' statt (vgl. Waldmann 1997 für Lateinamerika und Wirz 1982 für Afrika). Neu ist die Prädominanz dieser Konfliktcharakteristika und die besondere Bedeutung, die Staaten Europas und Nordamerikas Staatszerfall und grenzüberschreitenden asymmetrischen Gewaltstrategien in der Definition ihrer nationalen Sicherheitsinteressen beimessen.

1.2   Konsequenzen für das Interventionsverhalten der Westlichen Staatengemeinschaft

Seit den Anschlägen vom 11. September 2001 reagieren Staaten unter der Führung der USA auf die Herausforderung Hobbesscher Verkriegung und grenzüberschreitender asymmetrischer Gewalt mit einer qualitativ neuen Bereitschaft zur direkten Intervention. Dabei war auf Seiten der führenden Interventionsnation USA zunächst umstritten, ob man sich auf eine einfache Militärintervention mit engen militärischen Zielen beschränken oder eine komplexe internationale Intervention unterstützen sollte, die den Aufbau von Staatlichkeit als berechenbare institutionalisierte Herrschaft zum Ziel hatte (vgl. Fukuyama 2004). Dieser interne Disput innerhalb der US-Regierung wurde für Afghanistan und den Irak unterschiedlich beantwortet: zu Afghanistan galt zunächst weiterhin das Wahlkampfversprechen von George W. Bush, nach der die US-Regierung mit ihm nicht „in the business of nation building" sein werde (vgl. CNN.com 18.10.2001). Im Irak wollte die Bush-Administration hingegen beweisen, dass man eine liberale Demokratie in einem islamisch geprägten, von Diktatur befreiten Land aufbauen könnte. Die zögerliche Haltung der dominanten Interventionsmacht im Hinblick auf den Aufbau und die landesweite Durchsetzung staatlicher Handlungsfähigkeit hatte in Afghanistan zur Folge, dass die komplexe internationale Intervention dort in den ersten Jahren den Aufbau von Staatlichkeit ohne einheitliches Konzept, ohne klare Strategie und zweigleisig zwischen US-geführten Anti-terrorkrieg und internationalen Wiederaufbau- und Entwicklungsbemühungen betrieb.[6]

Der Versuch, in Afghanistan durch eine mehrgleisige und multilaterale externe Intervention Sicherheitsinteressen und Entwicklungsinteressen paral-

---

6   Vgl. Wimmer/Schetter 2002. Dieser halbherzig verfolgten Prioritätensetzung entspricht auch der Bonn-Prozess, der auf dem so genannten Petersberger Abkommen aufbaut. Der Prozess schuf zwar einen formal auch eingehaltenen Fahrplan für diese Schaffung grundlegender staatlicher Institutionen in Afghanistan (siehe UN 05.12.2001), verfolgte dies aber nach dem von der UN auf Drängen der USA ausgegebenen Motto des „*light footprints*", der die internationale Verantwortung für die Gestalt und Funktionsfähigkeit zu schaffender Institutionen – anders als im Kosovo oder in Bosnien – stark einschränkte.

lel zu verfolgen, erwies sich als eine extreme Koordinationsherausforderung für die Interventen. Auf der internationalen Geberkonferenz am 31. Januar 2006 in London (die vierte Konferenz dieser Art seit dem Sturz der Taliban-regierung 2001) nahmen 49 Länder und 10 internationale Organisationen teil. Jeder Geber verbindet dabei mit den von ihm eingebrachten Ressourcen eigene Interessen und Absichten. Im Falle des militärischen Arms des UN-mandatierten ISAF-Einsatzes (International Security Assistance Force) stehen die Truppen von 42 Nationen zwar nominell unter NATO-Kommando, faktisch haben die einzelnen Truppen stellenden Länder eigene Kommandolinien und in aller Regel individuelle Einsatzbeschränkungen für ihre Kontingente durchgesetzt. Neben dem UN-mandatierten Teil der internationalen Militärintervention existiert nach wie vor die US-geführte *Operation Enduring Freedom* (OEF), die sich auf das 2001 vom UN-Sicherheitsrat gebilligte Selbstverteidigungsrecht eines angegriffenen Staates nach Artikel 51 der UN-Charta beruft. OEF hat sich die militärische Bekämpfung des internationalen Terrorismus und den Terrorismus unterstützender Strukturen zur Aufgabe gemacht.[7] OEF greift dabei zwar teilweise in Bereiche ein, die unter Aufbau staatlicher Strukturen zu fassen wären – vor allem durch Trainings- und militärische Unterstützungsmaßnahmen –, operiert aber jenseits des auf Unterstützung, Absicherung und Wiederaufbau afghanischer staatlicher Strukturen festgelegten ISAF-Mandats.[8]

Neben den offiziellen bilateralen und multilateralen Interventen haben inoffizielle und verdeckt operierende Organisationen, die aus einigen Nachbarländern heraus agieren und dort teilweise oder zeitweise von staatlichen Stellen unterstützt werden, einen unmittelbaren Einfluss auf Sicherheit und Entwicklung in Afghanistan. Auch sie sind als integraler Bestandteil der komplexen Intervention zu verstehen, insbesondere dann, wenn sie wie die Taliban einer eigenen Blaupause von Herrschaft und Staatsaufbau in Afghanistan folgen.

Mit dem Abschluss des so genannten Bonn-Prozesses, also mit der Etablierung grundlegender staatlicher Institutionen durch die verfassungsgebende

---

7 OEF beruht auf Artikel 51 der Charta der VN, der das Recht zur individuellen und kollektiven Selbstverteidigung garantiert. In seiner Resolution vom 12. September 2001 hat der Sicherheitsrat der Vereinten Nationen die terroristischen Angriffe mit einem Verweis auf das Selbstverteidigungsrecht verurteilt. Die NATO stellte daraufhin den Bündnisfall gemäß Artikel 5 fest. Umstritten ist dabei, wie lange der Verteidigungs- und Bündnisfall gelten.

8 Das Mandat des Bundestages für ISAF, befristet bis zum 13. Dezember 2009, beschreibt den Auftrag entlang des UN-Mandats für die eingesetzten internationalen Streitkräfte folgendermaßen: „Der ISAF-Einsatz hat unverändert das Ziel, Afghanistan bei der Aufrechterhaltung der Sicherheit so zu unterstützen, dass sowohl die afghanischen Staatsorgane als auch das Personal der Vereinten Nationen und anderes internationales Zivilpersonal, insbesondere solches, das dem Wiederaufbau und humanitären Aufgaben nachgeht, in einem sicheren Umfeld arbeiten können."

Versammlung (*loya jirga*) und Wahlen auf der Grundlage des Petersberger Abkommens vom 15.12.2001 und der formalen Erlangung vollständiger staatlicher Souveränität, ist es theoretisch die afghanische Regierung, die die internationalen Sicherheits- und Entwicklungsinterventen mit der Unterstützung UNAMAs[9] (United Nations Assistance Mission in Afghanistan) koordinieren und ausrichten sollte. Faktisch ist der afghanische Staat auch neun Jahre nach dem Sturz der Taliban und vier Jahre nach offiziellem Abschluss des Bonn-Prozesses noch weit davon entfernt, wirklich souveräne Handlungskoordination zu leisten. Das ist nachvollziehbar, wenn man berücksichtigt, dass die Interventen nach wie vor im Wesentlichen das Staatsbudget stellen und den physischen Fortbestand der neu geschaffenen staatlichen Ordnung gegenüber bewaffneten Aufständischen und anderen, nicht ideologisch motivierten bewaffneten Kräften mit Waffengewalt absichern.

1.3   Zusammenfassung

Ich halte als zentrale Probleme des Interventionskontextes fest:

*   Die Interventen wollen Sicherheit und Entwicklung gleichzeitig ermöglichen und verzahnen dafür zivile und militärische Instrumente der Intervention.
*   Das gesetzte Ziel der Intervention ist komplex und läuft darauf hinaus, die afghanische Gesellschaft in einem tragfähigen, legitimen modernen Staat politisch neu zu verfassen. In den ersten Jahren der Intervention fehlte ein einheitlicher politische Wille und ein strategisches Konzept seitens der Interventen, um dieses Ziel systematisch zu verfolgen.
*   Der Erfolg der Intervention wird von einer Vielzahl institutionell unkoordinierter transnationaler Akteure bestimmt. Handlungskoordination geschieht ad hoc und situativ, ist aber weder auf internationaler Ebene noch auf nationaler oder sub-nationaler Ebene zuverlässig institutionalisiert.

2   Das deutsche PRT-Modell als Antwort auf die Herausforderungen komplexer Interventionen?

Aufgabe des Militärs im Rahmen von ISAF ist es, ein sicheres Umfeld für die entstehenden staatlichen afghanischen Institutionen und die externen, mit

---

9   „UNAMA's overall function is to promote peace and stability in Afghanistan by leading efforts of the international community in conjunction with the Government of Afghanistan in rebuilding the country and strengthening the foundations of peace and constitutional democracy." (siehe UNAMA 2008)

Wiederaufbau und Entwicklung betrauten Organisationen zu schaffen. Außerdem ist das Militär für die Eigensicherung zuständig. Diese Ziele sollen durch die Behauptung eines militärischen Gewaltvorteils, also der Fähigkeit, sich gegen militärische Angriffe durchsetzen zu können, und durch verbesserte Akzeptanz in der Bevölkerung, die asymmetrische Herausforderungen durch bewaffnete oppositionelle Kräfte schwächt, erreicht werden. Bis 2003 war das ISAF-Mandat auf Kabul und Umgebung beschränkt. Vor allem die USA wollten anfänglich keinen ISAF-*Roll-Out* im ganzen Land unterstützen, in dem zunächst ausschließlich OEF mit afghanischen Milizen ihren eigenen ‚war on terror' führten; um neben OEF trotzdem militärisch abgesicherte Wiederaufbauinseln zu schaffen (vgl. hierzu Leithead 2006; auch Fergusson 2008: 22), wurden zunächst von den USA und Großbritannien *Provincial Reconstruction Teams* (PRTs) eingeführt, die nicht unter ISAF-Mandat standen.[10] Andere NATO-Länder sattelten auf, auch weil sie die PRTs als Kompromissformel für militärisches Engagement für den Bündnispartner jenseits des Irakkrieges sahen.

Seit 2003 engagiert sich auch die Bundesregierung durch ein verstärktes ziviles und militärisches Engagement über Kabul und Umgebung hinaus im Rahmen dieser PRTs in Kundus und (seit 2004) Feyzabad und stellt für den NATO-geführten ISAF-Einsatz das Regionalkommando für die Nordregion (RC-North). Das deutsche PRT-Konzept sieht die ressortübergreifende Zusammenarbeit zwischen Verteidigungsministerium (BMVg), Auswärtigem Amt (AA), Entwicklungsministerium (BMZ) und Innenministerium (BMI) vor. Stabilisierung, Wiederaufbau und militärischer Schutz sind integrale Bestandteile des politischen Gesamtauftrags. Die Führungsorganisation des PRTs besteht aus einer gleichberechtigten zivil-militärischen Doppelspitze mit getrennten Verantwortlichkeiten.[11]

Die grundsätzliche Aufgabe aller von NATO-Mitgliedstaaten geführten PRTs in Afghanistan wird im Mission Statement, PRT *Terms of Reference*, Absatz 1 folgendermaßen gefasst: „Provincial Reconstruction Teams (PRTs) will assist the Islamic Republic of Afghanistan to extend its authority, in order to facilitate the development of a stable and secure environment in the identified area of operations, and enable Security Sector Reform (SSR) and reconstruction efforts." (DCA 2007) Es handelt sich also vordringlich um eine den afghanischen Staat befähigende (*enabling*) und unterstützende (*as-*

---

10 Zur Geschichte und unterschiedlichen Umsetzung der PRTs in Afghanistan siehe Hett 2005.
11 Die zivil-militärische Leitung des PRTs als Kernbestandteil des deutschen PRT-Ansatzes wird im Konzeptpapier der Bundesregierung ausdrücklich erwähnt (PRT-ESC 2005: 14); der Aktionsplan der Bundesregierung bezieht sich sowohl auf zivile als auch auf militärische Instrumente der bundesdeutschen Friedenspolitik (Bundesregierung 2004: 1); in Koehler 2005 werden die unterschiedlichen Verantwortlichkeiten der PRT-beteiligten Ressorts zusammengefasst.

sisting) Mission, die ein stabiles, sicheres Umfeld für strukturelle Reformen und substanziellen Wiederaufbau befördern (*facilitate*) soll. Aufgabe der militärischen Intervention ist es nicht, flächendeckend gewaltfreie Räume über die Durchsetzung eines Gewaltmonopols selbst zu schaffen. Diese Aufgabe kommt afghanischen Sicherheitskräften zu, die durch ISAF, OEF und andere externe Akteure aufgebaut und militärisch abgesichert werden sollen. Damit sind die PRTs im Rahmen von ISAF an der Herstellung von militärischem Landfrieden beteiligt, nicht aber alleine dafür verantwortlich. Das deutsche PRT spricht hier vom *Second Row Approach*, welcher eine Selbstbeschränkung der eigenen Gewaltfähigkeiten in der Durchsetzung von (Selbst- und Fremd-)Schutz bedeutet.[12]

Die Entfaltung einer Sicherheitswirkung im Sinne von Landfrieden setzt dabei allerdings voraus, dass in der ersten Reihe afghanische staatliche Partner (Sicherheitsdienste) stehen, die fähig und willens sind, Sicherheit im Sinne der extern gestützten Zentralregierung vor Ort durchzusetzen. Dass dies nicht immer vorausgesetzt werden kann und unter den Einsatzbedingungen in Afghanistan nicht selbstverständlich ist, zeigte sich z. B. im Anschluss an die Anschlagsserie in Kunduz im Frühjahr 2007,[13] insbesondere im Nachgang zu dem Selbstmordanschlag gegen deutsche Soldaten und afghanische Zivilisten auf dem Marktplatz in Kunduz am 19. Mai 2007. Obwohl das PRT nach eigener Einschätzung in der Lage war, den Täterkreis zu identifizieren und zu lokalisieren und obwohl 17 Verhaftungen von afghanischen Sicherheitskräften vorgenommen wurden, kam es zu keiner Strafverfolgung oder Verurteilung. Die Personen wurden nach wenigen Tagen, angeblich gegen erhebliche informelle Auslösesummen, wieder auf freien Fuß gesetzt.[14]

Verkompliziert wird der *Second Row Approach* im Operationsgebiet des deutschen PRT auch durch die Anwesenheit bzw. das sporadische Auftreten anderer unabhängig agierender gewaltfähiger externer Akteure, die einer eigenen, nur lose oder gar nicht an das PRT/ISAF und UN-Rahmenwerk angeknüpften institutionellen Handlungslogik folgen. Dies sind einerseits die in

---

12 Anders als in anderen Landesteilen wird beispielsweise kein eigenmächtiges *Targeting* von identifizierten feindlichen Zielen betrieben, selbst wenn die Gefahr eines Angriffs als hoch eingeschätzt wird.
13 Am 16. April 2007 wurde ein Selbstmordanschlag in Kunduz auf die ANP (*Afghan National Police*) verübt; am 19. Mai 2007 fand ein Selbstmordanschlag auf Mitarbeiter des deutschen PRT auf einem Marktplatz in Kunduz statt, und am 28. Mai 2007 wurde ein weiterer Selbstmordanschlag auf einen Konvoi der privaten Sicherheitsfirma DynCorp verübt (siehe auch UNAMA 2007).
14 Eigene Interviews und Hintergrundgespräche mit an dem Prozess beteiligten Mitarbeitern des PRT. Hier ist allerdings hinzuzufügen, dass es sowohl im PRT als auch auf Seiten der interviewten afghanischen Sicherheitskräfte die Meinung gab, dass die zur Verfügung gestellte Beweislage dünn war und eine Entlassung aus der Haft auf der Grundlage von Kautionen nach afghanischem Recht möglich ist.

84

Kunduz stationierten US-amerikanischen Einheiten, die über das Unternehmen DynCorp die Grundausbildung von Militär und Polizei voranbringen. Dieses Training läuft unabhängig und wenig koordiniert mit dem Ausbildungsprogramm, das im Rahmen des PRT für die *Afghan National Army* (ANA) und, in weit geringerem Maße, für die *Afghan National Police* (ANP) durchgeführt wird.[15] Zur selbstständig agierenden US-amerikanischen Präsenz zählen außerdem Mitarbeiter des *Department of Justice* und der *Drug Enforcement Administration* (DEA), die speziell die Drogenkriminalität im Auge haben. Sie sind in Zusammenarbeit mit der britisch geführten ASNF (*Afghan Special Narcotics Force*) und der US-amerikanisch geführten CPEF (*Central Poppy Eradication Force*) für Zwangsmaßnahmen zuständig,[16] die nicht immer mit dem PRT und der zuständigen Provinzverwaltung abgestimmt sind. Gerade wenn sich Maßnahmen, wie im Herbst 2006, gegen den engeren Kreis der Provinzregierung richten, kann dies Auswirkungen auf die Sicherheit des PRTs im Operationsgebiet haben.[17] Die bisher drastischste Maßnahme eigenmächtiger Gewaltanwendung von Seiten der Amerikaner fand vom 21. auf den 22. März 2009 in Imam Sahib, Kunduz Provinz statt. Hier führte ein ca. 60 Mann starkes Kommando einen vollkommen autonom organisierten Angriff gegen Ziele auf dem Grundstück des Bürgermeisters des Distriktzentrums durch, bei dem fünf Zivilisten erschossen und fünf Personen verschleppt wurden.[18]

Die freie Hand der Amerikaner löst dabei nicht immer nur Irritation, sondern mitunter auch Begehrlichkeiten auf Seiten des deutschen Militärs aus,

---

15 Im Falle des Angriffs auf Polizeiausbilder am 28. Mai 2007 in Kunduz regieren die US-Einheiten selbstständig und ohne Abstimmung mit dem PRT, was zur Diskreditierung des *Second Row Approaches* bei Teilen der afghanischen Bevölkerung beigetragen hat. Die als unverhältnismäßig wahrgenommene Gewaltanwendung der Amerikaner wurde in einer Reihe von Interviews dem deutschen PRT zugeordnet.

16 Zur etwas unübersichtlichen Struktur der zentral gesteuerten Anti-Drogen-Einheiten siehe Koehler/Zürcher 2007a; Koehler 2005.

17 Eine Besonderheit des deutschen PRT-Ansatzes ist es, dass sich sowohl das Militär als auch die zivilen Vertreter (mit der möglichen Ausnahme des BND-Kontaktmanns zum afghanischen Geheimdienst) erklärtermaßen nicht die Drogenwirtschaft zum Gegenstand machen, weder in Form von Zwangsmaßnahmen noch in Form von alternativen Entwicklungsprogrammen (*alternative livelihood programms*). Das geht soweit, dass PRT-Patrouillen Dörfer meiden, wenn sie dort offen mit Anbau, Handel oder Gegenmaßnahmen konfrontiert werden könnten. Über Eradikationsmaßnahmen ist das PRT in aller Regel detailliert informiert, um solche Gebiete während der Zwangsmaßnahmen nicht anzufahren.

18 Sowohl PRT-Vertreter als auch Vertreter des US-amerikanischen Außenministeriums im PRT gaben an, dass sie von dieser Operation im Vorfeld nichts gewusst hätten und in keiner Weise involviert waren (eigene Interviews und Hintergrundgespräche im PRT). Vgl. offizielle Presseerklärung des Hauptquartiers der US Force in Afghanistan vom 22.03.2009, an der nach eigener Einschätzung und der Einschätzung von Augenzeugen vor Ort lediglich das Datum den Tatsachen entspricht; dazu Reuter 2009.

insbesondere was die Möglichkeiten eines direkten *Targetings* feindlicher Kräfte angeht, die nicht über loyale afghanische Kräfte ausgeschaltet werden können, weil sie sich entweder Schutz erkaufen oder über persönliche Netzwerke zu lokalen Machthabern in offiziellen Positionen sichern konnten. Bisher hat hier nach Kenntnisstand des Autors allerdings lediglich eine Sondierung von Optionen stattgefunden. Auch unter den schwierigeren Sicherheitsbedingungen in einigen Distrikten im Nordosten seit Mitte 2008 ist der *Second Row Approach* als Sicherheitsstrategie nicht aufgegeben worden (vgl. Koelbl/Szandar 2008).

Die Wahl der Mittel, die eingesetzt werden, um Stabilisierung und Entwicklung in Afghanistan voranzubringen und die im Jargon der Militärs im Spannungsbogen zwischen kinetischen und weichen Fähigkeiten[19] anzusiedeln sind, ist dabei in erster Linie kein militärtaktisches Problem. Neben völkerrechtlichen Erwägungen, was UN-Mandat und internationales Recht erlaubt bzw. verbietet, diplomatischer Schadensbegrenzung mit Blick auf die Position der afghanischen Regierung, politischer Rücksichtnahme auf die Einsatzwahrnehmung im Heimatland des eingesetzten Militärs und dem grundsätzlichen ethischen Problem, in einem fremden Land Einwohner dieses Landes ggf. mit todbringender militärischer Gewalt bekämpfen zu müssen, spielen zweckrationale Überlegungen zur strategischen Zielerreichung eine erhebliche Rolle. So folgt aus der asymmetrischen Bedrohungslage in Afghanistan die Notwendigkeit, die Akzeptanz der afghanischen Bevölkerung gegenüber zivilen und militärischen Maßnahmen zu gewinnen bzw. zu erhalten. Eine Schwerpunktsetzung auf kinetische Kriegführung mit hohen Kollateralschäden und hohen Tötungsraten unter gesellschaftlich eingebetteten (also nicht fremden, externen) Aufständischen ist dafür denkbar ungeeignet.

Ein Instrument, welches das PRT zur Akzeptanzsteigerung einsetzen kann, sind Projekte, welche im Rahmen von CIMIC (Zivil-militärische Zusammenarbeit) durchgeführt werden.[20] Mit der Erprobung der *Provincial Development Funds* (PDF), deren Finanzierung der Ressortkreis Zivile Krisen-

---

19 Im Militärjargon sind mit kinetischen Mitteln die klassischen militärischen Kampfmittel gemeint (alles das, was fliegt und beim Auftreffen dem Feind intendierten Schaden zufügt); ‚weiche Fähigkeiten' ist eine Übersetzung des etablierten englischen Begriffs der *Soft Skills*. Hier sind alle nicht-kinetischen Fähigkeiten des Militärs gemeint, intendierte Wirkungen im Sinne des Einsatzes zu erzielen. Dazu gehören Mittel der psychologischen Kriegführung, PR und vertrauensschaffende Maßnahmen im Rahmen von CIMIC (*Civil-Military-Cooperation*).

20 Für CIMIC-Maßnahmen werden aus Mitteln des Einzelplans 14 militärisches Personal und Material bereitgestellt; die eigentliche Projektfinanzierung erfolgt durch Geld- und Sachmittel, die von Dritten (z. B. Spendern) stammen, bzw. durch Haushaltmittel des Auswärtigen Amtes (AA) oder des Bundesministeriums für wirtschaftliche Zusammenarbeit und Entwicklung (BMZ).

prävention am 11. Oktober 2006 auf gemeinsamen Antrag von BMVg und BMZ beschlossen hat, wird über diesen CIMIC-Ansatz hinausgegangen: Das PDF-Verfahren soll dazu beitragen, wirksame und ressortübergreifend als sinnvoll erachtete rasch umsetzbare Maßnahmen mit zeitnaher Wirkung – so genannte *Quick Impact Projects* (QIPs) – zu implementieren.

Repräsentative Umfragen sowie Fokusgruppen- und Haushaltsinterviews bescheinigen den militärischen Kräften in Nordostafghanistan eine hohe Akzeptanz bei der afghanischen Bevölkerung (siehe Koehler/Zürcher 2007a). Insbesondere wird ausländischen Truppen die markante Verbesserung der Sicherheit für die Bevölkerung sowie das Ende der Auseinandersetzung zwischen bewaffneten Milizen, unter welchen die Bevölkerung jahrelang zu leiden hatte, zugeschrieben.

Die Umsetzung des PRT-Ansatzes wird von manchen Beobachtern aber auch kritisch gesehen (vgl. White 2007). Unter anderem wird angeführt, dass die militärische Komponente weder für afghanische Akteure noch für zivile Organisationen des Wiederaufbaus ,enabling' sei, sondern mitunter sogar kontraproduktiv, da sie Misstrauen schaffe und Parallelstrukturen aufbaue, die die zu fördernden afghanischen Institutionen eher schwächen. Auch im Verantwortungsgebiet des PRT Kunduz unterstützt die zitierte Wirkungsbeobachtung diese Sorge zum Teil: Die von der Landbevölkerung als positiv wahrgenommenen Änderungen in den Bereichen Grundversorgung und ländliche Infrastruktur werden wohl der internationalen Präsenz, nicht aber dem afghanischen Staat zugute gehalten. Weiter wird das Übergewicht der militärischen Komponente kritisiert. PRTs seien wegen der kurzen Standzeiten von Kontingenten keine lernende Organisation. Wesentlicher Kritikpunkt ist dabei, dass für die PRTs nicht wirklich definiert wurde, wie der in den *Terms of Reference* genannte Lebenszyklus zu operationalisieren ist: Was sind die Bedingungen, unter denen sich die PRTs wie ändern sollen und was sind die zu erreichenden Ziele, die die Selbstauflösung der PRTs nach sich ziehen werden? Auf dieses Problem versuchen Zielsysteme der ISAF zu reagieren, z. B. das im Juli 2007 für alle PRTs verbindlich eingeführte *Joint Effects Tasking Order* (JETO), das sich in großen Teilen an den Zielvorgaben der *Afghan National Development Strategy* (ANDS) orientiert, in der Operationalisierung von messbaren Indikatoren allerdings große Schwierigkeiten mit sich bringt und dieses Problem bisher in der Praxis nicht wirklich gelöst hat.[21]

---

21 Eigene Interviews und Beobachtungen mit der CIMIC-Abteilung J9 im PRT, Juni 2007.

3 Konsequenzen für das Selbstbild der Soldaten im Einsatz

Aus den oben herausgearbeiteten allgemeinen Einsatzbedingungen in komplexen Interventionen und dem deutschen PRT-Ansatz als Antwort auf die speziellen Anforderungen in Nordost-Afghanistan möchte ich nun auf Konsequenzen für die Selbstverortung der eingesetzten Soldaten eingehen. Ich möchte hier die besonderen Anforderungen, die das afghanische Umfeld im Einsatzgebiet stellt, hervorheben. Das soldatische Selbstverständnis wird nicht nur von der Organisationskultur und dem Heimatdiskurs über Aufgaben und Sinn des Militärs geprägt (was nicht Gegenstand dieses Textes ist), sondern wird auch von den konkreten Herausforderungen geprägt, die sich im Einsatz tatsächlich stellen. Von der Bewältigung dieser Herausforderungen hängen letztlich Erfolg und Scheitern des eigenen Einsatzes sowohl in der Binnenwahrnehmung des Militärs als auch in der externen politischen Bewertung ab.

Die zentrale Herausforderung ergibt sich dabei unmittelbar aus dem ISAF-Mandat. ISAF soll im Kern den afghanischen Staat unterstützen, ein sicheres Umfeld für den Wiederaufbau des Landes zu schaffen. Damit ist ein Militärbündnis, das zur Verhinderung eines Weltkrieges mittels Abschreckung und im äußersten Fall für den militärischen Sieg über einen feindlichen Staatenverbund gegründet und ausgebildet worden war, unmittelbar mit politischen und zivilen Prozessen in einem fremden Land konfrontiert, die jenseits der ursprünglich erlernten militärischen Kernkompetenz liegen (vgl. Nagl 2006: XIf.); die Absicherung von (politischem) Staatsaufbau und der Schutz von (zivilen) Wiederaufbau- und Entwicklungsprogrammen vor bewaffneten Aufständischen und anderen gewalttätigen oppositionellen Gruppen hat mehr mit Problemen der inneren Sicherheit bei Staatszerfall und Bürgerkrieg zu tun als mit der militärischen Bekämpfung eines militärischen, staatlich verfassten Gegners. Gleichzeitig wird die militärische Komponente der Intervention aber aufgrund politischer Entscheidungen abgegrenzt gegenüber den (polizeilichen) Aufgaben der inneren Sicherheit, also der Sicherheit der afghanischen Bevölkerung, und der Umsetzung oder unmittelbaren Beteiligung an zivilen Wiederaufbauleistungen. Aus dieser schwer fassbaren und in Teilen widersprüchlichen Situation entstehen Erwartungshaltungen, die mit der Einsatzrealität konfrontiert eine Reihe Dilemmata für das Selbstbild der Soldaten im Einsatz bedeuten:

3.1 Dilemma 1: Indirektes versus direktes Vorgehen

Der *Second Row Approach* der deutschen Einsatzkräfte in Nordost-Afghanistan, der unmittelbar aus dem ISAF-Mandat abgeleitet werden kann, hat sich zeitweise als eklatantes Sicherheitsdilemma erwiesen, das sich auf das Selbstverständnis der Soldaten auswirkt. Von Anbeginn der Intervention an war auch in den von ehemaligen Mujaheddin der Nordallianz dominierten Provinzen, in denen die Bundesrepublik die ISAF-Verantwortung übernommen hat, nicht immer klar, auf wessen Seite die lokalen afghanischen Regierungspartner bzw. Sicherheitsdienste, die nach der Logik des *Second Row Approaches* in der ersten Reihe sein sollten, wirklich stehen.

Hinweise auf eine enge Verstrickung der wichtigsten staatlichen Partner auf Provinzebene – also den Gouverneuren, den Distriktmanagern und den Chefs der Sicherheitsorgane auf Distrikt- und Provinzebene – in Drogenhandel, Korruption, Gewaltkriminalität und in manchen Fällen auch in Aktivitäten der bewaffneten Opposition, lagen ISAF dabei seit langem vor. Anfangs ließen sich die PRTs selbst darauf ein, Milizen von namhaften Lokalkommandeuren, die sich zum Teil offizielle Portfolios angeeignet hatten, einzubinden und als äußeren Wachschutz zu beschäftigen.

Wiederholte Versuche, die wichtigsten Politpatrone von Korruption, Kriminalität und organisierter Gewalt (also: *Very Bad Governance* im krassen Unterschied zu den rechtsstaatlichen Prinzipien, die als *Good Governance* in Afghanistan durch die Intervention gefördert werden sollten), über den Zentralstaat loszuwerden, scheiterten häufig an der Deckung, die sich einige von ihnen immer wieder im Präsidentenapparat und der ihm subnational untergeordneten Administration sichern konnten. In anderen Fällen wurden Gewaltunternehmer zwar aus Exekutivpositionen in der Provinz gedrängt, konnten dann aber oft einen Teil ihrer informellen Macht über verdeckt agierende Milizen aus so genannten *Bodyguards* behaupten und mitunter über gewählte Positionen im Provinz- bzw. nationalen Parlament absichern.

Zum offenen Sicherheitsdilemma wurde der *Second Row Approach* mit der erwähnten Anschlagsserie Anfang 2007 und insbesondere mit dem tödlichen Selbstmordanschlag auf dem Markt in Kunduz am 19. Mai 2007. Dabei führte nicht der Anschlag selbst zur Hinterfragung einer Strategie, die die eigene Rolle des PRTs darin sah, für Sicherheit und Wiederaufbau zuständige afghanische Stellen in der Erfüllung ihrer Governancefunktionen auszubilden, zu unterstützen und abzusichern. Was die Verantwortlichen vor Ort vor allem frustrierte, war die fehlende Unterstützung durch afghanische Sicherheitsorgane und die Strafverfolgungsbehörden nach dem Anschlag.

Vorkommnisse wie diese erschüttern das Selbstverständnis des eingesetzten Militärs als friedensunterstützende Kraft, die den Aufbau afghanischer Institutionen befördern und absichern soll. Sie führen das Militär ggf. in Versuchung, die durch Inkompetenz, durch Korruption und mitunter durch kriminelle Energie von verantwortlichen Mitarbeitern geschwächten staatlichen Institutionen zu umgehen, um effektiver gegen Angreifer vorgehen zu können. Ein solches Vorgehen hat seine zivile Entsprechung in der Entscheidung mancher Entwicklungsorganisationen, dysfunktionale aber zuständige staatliche Institutionen in der Projektarbeit zu umgehen, um effektiver und effizienter zu besseren Projektergebnissen zu kommen (zu diesem Problem siehe Koehler 2008). Das Problem in beiden Bereichen ist dabei, dass Verbesserungen in der Erreichung kurzfristiger Ziele erkauft werden mit einer Schwächung der Institution, deren Aufbau und Stärkung das zentrale Ziel der gesamten Intervention ist: dem afghanischen Staat als öffentlicher Dienstleister für die afghanische Bevölkerung.

Ein ehemaliger ziviler Leiter eines deutschen PRTs brachte das Problem deshalb auf folgende Formel: Der *Second Row Approach* sei nach wie vor angemessen; allerdings funktioniere der (im Rahmen der Petersberger Konferenz von der UN als Leitmotiv ausgegebene) *Light Footprint*-Ansatz nicht mehr. Man müsse aus der zweiten Reihe sehr viel aktiver in die erste Reihe hineinwirken.[22]

3.2   Dilemma 2: Schützer versus Kämpfer oder ,Soft Skills' versus Kinetik

Das zweite Dilemma bezieht sich im Unterschied zum ersten Dilemma auf unmittelbare Handlungen des Militärs im Einsatzland. Ein grundsätzliches Problem des in Afghanistan intervenierenden Militärs ist die Gleichzeitigkeit von Krieg und Frieden. Die im Falle von ,klassischen', zwischenstaatlichen Besatzungen getrennten Herausforderungen, den Krieg mit militärischen und dann den Frieden mit zivilen, durch das Militär lediglich abgesicherten Mitteln zu gewinnen, sind in Afghanistan miteinander verwoben.

Mehr noch, die Abfolge von Krieg und Frieden wurde in einigen Landesteilen zumindest aus der Perspektive der Intervenen umgekehrt: auf die Phase relativen Friedens 2002 bis 2005 nach dem raschen Sturz des Talibanregimes kehrten kriegerische Gewalt und bewaffneter Aufstand gegen Regierung und Intervenen in vielen Landesteilen zurück. In diesen Regionen wurde aus der unterstützenden Schutztruppe ISAF faktisch eine Interventionstruppe, die zusammen mit schwach aufgestellten afghanischen Kräften in eigener Regie lokale wie externe Aufständische bekämpfte.[23]

Auch in den Landesteilen, in denen bewaffneter Aufstand und kriegerische Gewalt nicht ausgebrochen sind, ist die Eigensicherung der Soldaten

---

22 Persönliches Gespräch Juli 2007 in Berlin.
23 Der niederländische Brigadegeneral van Loon, der 2007 das Regional Command South (RCS) im Rahmen der ISAF übernahm, erklärte zur sich verändernden Lage auf einem Vorbereitungsseminar für das erste Urusgan-Kontingent der Niederländer, auf dem der Autor zeitweise zugegen war, dass die NATO-Soldaten unter seiner Führung „*two faces of the warrior*" meistern können müssen: Den „*Soldier-enabler*" und den „*Soldier-enforcer*". Beim ersten läge der Fokus auf Entwicklung, beim zweiten auf Sicherheit und Kampfhandlungen.

ISAF-weit durch Anschläge und Guerillataktiken stärker in den Vordergrund gerückt. *Force Protection* oder militärische Eigensicherung ist zwar eine selbstverständliche militärische Aufgabe; die Verschiebung der Prioritätenhierarchie weg von dem afghanischen Bedarf an Schutz und Wiederaufbau (also dem strategischen Ziel, das im ISAF-Mandat gefasst ist) hin zu taktischem Selbstschutz hat im afghanischen Kontext einer komplexen Intervention mit asymmetrischer, wechselnder Bedrohungslage weitreichende und unerwünschte Konsequenzen.

Um zu verhindern, dass externe Aufständische in der Bevölkerung Fuß fassen und aus verdeckten und vereinzelten Operationen terroristischer Zellen ein Aufstand lokaler oppositioneller Kräfte wird (wie in einigen Landesteilen geschehen), ist es entscheidend, Akzeptanz bei der Bevölkerung zu erhalten, indem sichtbare Fortschritte für die Bevölkerung im Bereich Sicherheit, Wiederaufbau und Entwicklung erzielt werden. Die Sichtbarkeit von berechenbar und freundlich auftretenden Truppen in der Fläche ist dafür dienlicher als der Rückzug ins befestigte Lager oder die Konzentration auf martialisch auftretende Patrouillen und Sicherheitsoperationen.

Force Protection wird zum Sicherheitsdilemma für die eingesetzten Soldaten, wenn taktische Risiken in Kauf genommen werden müssen (z. B. Präsenz leicht bewaffneter CIMIC-Einheiten in der Fläche, Verzicht auf taktisches Fahren, Verzicht auf Bekämpfung von Angreifern, wenn Zivilisten getroffen werden könnten), um strategische Ziele (Akzeptanz der neuen staatlichen Ordnung, Landfrieden, Wiederaufbau und Entwicklung) zu erreichen. Ein Sicherheitsdilemma entsteht aber auch im entgegengesetzten Fall: Ein taktischer Vorteil im Sinne der Eigensicherung kann nicht nur strategischen Interessen und Zielsetzungen widersprechen, sondern auch mittel- und langfristig mehr Gefährdung für die eingesetzten Soldaten bedeuten (durch den Verlust der Akzeptanz auf Seiten der Bevölkerung und relevanter lokaler Organisationen).

Dieses Spannungsverhältnis ist latent immer gegeben und lässt sich trotz der Versuche, *Soft Skills* mit harten und in letzter Konsequenz zerstörerischen Wirkmitteln des Militärs sinnvoll zu verknüpfen, auch unter relativ sicheren Lagebedingungen nicht gänzlich auflösen. Bei jedem Einsatz der *Soft Skills*, also beispielsweise bei jeder LMT[24]-Fahrt der CIMIC-Einheit, hat der mitfahrende Schutz andere Aufgaben und Prioritäten als die eingesetzten Soldaten, die den Kontakt zur Bevölkerung herstellen sollen.

Nach Anschlägen und Angriffen auf das Militär mit Todesfolge[25] oder nach umstrittenen Einsätzen militärischer Gewalt mit unbeabsichtigten Op-

---

24 Liasion Monitoring Teams.
25 Siehe oben, die Anschlagsserie im Frühjahr 2007 war der Weckruf dieser Debatte in Kunduz.

fern unter der Zivilbevölkerung[26] stellt sich die Frage nach der taktischen Wahl der Mittel und den strategischen Konsequenzen besonders scharf: Hätte ein aggressiverer taktischer Schutz den Tod der Soldaten verhindern können? Oder hätte im anderen Fall die Inkaufnahme eines taktischen Risikos den Tod von Zivilisten verhindert und einen langfristig gefährlichen Imageschaden abgewendet? In diesem ethischen wie pragmatischen Spannungsbogen, der existenzielle Fragen vom Wert des menschlichen Lebens und praktische Überlegungen bezüglich des Erhaltes der Legitimität des Einsatzes berührt, wird sowohl im Heimatdiskurs als auch im Einsatzgebiet der Erfolg und Misserfolg der militärischen Intervention bewertet.

Diese Fragen sind dabei nicht nur ein ethisches Dilemma für die eingesetzten Soldaten; sie schließen im asymmetrischen Konflikt, in dem die Ziele politisch explizit so gefasst sind, dass sie mit militärischen Mitteln alleine gar nicht zu erreichen sind, an einen Machtbegriff an, der sich nicht in militärischer Stärke bemessen lässt. Die Definitionsmacht darüber, wie Ereignisse und das Verhalten von Akteuren in Afghanistan zu bewerten sind, ist eine Schlüsselressource, die über den Verlauf und Ausgang der Intervention entscheidet. Es spielt also eine Rolle, ob beispielsweise Zurückhaltung als Feigheit gilt, wann Kollateralschäden als willkürliche Gewalt oder intentionaler Terror gegen die lokale Gesellschaft angesehen werden und ob Schulen, Krankenhäuser und Distriktverwaltungen als Problemlösungen oder eben als Bedrohung lokaler gesellschaftlicher Ordnung angesehen werden.

Dieser Kampf um die Diskurshoheit in der Bewertung des Versuches, die fragmentierte afghanische Gesellschaft über eine staatlich verfasste politische Ordnung zu modernisieren und an das westlich geprägte internationale Staatensystem anzuschließen, findet dabei nicht alleine im Einsatzgebiet statt (zum internen Diskurs vgl. Schetter 2007); er wird auch, wenn auch oft mit anderen Vorzeichen und anderen Begrifflichkeiten, in den Heimatländern der eingesetzten Soldaten ausgetragen (siehe hierzu ausführlich Daxner/Free/ Schüßler et al. 2008).

3.3 Dilemma 3: Koordination der zivilen und militärischen Komponenten der Intervention untereinander

Das dritte Dilemma, welches sich sowohl auf die Sicherheit als auch auf das Selbstbild der Soldaten in Nordost-Afghanistan auswirkt, ist eine Folge von Koordinationsproblemen der oben beschriebenen verschiedenen multinatio-

---

26 Siehe oben, Operationen von Spezialeinheiten mit hohen Kollateralschäden; hierzu ist im Verantwortungsbereich des PRT Kunduz auch der tödliche Beschuss eines Kleinwagens an einem Checkpoint 2008 zu nennen, dem eine Kleinfamilie zum Opfer fiel, die fälschlich für Terroristen gehalten wurde (siehe Sueddeutsche.de 2008).

nalen Komponenten der Intervention untereinander. Auf zwei spezielle Probleme möchte ich hier eingehen: das militärische Vorgehen der Anderen und die ressortübergreifende Zusammenarbeit im Einsatzgebiet des deutschen PRTs.

Unkoordinierte Militäroperationen bzw. von externen Truppen unterstützte paramilitärische Operationen von extern aufgebauten und zeitweise extern geführten afghanischen Spezialeinheiten der Polizei und des Militärs finden im Verantwortungsgebiet des *Regional Command North* vor allem im Bereich der Terrorismusbekämpfung durch OEF-Truppen und im Bereich der Drogenbekämpfung durch britisch und US-amerikanisch betreute Spezialeinheiten des Zentralstaates statt. In Ausnahmefällen kommt es, wie oben schon angemerkt, zu Einsätzen von amerikanischen Spezialeinheiten, die jenseits der in Afghanistan institutionalisierten Kommandolinien vollkommen autonom operieren. Unabhängig davon, ob sich das deutsche PRT aufgrund politischer Entscheidungen aus eigenen Stücken aus bestimmten Bereichen heraushält (wie aus dem Bereich der Drogenanbaubekämpfung und Bekämpfung des Drogenhandels) oder ob Zwangsmaßnahmen anderer Streitkräfte aus mangelnder Kooperationsbereitschaft nicht mit dem deutschen ISAF-Kommando abgestimmt werden, haben diese Maßnahmen einen Einfluss auf das Ansehen der Interventen, den die deutschen Kräfte kaum beeinflussen können.

In den beobachteten Fällen kann das Image und die Autorität von ISAF und PRT auf zweierlei Art Schaden nehmen. Dort, wo die Menschen nicht zwischen den Truppen stellenden Nationen unterscheiden und keine Vorstellung von unterschiedlichen Mandaten von ISAF und OEF haben, fallen alle Maßnahmen (gewaltsame Eingriffe, aber auch Infrastruktur- und Trainingsmaßnahmen, die vor allem von US-amerikanischen Einheiten umgesetzt werden) auf die Interventen insgesamt zurück bzw. werden ihnen zugute gehalten. Für die ländliche Bevölkerung ist dies eher die Regel als die Ausnahme. Unter den besser informierten Teilen der Bevölkerung führen Aktionen, die an den deutschen Kräften vorbei und mitunter konträr zur deutschen Mandatsauslegung und dem Auftreten der deutschen Kräfte durchgeführt werden, dazu, dass die Autorität und Ernsthaftigkeit des größten Truppenstellers in der Region hinterfragt wird.[27]

Die unterschiedliche Mandatsauslegung und das proaktive Vorgehen einiger NATO-Partner löst allerdings auch Identitätsprobleme und Loyalitätsfragen im Rahmen der NATO und des internationalen Einsatzes in Afghanis-

---

27 Entsprechend äußerte sich beispielsweise der Bürgermeister von Imam Sahib, Sufi Manan, nach der schon erwähnten Operation gegen sein Gästehaus im März 2009; auch der Chef der Grenzpolizei, Haji Zahir Qadir, hielt die deutschen ISAF-Kräfte im Nordosten im Interview mit dem Autor im April 2007 für wenig durchsetzungsfähig.

tan auf Seiten der Soldaten aus. Fragen von Kameradschaft, Loyalität und soldatischer Ehre stellen sich insbesondere dann, wenn sich Kameraden aus anderen Bündnisländern in Begleitung der von ihnen ausgebildeten einheimischen Kräfte in riskante Einsätze begeben, an denen die deutschen Soldaten aus politischen Gründen nicht teilnehmen können.[28] Die politischen Entscheidungen zur Mandatsauslegung und nationalen Einschränkungen der NATO-Operationen (so genannte ,Sonderregelungen') können zu gebrochenen Loyalitätsgefühlen führen.

3.4 Dilemma 4: Ressortübergreifende Zusammenarbeit und Ressortunabhängigkeit der Ministerien

Das letzte Dilemma, das ich hier ansprechen möchte, bezieht sich auf die Forderung der ressortübergreifenden Zusammenarbeit – also der Kooperation der im deutschen PRT-Ansatz involvierten Ministerien der Verteidigung, des Inneren, der wirtschaftlichen Zusammenarbeit und Entwicklung und des Auswärtigen Amtes – unter dem von der Bundesregierung ausgegebenen Leitmotiv der „Gemeinsamen Verantwortung bei getrennten Verantwortlichkeiten". Der politische Versuch, die Ressortunabhängigkeit der Ministerien im Einsatzgebiet zu wahren und gleichzeitig Koordination und Kooperation im Sinne der Mandatsauslegung der Bundesregierung sicherzustellen, erwies sich als schwierig.

Eine klare Trennung der von den einzelnen Ministerien beanspruchten Verantwortlichkeiten erweist sich unter Einsatzbedingungen, in denen der Löwenanteil der Ressourcen und der Einsatzkräfte vom Militär auf der einen und einer Vielzahl schwach koordinierter staatlicher und gar nicht koordinierter nicht-staatlicher Entwicklungsakteure auf der anderen Seite bereitgestellt wird, als unmöglich. Der Alleinvertretungsanspruch der Außenpolitik des Auswärtigen Amtes scheitert an der Tatsache, dass Militärpräsenz und Entwicklungspolitik im Rahmen von komplexen Interventionen Teil der Außenpolitik werden und von den lokalen Partnern auch als integraler Bestandteil des deutschen Interventionsanteils gesehen werden. Die Zuständigkeit des Innenministeriums für das Kompetenzfeld innere Sicherheit im Rahmen des Aufbaus der afghanischen Polizei war nie auch nur annähernd mit ausreichend Ressourcen, Personal oder dem politischen Willen für ein machbares

---

28 Entsprechend äußerte sich eine Reihe interviewter Soldaten, die im PRT mit der Ausbildung von afghanischen Kräften betraut waren, diese als Ausbilder aber nicht landesweit in Kampfeinsätze begleiten konnten. Ein Offizier im HQ ISAF in Kabul erklärte im Interview im Juli 2007, dass für ihn die Einsatzbeschränkungen der deutschen Soldaten im Angesicht der Risiken, die NATO-Kameraden aus anderen Ländern auf sich nehmen, beschämend seien.

strategisches Konzept ausgestattet, um diese essenzielle Aufgabe staatlichen Aufbaus im Verantwortungsgebiet des RCN, geschweige denn landesweit, zu erfüllen. In den Provinzen blieb der Anteil des Innenministeriums hier weitgehend unsichtbar und wurde in Teilen von der Militärpräsenz und anderen Akteuren (vor allem US-amerikanischer Maßnahmen) übernommen.

Das BMZ, in dessen Hause das Motto von der 'gemeinsamen Verantwortung bei getrennten Verantwortlichkeiten' ursprünglich ausgegeben wurde, führt zwar selbstständige Regierungsverhandlungen über längerfristige Entwicklungsstrategien mit der afghanischen Regierung; es sieht sich aber gleichzeitig immer wieder mit Sicherheits- und Governance-Herausforderungen jenseits der eigenen Ressortkompetenz konfrontiert, die Pläne und Strategien in Frage stellen. Außerdem ist die vom Ministerium gesteuerte Entwicklungs- und Wiederaufbauarbeit nach Vorgabe der Bundesregierung wechselseitig mit dem Bereich Sicherheit verquickt: Entwicklungsleistungen sollen militärisch gestützte Sicherheit als so genannte Friedensdividende für die Bevölkerung nachhaltig und selbsttragend machen.

Für den Bereich der bundesdeutschen Entwicklungszusammenarbeit ist dabei eine zentrale Herausforderung, dass eine Vielzahl von deutschen und anderen Organisationen zwar mit Mitteln des BMZ arbeiten, sie aber nur im Falle der vier pseudostaatlichen Entwicklungsagenturen[29] überhaupt direkter ministerieller Einflussnahme unterliegen. Strategische Handlungskoordination unter Entwicklungsakteuren ist in Afghanistan eine von jedem Gutachter immer wieder beschworene Empfehlung, die allerdings an der Realität des Entwicklungsbasars mit vielen autonom voneinander um begrenzte Ressourcen konkurrierenden Akteuren ohne effektive staatliche Steuerung durch die afghanische Regierung vorbeigeht.

4   Folgen für das Selbstbild des Militärs

Für das Selbstbild des eingesetzten Militärs ist diese Lage kompliziert. Das Militär ist der sichtbarste und folgenreichste Repräsentant der Bundesrepublik im Einsatzgebiet; es hat einen erheblichen Einfluss auf die innere Sicherheit, und seine Kernaufgabe, ein sicheres Umfeld für Entwicklung und Wiederaufbau zu schaffen, befindet sich in einer nicht immer eindeutig wechselseitigen Abhängigkeit mit den Entwicklungserfolgen und -fehlschlägen der zuständigen zivilen Akteure. Gleichzeit ist das gegenseitige Abhän-

---

29 Die Gesellschaft für Technische Zusammenarbeit GmbH (GTZ gemeinnütziger Teil), die KFW Entwicklungsbank, die Internationale Weiterbildung und Entwicklung GmbH (InWEnt) und der Deutsche Entwicklungsdienst (DED) sind im Wesentlichen Umsetzungsorganisationen des BMZ mit teils erheblicher organisatorischer Autonomie.

gigkeitsverhältnis zwischen der Eigensicherung des Militärs, der Sicherung des Umfeldes für die Entwicklungsakteure und die Sicherheit der afghanischen Bevölkerung (um die es beim Aufbau von Rechtsstaatlichkeit ja im Wesen geht) nicht notwendigerweise proportional.

Mehr militärische Sicherheit kann mehr Unsicherheit für bestimmte Bevölkerungssegmente bedeuten, mehr Sicherheit für Entwicklungsorganisationen kann bedeuten, dass das Militär sich in einer Art zurückhält, die ggf. selbstgefährdend ist. Sicherheitsbedürfnisse von Entwicklungsorganisationen können mitunter auch bedeuten, dass bestimmte informelle Machtstrukturen, die nur militärisch abgesichert aufgebrochen werden könnten, nicht angetastet werden (z. B. die informelle Macht von Kommandeuren, mit denen man sich arrangiert hat); das gleiche kann umgekehrt für Arrangements der militärischen Eigensicherung zutreffen, wie im genannten Beispiel der Milizen, die für die äußere Sicherheit der PRTs zuständig waren bzw. sind.

5 Schlusswort

Die komplexe Intervention in Afghanistan versucht mit militärischen und zivilen Instrumenten eine rechtsstaatlich verfasste politische Ordnung zu unterstützen, die mit den Sicherheitsinteressen der westlichen Staatenwelt kompatibel ist. Im Kern geht es dabei um extern angestoßene, finanzierte und militärisch abgestützte Modernisierungsanstrengungen. Die politischen Erwartungen und praktischen Herausforderungen an den militärischen Anteil solcher Modernisierungsversuche (oder: *State-/Nationbuilding*) haben sich in den vergangenen zehn Jahren verändert. Politisch wird angenommen, dass Sicherheit und Entwicklung einander bedingen. In der Einsatzpraxis im Rahmen von friedensschaffenden Maßnahmen unter Bedingungen eines bewaffneten Aufstandes ist eine funktionale Trennung von militärischer Sicherheit (hier: ein sicheres Umfeld für Entwicklung und Wiederaufbau), polizeilich durchgesetzter innerer Sicherheit (also die Sicherheit der afghanischen Bevölkerung) und Sicherheit über Sichtbarkeit und Akzeptanz in der Bevölkerung fördernde Entwicklungsmaßnahmen nicht aufrechtzuhalten. Um seinen Auftrag im Interventionsgebiet zu erfüllen, muss das Militär vermehrt auf *Soft Skills* und indirekte Wirkungen setzen und kann sich nicht auf den kinetischen Kernbereich militärischer Kriegführung verlassen. Diese Situation stellt an die eingesetzten Soldaten Anforderungen, die sich vom klassischen, vom Kalten Krieg geprägten Selbstbild des Militärs als abschreckender Verhinderer eines Krieges, der nicht passieren darf, unterscheidet. Diese Situation stellt auch neue Anforderungen an das Bild, das die Gesellschaft vom Militär und seinen Kernaufgaben hat. Beide Herausforderungen – für das

Selbstbild des Soldaten und für das Bild des Militärs als Teil der Gesellschaft – sind in der Bundesrepublik im Fluss und bis jetzt nicht aufgelöst.

Literatur

BBC NEWS (2009a): US to Protect Afghan Civilians. BBC News. Online: http://newsvote.bbc.co.uk/mpapps/pagetools/print/news.bbc.co.uk/2/hi/so uth_asia/8096374.stm?ad=1 (Letzter Zugriff: 12.06.2009).

BBC NEWS (2009b): US General Assumes Afghan Command. BBC News. Online: http://news.bbc.co.uk/2/hi/south_asia/8099941.stm (Letzter Zugriff: 16.06.2009).

Bundesregierung (2004): Aktionsplan. Zivile Krisenprävention, Konfliktlösung und Friedenskonsolidierung. Berlin: Regierung der Bundesrepublik Deutschland. Online: http://www.auswaertiges-amt.de/www/de/aussen politik/friedenspolitik/ziv_km/aktionsplan_html (Letzter Zugriff: 06.06. 2004).

Bundesregierung (2007): Das Afghanistan-Konzept der Bundesregierung. 05.09.2007. Berlin: Auswärtiges Amt, Bundesministerium des Inneren, Bundesministerium der Verteidigung, Bundesministerium für wirtschaftliche Zusammenarbeit und Entwicklung, Regierung der Bundesrepublik Deutschland.

CNN.com (18.10.2001): Is Bush Easing Toward Nation-Building? Online: http://transcripts.cnn.com/TRANSCRIPTS/0110/18/se.27.html (Letzter Zugriff: 21.06.2009).

Cramer, Christopher/Goodhand, Jonathan (2002): Try Again, Fail Again, Fail Better? War, the State, and the ‚Post-Conflict' Challenge in Afghanistan. In: Development and Change, 33: 5, 885–909.

Daxner, Michael/Free, Jan H./Schüßler, Maike et al. (2008): Afghanistan: Staatsgründung und Heimatdiskurs. In: Fachtagung. Folgekonflikte nach militär-gestützten humanitären Interventionen. 18. und 19. April 2008. Universität Potsdam. Oldenburg: BIS-Verlag, 26–44.

DCA, OECD (2007): Draft Guidance for Evaluating Conflict Prevention and Peacebuilding Activities. OECD – DCA (16.02.2007).

Easterly, William Russel (2006): The White Man's Burden. Why the West's Efforts to Aid the Rest Have Done so Much Ill and so Little Good. New York: Penguin Press.

Elwert, Georg (1997): Gewaltmärkte. Beobachtungen zur Zweckrationalität der Gewalt. In: Trotha (Hrsg.) 1997: 86–10.

Fergusson, James (2008): A Million Bullets. The Real Story of the British Army in Afghanistan. London et al.: Bantam.

Fukuyama, Francis (2004): Nation-Building 101. The Atlantic: Jan./Feb., online edition. Online: http://www.theatlantic.com/doc/print/200401/fu kuyama?x=30&y=5 (Letzter Zugriff: 21.06.2009).

Gehringer, Urs (2006): Layeha (Regelbuch) für die Mujaheddin. In: Weltwoche, 46: 6. Online: http://www.weltwoche.ch/artikel/default.asp?AssetID =15351&CategoryID=91 (Letzter Zugriff: 16.10.2008).

Government of Afghanistan (2005): Millenium Development Goals. Country Report 2005. Vision 2020. Islamic Republic of Afghanistan. Online: http://www.ands.gov.af/src/src/MDGs_Reps/MDGR%202005.pdf (Letzter Zugriff: 16.10.2008).

Hett, Julia (2005): Provincial Reconstruction Teams in Afghanistan. Das amerikanische, britische und deutsche Modell. Bonn: ZIF.

Kaldor, Mary (1999): New and Old Wars Organized Violence in a Global Era. Cambridge: Polity Press.

Koehler, Jan (2005): Conflict Processing and the Opium Poppy Economy in Afghanistan. ARC for GTZ, PAL INTERNAL DOCUMENT SERIES, Jalalabad. Online: http://www.gtz.de/de/dokumente/en-DrugsandConflict AfghanistanPAL.pdf (Letzter Zugriff: 16.10.2008).

Koehler, Jan (2008): Auf der Suche nach Sicherheit. Die internationale Intervention in Nordost-Afghanistan. Berlin: SFB 700 Governance in Areas of Limited Statehood, Freie Universität Berlin. Online: http://www.sfb-governance.de (Letzter Zugriff: 30.11.2008).

Koehler, Jan/Zürcher, Christoph (2007a): Assessing the Contribution of International Actors in Afghanistan. Results from a Representative Survey. Berlin: SFB 700 Governance in Areas of Limited Statehood, Freie Universität Berlin. Online: http://www.sfb-governance.de/en/publikationen/ (Letzter Zugriff: 16.10.2008).

Koehler, Jan/Zürcher, Christoph (2007b): Statebuilding, Conflict and Narcotics in Afghanistan: A View from Below. In: International Peacekeeping, 14: 1, 62–74.

Koelbl, Susanne/Szandar, Alexander (2008): German Special Forces in Afghanistan Let Taliban Commander Escape. In: Spiegel Online International vom 19. Mai 2008.

Lawrence, Thomas E. (2000): Seven Pillars of Wisdom. London: Penguin.

Leithead, Alastair (2006): Unravelling the Helmand impasse. BBC News. Online: http://news.bbc.co.uk/2/hi/uk_news/5179440.stm (Letzter Zugriff: 16.10.2008).

Lock, Peter (2001): Ökonomien des Krieges. Ein lange vernachlässigtes Forschungsfeld von großer Bedeutung für die politische Praxis. Online: http://www.peter-lock.de/txt/kriegsoekonomien.php (Letzter Zugriff: 16.10.2008).

Münkler, Herfried (2002): Die neuen Kriege. Bonn: Bundeszentrale für Politische Bildung.

Nagl, John A. (2006): Learning to Eat Soup with a Knife. Counterinsurgency Lessons from Malaya and Vietnam. Chicago: University of Chicago Press. Online: http://www.loc.gov/catdir/enhancements/fy0622/20050080 15-b.html (Letzter Zugriff: 16.10.2008).

Nagl, John A./Petraeus, David Howell/Amos, James F. (2007): The U.S. Army/Marine Corps Counterinsurgency Field Manual. U.S. Army Field Manual no. 3-24; Marine Corps Warfighting Publication no. 3-33-5. Chicago, Ill. et al.: University of Chicago Press.

NATO (05.07.2007): NATO in Afghanistan. Factsheet. Online: http://www.nato.int/issues/afghanistan/040628-factsheet.htm (Letzter Zugriff: 06.05.2008).

PRT-ESC (2005): PRT Executive Steering Committee Policy Note: Coordination and intervention in humanitarian assistance. PRT Executive Steering Committee.

Reuter, Christoph (2009): Strategie des Scheiterns. In: Stern vom 02. April 2009, 15, 27–41.

Rottenburg, Richard (2002): Weit hergeholte Fakten: Eine Parabel der Entwicklungshilfe. Stuttgart: Lucius und Lucius.

Schetter, Conrad (2007): Talibanistan – Der Anti-Staat. In: Internationales Asienforum, 38: 3-4, 233–257.

Scott, James C. (1998): Seeing Like a State: How Certain Schemes to Improve the Human Condition Have Failed. New Haven et al.: Yale University Press.

Sueddeutsche.de (2008): Missachtung der Regeln? Tödlicher Zwischenfall in Afghanistan. In: Sueddeutsche.de vom 01. September 2008.

Trotha, Trutz von (Hrsg.) (1997): Soziologie der Gewalt. Köln: Westdeutscher Verlag.

UN (05.12.2001): Agreement on Provisional Arrangements in Afghanistan Pending the Re-Establishment of Permanent Government Institutions. (Bonn Agreement) UNIC, Bonn. Online: http://www.afghangovernment. com/AfghanAgreementBonn.htm (Letzter Zugrif: 31.05.2005).

UNAMA (2007): Suicide Attacks in Afghanistan (2001–2007). United Nations Assistance Mission to Afghanistan, Kabul. Online: http://www.unama-afg.org/docs/_UN-Docs/UNAMA%20%20SUICIDE%20ATTAC KS%20STUDY%20-%20SEPT%209th%202007.pdf (Letzter Zugriff: 01.09.2007).

UNAMA (2008): Fact Sheet-28 March 2008 (21.06.2009).

Waldmann, Peter (1997): Veralltäglichung von Gewalt: Das Beispiel Kolumbien. In: Trotha (Hrsg.) 1997: 141–161.

White, Roland/Lister, Sarah (2007): Service Delivery and Governance at the Sub-National Level in Afghanistan. Washington, D. C.: World Bank.

Wimmer, Andreas/Schetter, Conrad (2002): Staatsbildung zuerst. Empfehlungen zum Wiederaufbau und zur Befriedung Afghanistans. (Discussion Papers on Development Policy 45) Bonn: Zentrum für Entwicklungsforschung (ZEF).

Wirz, Albert (1982): Krieg in Afrika: Die nachkolonialen Konflikte in Nigeria, Sudan, Tschad und Kongo. Wiesbaden: Steiner.

Seelisches Trauma und soldatisches Selbstverständnis: Klinische Erfahrungen aus psychiatrischer Sicht

Karl-Heinz Biesold

1 Einleitung

Die Bundeswehr nimmt nun seit über 15 Jahren im Rahmen ihres erweiterten Aufgabenspektrums an internationalen friedenssichernden Einsätzen teil. Begonnen haben die Auslandsmissionen mit dem rein sanitätsdienstlichen UN-Einsatz in Kambodscha 1992/1993 (UNTAC), wo die Bundeswehr das Feldlazarett für die insgesamt ca. 20 000 im Land eingesetzten UN-Soldaten und UN-Mitarbeiter betrieb und auch die Zivilbevölkerung mitversorgte. Es folgte 1993/94 der UN-Einsatz in Somalia. Seit 1994 bis heute stellt die Bundeswehr ein kleines Kontingent für eine UN-Beobachtermission in Georgien. Bei den ebenfalls immer noch laufenden Einsätzen auf dem Balkan (SFOR/EUFOR in Bosnien-Herzegowina seit Dezember 1996 und KFOR im Kosovo seit Juni 1999) sind derzeit insgesamt 2 640 Soldaten eingesetzt (Stand: März 2009). Den derzeitigen Schwerpunkt des militärischen Engagements im Ausland bildet seit Dezember 2001 der Afghanistan-Einsatz mit derzeit ca. 3 800 Soldaten, die in Usbekistan (Flugbasis Termez), der Hauptstadt Kabul und in der Nordregion in Mazar-e-Sharif, Kunduz und Feyzabad in regionalen Wiederaufbauteams eingesetzt sind. Die Möglichkeit einer weiteren Truppenverstärkung auf bis zu 4 500 Soldaten wurde durch den Bundestag beschlossen. Schließlich sind Bundeswehrsoldaten eingebunden in die UN-Beobachtermissionen im Sudan und Äthiopien. 2006 hatten am Kongo-Einsatz knapp 800 Soldaten in Libreville/Gabun und in Kinshasa, der Hauptstadt der Demokratischen Republik Kongo, teilgenommen. Darüber hinaus gab es den Marineeinsatz vor der Küste des Libanon, und Ende 2008 lief der Marineeinsatz zur Sicherung der Seewege gegen Piraten vor dem Horn von Afrika an.

2 Stressoren bei Peacekeeping-Missionen

Die besonderen Bedingungen der Frieden schaffenden oder sichernden internationalen Einsätze im Rahmen von UN-, NATO- und EU-Missionen stellen außergewöhnliche Anforderungen an die Soldaten der Bundeswehr. Sie werden mit Leichen und Verstümmelungen, mit Chaos und Zerstörung, unklaren Konfliktlagen, eventuell Gefangenschaft, mit fremden Kulturen, lang dauernder Trennung von zu Hause, dienstlicher Überforderung, aber auch Langeweile und Unterforderung konfrontiert. Oft und nicht zuletzt besteht die Be-

101

lastung in dem Gefühl totaler Hilflosigkeit gegenüber Not und Elend im Einsatzland.

Gesellschaftlicher Auftrag (humanitärer Einsatz) und persönliche Motivation (helfen wollen) stehen mitunter in deutlichem Gegensatz zu Einstellung und Haltung der Bevölkerung in den Hilfsgebieten. Manchmal werden die Soldaten als Besatzer gesehen oder geraten zwischen die Fronten rivalisierender Gruppen. Sie setzen ihr eigenes Leben oder ihre Gesundheit aufs Spiel. Nicht selten schlagen ihnen Ablehnung und Hass entgegen, und vereinzelt werden sie Opfer terroristischer Angriffe.

Aber auch im Heimatland treffen Soldaten der Bundeswehr oft auf Zweifel, Unverständnis, Gleichgültigkeit, ja, Ablehnung ihres Einsatzes. Nicht einmal bei den eigenen Kameraden zu Hause können sie immer auf Verständnis zählen, da diese ihre Arbeit in den Heimatverbänden mit erledigen mussten. Sie waren deshalb oft genug ebenfalls stark belastet, ohne dafür öffentliche Anerkennung in der Presse, Orden oder eine besondere Bezahlung zu erhalten. Und auch die eigene Partnerin oder die Familie können manchmal kaum verstehen und akzeptieren, was der Einzelne erlebt und wie sehr ihn dies verändert hat.

3   Belastungsreaktionen im militärischen Umfeld

Beim Erleben kurzfristiger oder länger dauernder Extremsituationen wird die Fähigkeit zur Verarbeitung der Belastungen oft überfordert. Eine derart intensive, überwältigende und desorganisierende Erfahrung zerstört Orientierungen und Halt gebende Selbst- und Weltbilder. In der Folge kommt es unter Umständen zur Entwicklung einer psychischen Störung, die sich schleichend (bei Dauerbelastung) oder akut (bei Extremerlebnissen) entwickeln kann. Sie tritt nicht selten verzögert auf und entfaltet ihre schädigende Wirkung oft erst dann, wenn der Einsatz oder das schädigende Ereignis längst vorbei sind oder die Betroffenen eventuell schon lange keine Soldaten mehr sind.

Die Erkrankungsrate der eingesetzten Soldaten an Posttraumatischen Belastungsstörungen (PTBS) nach Frieden schaffenden (UN-)Einsätzen liegt nach internationalen Untersuchungsergebnissen zwischen drei Prozent und acht Prozent je nach Einsatzland und Einsatzbelastungen. Sie kann bei spezifischen Belastungen merklich höher liegen – z. B. bei den niederländischen UN-Soldaten, die 1995 in Srebrenica/Bosnien-Herzegowina untätig bei dem Massaker zusehen mussten, gab es acht Prozent PTBS und 29 Prozent partielle PTBS (Teilsymptome).

Bei Kampfhandlungen steigen die Zahlen weiterhin deutlich an. Studien der US-Army (Hoge et al. 2004) an über 6 000 Soldaten in Afghanistan und im Irak haben ergeben, dass nach dem Irak-Einsatz 15,6 bis 17,1 Prozent und nach dem Afghanistan-Einsatz 11,2 Prozent der amerikanischen Soldaten an Depressionen, Angstzuständen oder Posttraumatischen Belastungsstörungen leiden. Fast alle Soldaten aus dem Irak-Einsatz waren selbst Opfer eines bewaffneten Angriffs, mussten Schusswaffen gebrauchen, hatten Kontakt mit Toten, und viele wurden Zeuge der Tötung oder schweren Verletzung von Kameraden.

Allerdings begaben sich nur 23 bis 40 Prozent der Soldaten mit behandlungsbedürftigen psychischen Störungen in fachkundige Betreuung. Der Grund dafür liegt in der Angst vor Stigmatisierung. Die Soldaten wollen nicht als weich gelten, fürchten den Verlust des Vertrauens ihrer Kameraden und der Vorgesetzten und haben Angst vor Laufbahnnachteilen. Nur 38 Prozent haben grundsätzlich kein Vertrauen in psychiatrische Hilfe, und lediglich 25 Prozent glauben überhaupt nicht an die Wirksamkeit psychiatrischer Unterstützung.

Wir wissen allerdings, dass es bei nicht behandelten PTBS zum Beispiel vermehrt zu dienstlichen Ausfallzeiten, einer erhöhten Anzahl vorzeitiger Dienstunfähigkeit, einer erhöhten Scheidungsrate, zu einer gehäuften Suchtentwicklungsrate und möglicherweise zu einer sozialen Desintegration kommen kann. Der Dienstherr steht also in seiner Fürsorgepflicht, genauso wie bei körperlichen Verletzungen.

4   Entstehung der Posttraumatischen Belastungsstörung

Differenzialdiagnostisch müssen wir unterscheiden zwischen einsatzbedingten psychischen Störungen (z. B. Anpassungsstörungen, Burn out, depressiven Reaktionen), entstanden durch die allgemeinen Stressoren des Einsatzes einerseits und den psychotraumatischen Störungen im engeren Sinne, die an das Erleben extrem belastender Ereignisse gebunden sind, andererseits. In der Internationalen Klassifikation psychischer Störungen der Weltgesundheitsorganisation ICD-10 (*International Classification of Diseases*) von 1991 sind die ‚Reaktionen auf schwere Belastungen und Anpassungsstörungen' in der Kategorie F 43 erfasst. Zu diesen Krankheitsbildern wird einleitend ausgeführt: „Zusammengefasst handelt es sich um Reaktionen, die als direkte Folge einer akuten schweren Belastung oder eines kontinuierlichen Traumas entstehen. Das belastende Ereignis oder die andauernde bedrohliche Situation sind der primäre und ausschlaggebende Kausalfaktor, und die Störung wäre ohne seine Einwirkung nicht entstanden." Es werden folgende Reaktionsbilder unterschieden: (1) Die akute Belastungsreaktion und (2) die Posttraumatische Belastungsstörung (PTBS). (Dilling/Mombour/Schmidt 1991)

5   Die akute Belastungsreaktion

Zunächst kommt es nach dem ‚Psychotrauma' häufig zu einer vorübergehenden Störung von beträchtlichem Schweregrad. Auch bei einem psychisch gesunden Menschen entwickelt sie sich als ‚Extrem-Stress-Reaktion' auf die außergewöhnliche Belastung. Nach dem anfänglichen Zustand von ‚Betäubung' werden Depression, Angst, Ärger, Verzweiflung, Überaktivität und Rückzug beobachtet. Diese Reaktion klingt meist ohne weitere Maßnahmen innerhalb von Stunden oder Tagen wieder ab, was man als eine Art ‚Selbstheilungsprozess' versteht. Ob es im weiteren Verlauf zu einer Stabilisierung im psychischen Befinden des Betroffenen kommt oder ob sich z. B. eine Posttraumatische Belastungsstörung entwickelt, ist von verschiedenen Faktoren abhängig, die den Heilungsprozess fördern oder behindern können. Sowohl Trauma abhängige, wie auch persönliche und insbesondere soziale Faktoren spielen dabei eine Rolle.

Abbildung 1: Faktoren bei der Entwicklung posttraumatischer psychischer Prozesse

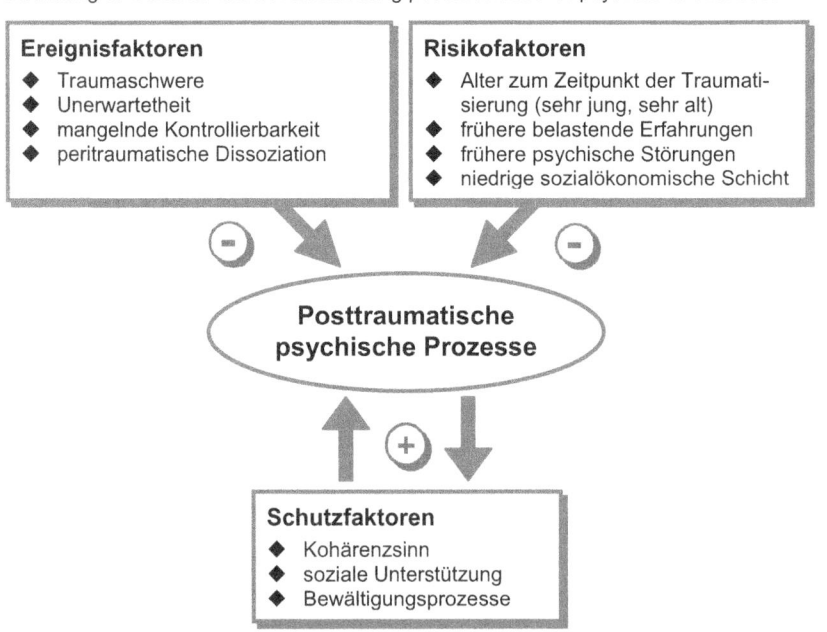

Quelle: Modifizierte Darstellung nach Maercker 2003: 24.

Ereignisfaktoren: Die Schwere eines Traumas und das Ausmaß der Folgen stehen in direktem Zusammenhang (‚Dosis-Wirkungs-Beziehung'). Die Unerwartetheit oder Plötzlichkeit ist ein weiterer Faktor, dessen negative Bedeutung für die Entstehung von PTBS in der Literatur gut belegt ist. Der Verlust der Kontrollierbarkeit, das heißt das Gefühl, während des Traumas völlig ausgeliefert zu sein und die Autonomie verloren zu haben, verschlechtert die Prognose des Verarbeitungsprozesses ebenfalls. Auch das Auftreten bzw. die Ausprägung peritraumatischer Dissoziationen (das sind Veränderungen des Bewusstseins, in der auf unterschiedliche Art normalerweise verbundene psychische Prozesse bis hin zur eigenen Identität als voneinander getrennt [‚dissoziiert'] erlebt werden – z. B. veränderte Zeit- oder Raumwahrnehmung, sich selbst als fremd erleben ‚wie in einem Film', Gedächtnislücken etc.) korrelieren mit dem Risiko, eine PTBS zu entwickeln.

Risikofaktoren: Jugendliches und sehr hohes Lebensalter, frühere traumatisierende Erfahrungen, psychiatrische Störungen in der Vergangenheit sowie niedrige sozioökonomische Schichtzugehörigkeit sind Risikofaktoren, die die Folgen der Extrembelastungen verstärken bzw. ihnen erst zur Manifestation verhelfen. Ob vor dem Trauma bestehende Persönlichkeitseigenschaften bzw. -merkmale eine Rolle spielen bzw. einen Prädiktor für die Entwicklung von PTBS darstellen, ist wiederholt untersucht worden, ohne dass sich Hinweise für diese Annahme ergeben haben.

Schutzfaktoren: Der Kohärenzsinn, d. h. die Fähigkeit, Geschehenes geistig einordnen, verstehen und ihm einen Sinn geben zu können, hat einen günstigen Einfluss darauf, Extrembelastungen eventuell ohne psychische Folgestörungen zu überstehen. Auch der Grad sozialer Unterstützung ist maßgeblich, wenn es darum geht, das Risiko, PTBS zu entwickeln, gering zu halten. Mit Bewältigungsprozessen, die ebenfalls Schutzfaktoren sind, sind die Fähigkeit und Möglichkeit über das Trauma zu reden, Arztbesuche oder andere Hilfe in Anspruch zu nehmen gemeint.

Zusätzlich belastend in der Verarbeitung ist die Annahme, in der Umgebung nicht darüber reden zu können, die Aufforderung, sich zusammenzureißen, und die möglicherweise ausbleibende Anerkennung durch öffentliche Funktionsträger und Arbeitgeber.

6   Die Posttraumatische Belastungsstörung (PTBS)

Nicht alle Belastungsreaktionen klingen nach ihrer akuten Phase wieder ab. Es kann sich als verzögerte oder protrahierte Reaktion auf das belastende Ereignis eine Posttraumatische Belastungsstörung entwickeln. Dabei treten Symptome nicht selten erst nach vielen Monaten, gelegentlich auch erst nach Jahren auf. Abgesehen davon versuchen die Betroffenen oft lange Zeit, mit ihren Problemen (Symptomen) alleine klarzukommen, insbesondere wenn sie wie die Soldaten aus einer Berufsgruppe stammen, in der sie Stigmatisierungen und berufliche Nachteile fürchten. Sie haben mitunter Angst als ,verrückt' zu gelten, wissen oft auch gar nicht, dass es Therapiemöglichkeiten gibt, so dass sie erst verzögert um Hilfe nachsuchen. Die Leiden spielen sich dann oft im Verborgenen und wenig spektakulär ab. Schamgefühle und Sprachlosigkeit auch im sozialen Umfeld (Familie/Kameradenkreis) erschweren die Integration in die ,Normalität'. Häufig folgen eine Ausgrenzung aus dem beruflichen und familiären Leben, Dienstunfähigkeit, eventuell Flucht in Alkohol oder Drogen als Selbstbehandlungsversuch und damit schließlich auch noch die moralische Abwertung durch das soziale Umfeld. Die Suizidrate ist unter psychisch Traumatisierten deutlich erhöht.

Um den Begriff des Traumas nicht inflationär für jeden Zwischenfall zu benutzen, definiert die ICD-10 es als „eine Situation außergewöhnlicher Bedrohung für die Sicherheit oder körperliche Unversehrtheit des Betroffenen oder anderer Personen, die bei fast jedem eine tiefe Verstörung hervorrufen würde (Katastrophen, Kampfhandlungen, schwere Unfälle, Zeuge gewaltsamen Todes, Opfer von Folterung, Terrorismus, Vergewaltigung" (Dilling/ Mombour/Schmidt 1991: Kap. V).

Abbildung 2: Symptome der Posttraumatischen Belastungsstörung

Wiedererinnerung
(Intrusion)

♦ Wiederholte aufdrängende Erinnerung oder Wiederinszenierungen der Ereignisse in Gedächtnis (Nachhallerinnerungen, Flashbacks), Tagträumen oder Träumen – mit heftigen Emotionen verbunden

Erhöhtes Erregungsniveau

♦ Zustand erhöhter vegetativer Übererregbarkeit mit Vigilanzsteigerung, übermäßiger Schreckhaftigkeit und Schlaflosigkeit

Rückzug
(Konstriktion)

♦ Andauerndes Gefühl von Betäubtsein und emotionaler Stumpfheit, Gleichgültigkeit und Teilnahmslosigkeit gegenüber anderen Menschen, Anhedonie
♦ Vermeidung von Aktivitäten und Situationen, die Erinnerungen an das Trauma wachrufen können,
♦ Angst und Depressionen mit Suizidgedanken, Alkoholmissbrauch und Drogenkonsum
♦ akute Ausbrüche von Angst, Panik, Aggression, ausgelöst durch Erinnerung/ Wiederholung des Traumas, sog. Triggern

Prämorbide Faktoren können den Verlauf beeinflussen, sind aber weder nötig noch ausreichend, um das Auftreten der Störung zu erklären. D. h. jeder auch psychisch stabile, gesunde Mensch kann davon betroffen werden, unabhängig von Dienstgrad, Vorbildung, Ausbildung und allgemeiner psychischer Belastbarkeit, wenn die traumatischen und peritraumatischen Verhältnisse entsprechend überwältigend sind. Es gilt die Regel: Eine Posttraumatische Belastungsstörung ist eine *angemessene Reaktion* einer *normalen Person* auf eine *unnormale pathogene Situation.* Typisch für die PTBS ist die Symptomtrias: Wiedererinnerung, erhöhtes Erregungsniveau und Rückzug.

Unbehandelt bleiben bei ungefähr der Hälfte der PTBS-Patienten die Symptome länger als ein Jahr bestehen, bei einem Drittel (das sind 10 Prozent aller Traumatisierten) mehr als 10 Jahre. Nach amerikanischen Untersuchungen litt noch 15 Jahre nach Ende des Vietnamkrieges sogar die Hälfte der eine Million traumatisierten amerikanischen Soldaten unter dem Vollbild einer PTBS (Kulka 1990).

7   Komorbidität

Die klinischen Erscheinungsbilder Trauma bedingter Störungen sind allerdings vielfältig und gehen über die oben genannte Symptomkonstellation der ‚klassischen' PTBS hinaus. Die Symptomatologie kann sich im Laufe des traumatischen Prozesses und der Verarbeitung des Traumas ändern. Nach einem zunächst vorliegenden typischen Bild einer PTBS kann dann z. B. vorübergehend eine Angstsymptomatik oder eine Depression im Vordergrund stehen oder eine Suchtproblematik auftreten. Man muss also daran denken, dass sich auch hinter zahlreichen anderen psychiatrischen Krankheitsbildern durch ein traumatisches Erleben verursachte Störungen verbergen können. Die Komorbiditätsrate mit anderen psychischen Störungen, insbesondere mit Depressionen, Angsterkrankungen und Sucht, beträgt fast 90 Prozent. Mittlerweile ist auch erwiesen, dass dissoziative Störungen, die bei 5 bis 15 Prozent aller psychiatrischen Patienten auftreten, fast alle durch psychische Traumatisierungen verursacht sind (Fiedler 2001).

8   Neurobiologie des Traumas

Es ist schon lange bekannt, dass psychische Traumatisierungen sowohl eine psychische als auch eine organische Komponente haben (*Physioneurosis* – Kardiner 1941), was sich heute auch durch den Nachweis neurobiologischer und endokrinologischer Veränderungen belegen lässt. Die normale Informationsverarbeitung im Gehirn geschieht durch ständige Filterung der hunderte

Millionen von Impulsen, die pro Minute das Gehirn aus der sensorischen Peripherie erreichen. Im Thalamus erfolgt eine Wertung in wichtig und unwichtig, und nur ein kleiner Teil der Informationen erreicht den Kortex bzw. das Bewusstsein. Die Zuordnung der Wichtigkeit einer Information – das Setzen einer Markierung auf die Info-Karteikarte – erfolgt in der Amygdala (Mandelkern). Die gefilterten Informationen werden dann in den sensorischen kortikalen Arealen modalitätenspezifisch verarbeitet, werden aber nach kurzer Zeit durch neu eintreffende Informationen überschrieben. Nur wenige wichtige (in der Amygdala kodierte) Informationen werden langfristig gespeichert. Sie werden im Hippocampus zeitlich, räumlich, inhaltlich geordnet und bilden eine ‚kognitive Weltkarte' und stehen für weitere Planungs- und Entscheidungsprozesse zur Verfügung.

Abbildung 3: Informationsverarbeitungsblockade bei psychischer Traumatisierung

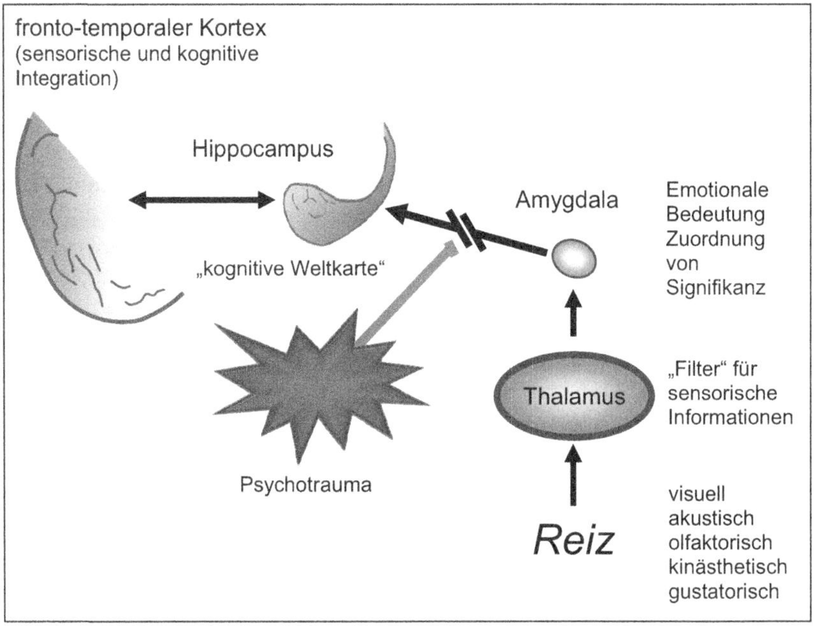

fronto-temporaler Kortex
(sensorische und kognitive Integration)

Hippocampus

„kognitive Weltkarte"

Amygdala

Emotionale Bedeutung Zuordnung von Signifikanz

Psychotrauma

Thalamus

„Filter" für sensorische Informationen

Reiz

visuell
akustisch
olfaktorisch
kinästhetisch
gustatorisch

Quelle: Eigene Darstellung.

Im Moment der Traumatisierung kommt es nun zu einer akuten Reizüberflutung des Gehirns mit massiver Aktivierung noradrenerger und corticotroper Systeme sowie endogene Opiate produzierender Systeme, die den kontinuierlichen Zustrom auch solcher eintreffender Informationen unterbrechen, die für das Überleben der erlebten akuten Lebensgefahr wichtig sind. Die Spätfolgen der Reizüberflutung und Unterbrechung des Informationsstroms, das ‚Steckenbleiben' in der traumatischen Situation – das ist die Wunde nach einer seelischen Traumatisierung – zeigen sich in Form der PTBS-Symptome. Die Informationsverarbeitungsprozesse werden blockiert. Die sensorische Information, die auch während eines traumatischen Ereignisses in der Schaltstelle des Thalamus zum Mandelkern weitergeleitet wird, bleibt im Umfeld dieses Erinnerungssystem praktisch ‚stecken'. Sie kann deshalb nicht in die weiteren Verarbeitungsmöglichkeiten des Hippocampus und Frontalhirns einbezogen, deshalb zu keiner ‚konstruktiven Erfahrung' verarbeitet werden.

Durch diese Blockierung wird der gespeicherten traumatischen Erinnerung keine Zeit- und Raumachse beigefügt. Der Betroffene erlebt die Flashbacks nicht wie Erinnerungen, sondern wie das akute Durchleben einer noch bestehenden Gefahrensituation, verbunden mit allen dazugehörigen Ängsten, vegetativen Reaktionen und Emotionen. Für ihn ist die traumatisierende Situation nicht vorbei, sobald erinnernde Umstände fragmentierte Informationen ‚triggern'. Es fällt den Betroffenen deshalb so schwer, das Erlebte ‚hinter sich zu lassen', es in einen biografischen Kontext einzufügen, wie man Bilder in ein Fotoalbum ordnen würde, um sie anzuschauen, wenn man will. Weiterhin scheint gesichert, dass das traumatische Gedächtnis nach dem ‚Alles-oder-Nichts'-Prinzip arbeitet. Traumatische Erinnerungen werden niemals gelöscht. Die Zeit allein heilt keine Wunden! Der Blick auf das Erlebte kann aber spontan oder durch geeignete therapeutische Maßnahmen in eine heilende, konstruktive Perspektive gerückt werden. Traumaopfer zeigen auch entsprechende messbare psychobiologische Veränderungen der Hypothalamus-Hypophysen-Nebennieren-Achse (HHNA), des noradrenergen Systems (Arousals/Schlafstörungen) und der endogenen Opiate. In Bild gebenden Verfahren zeigt sich bei PTBS-Patienten unter Provokationsbedingungen rechtslateral im Gyrus cinguli und in der Amygdala eine Erhöhung und linkslateral, insbesondere in der Broca-Region, eine Verminderung der Aktivität.

9   Psychosoziale Unterstützung im Rahmen der Bundeswehr

Zur frühzeitigen Intervention nach belastenden Ereignissen, die bei der Bundeswehr ja nicht nur im Rahmen der Auslandseinsätze auftreten können, sondern z. B. auch bei inländischen Katastrophen (z. B. Helfer beim ICE-Unglück von Eschede), wurden Kriseninterventionsteams (KIT) gebildet, die mit den Betroffenen Debriefings auf der Basis des Critical-Incident-Stress-Management (CISM) nach *Jeffrey T. Mitchell* durchführen können. Die Effektivität dieser CISM-Maßnahmen ist wissenschaftlich allerdings umstritten. Aus diesem Grunde wird innerhalb der Bundeswehr ein modifiziertes zielgruppenorientiertes Verfahren durchgeführt, zumal bei Großschadensereignissen eine Individualversorgung oft zunächst nicht möglich ist.

10 Das Konzept zur Bewältigung psychischer Belastungen

Die organisatorischen Einzelheiten des Verfahrens regelt das ‚Medizinisch-psychologische Stresskonzept der Bundeswehr'. Eine wesentliche stresspräventive Maßnahme ist natürlich zunächst eine realitätsnahe militärische Vorbereitung auf die Einsätze, wie sie in der Vorausbildung umgesetzt wird, gemäß dem alten Clausewitz-Zitat: „Es ist unendlich wichtig, das der Soldat, hoch oder niedrig, auf welcher Stufe er auch stehe, diejenigen Erscheinungen des Krieges, die ihn beim ersten mal in Verwunderung und Verlegenheit setzen, nicht erst im Krieg zum ersten mal sehe; sind sie ihm früher nur ein einziges Mal vorgekommen, so ist er schon halb damit vertraut." (Clausewitz 1999 [1832–1834]: 81) Die tragenden Säulen des Medizinisch-psychologischen Stress-Konzepts sind das Drei-Phasen-Modell und das Drei-Ebenen-Konzept.

Abbildung 4: Drei Phasen des Einsatzes

Phase 1 **Vor dem Einsatz** **(Vorbereitung)**	Phase 2 **Im Einsatz** **(Begleitung)**	Phase 3 **Nach dem Einsatz** **(Nachbereitung)**
Auseinandersetzung mit den zu erwartenden Belastungen	Erkennen akuter psychischer Belastungen/ Stressreaktionen	Reintegration
Maßnahmen zur Stärkung des inneren Gleichgewichts	Sofortmaßnahmen (z. B. CISM) zur Vermeidung von Folgeschäden (PTBS)	Erkennen und Behandeln von Folgeschäden (PTBS)
Organisatorische und administrative Maßnahmen zur Minimierung von Stressoren		

Das Drei-Phasen-Modell regelt die Maßnahmen in den verschiedenen Stadien (= Phasen) des Einsatzes: Einsatzvorbereitung, Einsatzdurchführung und Einsatznachbereitung.

| Phase 1
Vor dem Einsatz
(Vorbereitung) | Phase 2
Im Einsatz
(Begleitung) | Phase 3
Nach dem Einsatz
(Nachbereitung) |

Ebene 1
Selbst- und Kameradenhilfe; Hilfe durch Vorgesetzte; Peers

Ebene 2
Truppenarzt, Truppenpsychologe (unterstützt durch MilPfr, SozArb, Peers)

Ebene 3
Psychiater, Ärztlicher/Psychologischer Psychotherapeut

Das Drei-Ebenen-Konzept umfasst die Stufen (= Ebenen) der Hilfen bei psychischen Belastungen im Einsatz je nach Ausmaß und Notwendigkeit.

In der Einsatzvorbereitung liegt der Schwerpunkt in der Personenauswahl (persönliche Fitness, emotionale Stabilität) und militärischen Ausbildung (gezielte Informationen über Auftrag, Gefährdungsrisiko, Lebensbedingungen im Einsatz, gezielte Vorbereitung auf kritische Situationen durch Training in Rollenspielen) sowie in der persönlichen Schulung (Erkennen von Stress-Symptomen, Erlernen von Stressbewältigungsstrategien) und der Ausbildung der militärischen Führer (Führen unter Belastung, Gesprächsführung, Stressbewältigung).

In der Einsatzbegleitung kommt es auf das Erkennen und richtige Reagieren auf akute psychische Stressreaktionen an. Bei Critical Incidents soll durch Sofortmaßnahmen (z. B. Debriefings durch Fachkräfte) Folgeschäden vorgebeugt werden

Allgemeine Betreuungsmaßnahmen (Sport, Unterhaltungsangebote, Betreuungsfahrten, Kurzurlaub) dienen ebenfalls der Stressreduktion. Für die Angehörigen erfolgt eine Betreuung im Heimatland (Familienbetreuungszentren).

Bestandteil der Einsatznachbereitung sind die Rückkehreruntersuchungen durch die Truppenärzte einschließlich Durchführung einer psychologischen Befragung zu Stress- und PTBS-Symptomen. Je nach Bedarf erfolgt die Einleitung erforderlicher psychosozialer Betreuungsmaßnahmen (z. B. Rekreationskuren) oder einer gezielten Traumatherapie in einem Bundeswehrkrankenhaus. Darüber hinaus nehmen alle Soldaten nach dem Einsatz an einem Reintegrationsseminar teil, das über ein bis zwei Tage in Gruppen von ca. 20 Teilnehmern durch dafür ausgebildete ‚Moderatoren' durchgeführt und von Militärseelsorgern, Sozialarbeitern, Psychologen und ggf. auch Psychiatern unterstützt wird. Ziele sind dabei, emotionale Spannungen abzubauen, erlebte Störungen und Belastungen offen anzusprechen, sich auf die weitere Zukunft einzustellen (Dienst in der Heimat), bei Bedarf Angebot von Einzelgesprächen oder Partnerberatung und schließlich Erkennen von weiterem Betreuungs- oder Behandlungsbedarf.

Das umfassende Konzept soll sicherstellen, dass durch eine intensive Vorbereitung psychische Belastungen primär besser antizipiert werden, sekundär rechtzeitig erkannt und richtig abgebaut werden und tertiär – soweit erforderlich – einer adäquaten Behandlung zugeführt werden, so dass selbst bei Auftreten von Posttraumatischen Belastungsstörungen die Prognose für die seelische Gesundheit der Soldaten insgesamt als positiv eingeschätzt werden darf.

11 Traumatherapie

Der Schwerpunkt der Therapie Trauma bedingter Störungen liegt dabei eindeutig im psychotherapeutischen Bereich. Die psychische Traumatisierung entsteht durch das vitale Diskrepanzerlebnis zwischen bedrohlichen Situationsfaktoren und den individuellen Bewältigungsmöglichkeiten, das mit Gefühlen von Hilflosigkeit und schutzloser Preisgabe einhergeht. Es bewirkt eine dauerhafte Erschütterung von Selbst- und Weltverständnis: ‚Nichts ist mehr wie früher'. Die aktuelle Reizverarbeitungsfähigkeit des menschlichen Ich ist durch die Heftigkeit oder Plötzlichkeit des auslösenden Ereignisses massiv überfordert worden.

Der Betroffene leidet einerseits unter den *Intrusionen*, die gekennzeichnet sind von einer Reaktivierung der traumatischen Situation mit allen begleitenden Bildern, Worten, Affekten und Körpersensationen (Intrusionen sind keine gelassenen Erinnerungen, sondern Reaktivierungen), andererseits erleben Traumatisierte Phasen von *Konstriktion*: Sie sind emotional dumpf, anhedonisch, abgeflacht. Der Betroffene erlebt dies mit Angst, kann sich seinen Zustand nicht erklären. Wichtig ist ihm klar zu machen, dass es sich zunächst um eine ‚normale Reaktion', einer ‚normalen Person' auf eine unnormale pathogene Situation handelt. Er muss verstehen, was mit ihm geschieht. Diese ‚Psychoedukation' ist ein unverzichtbarer erster Schritt in der Beratung bzw. in der Therapie.

Bei einer ‚*natürlichen' Traumaverarbeitung* (d. h. auch ohne therapeutische Intervention) wechseln sich Phasen der Intrusion und der Konstriktion für kürzere oder längere Zeit von alleine ab. Dabei wird durch das Pendeln zwischen Gespräch und Ablenkung, Träumen und Alltagserleben das Trauma durchgearbeitet und in die bisherigen Lebenserfahrungen langsam und schrittweise integriert. Dieser Prozess ist aber sehr störanfällig. Das Ziel der Psychotherapie ist es nun, den Erholungsprozess und die Transformation der traumatischen Erfahrungen zu unterstützen. Die Trauma-Therapie bedient sich dabei spezifischer Verfahren, die auf das Krankheitsbild ausgerichtet sind. Die Traumaarbeit muss ressourcenorientiert sein, d. h. man muss den Patienten dort abholen, wo er ist, und mit den Mitteln und Möglichkeiten arbeiten, die er hat, um wieder Kontrolle und Orientierung zu erlangen und ein stabiles Selbstbild zu erhalten. Wichtig sind für die Betroffenen Verständnis und die Vermeidung von Retraumatisierungen durch Abwertung, Zweifel, Beschuldigung oder Verleugnung. Dabei verläuft die Traumatherapie in drei Schritten: (1) Stabilisierung; (2) Trauma-Bearbeitung und (3) Neuorientierung.

Abbildung 6 : Schritte der Traumatherapie

Stabilisierung

♦ **Herstellen von Sicherheit**
♦ **Erklärung der postexpositorischen Symptome als normale Folge der anomalen Situation** ('Psychoedukation')
♦ **Erlernen von Entspannungs- und Stabilisierungstechniken, imaginativen Verfahren**

Trauma-Bearbeitung durch

♦ **psychodynamisch eingebettetes EMDR** (Eye Movement Desensitization and Reprocessing) **nach Francine Shapiro** oder
♦ **PITT** (psychodynamisch-imaginative Traumatherapie) nach L. Reddemann
♦ **traumaorientierte Verhaltenstherapie**

Neuorientierung

♦ **Wiedergewinnung des Vertrauens in zwischenmenschliche Hilfe und Zuverlässigkeit, Aufbau gestörter Beziehungen**
♦ **Wiederherstellung der Identität und des Selbstverständnisses**
♦ **Transformation des Traumas** (Sinnfindung) **– z. B. soziales Engagement**

Es ist zu berücksichtigen, in welcher Phase des natürlichen Entwicklungsverlaufes sich der Patient befindet, d. h. wie lange die Traumatisierung zurückliegt. Präferenz hat immer die *Stabilisierung*. Sie muss der Trauma-Bearbeitung unbedingt vorausgehen, da sonst durch die Therapie Verschlechterungen hervorgerufen werden können. Imaginative und Entspannungsverfahren sind zentraler Bestandteil der Stabilisierungsarbeit. Die *Trauma-Bearbeitung* muss in Einzeltherapie erfolgen und kann sich dabei unterschiedlicher Ver-

113

fahren (EMDR, MPTT, VT) bedienen. Das Therapieprogramm soll darüber hinaus begleitet werden von Körpertherapie und Ergotherapie. Der Therapieverlauf ist allerdings nicht nur abhängig von der Schwere des Traumas, sondern auch von der Stabilität der Persönlichkeit (Ich-Stärke) und der stützenden Umfeldfaktoren (familiäre Beziehungen, Arbeitsplatz etc.).

12   EMDR[1] – ein ‚High-Speed-Verfahren'?

Wir setzen in unserer Klinik in der Trauma-Bearbeitung seit mehreren Jahren erfolgreich EMDR ein. Das Verfahren wurde 1989 – 1991 von *Dr. Francine Shapiro* vom Mental Research Institute, Palo Alto (Kalifornien) aufgrund eigener Erfahrungen entwickelt. Obwohl der Wirkmechanismus bis heute noch nicht sicher geklärt ist, zeigen seither durchgeführte Studien und Einzelfallberichte deutliche Therapieerfolge. EMDR ist eine gut empirisch validierte Form der Traumatherapie. Sie wurde mit eindrucksvollen Ergebnissen eingesetzt in der Behandlung von Vietnam-Veteranen und in den USA 1997 offiziell als Therapiemethode anerkannt. EMDR ist ein Therapieverfahren, das nur von vollständig ausgebildeten und bereits erfahrenen Psychotherapeuten nach einer qualifizierten Zusatzausbildung eingesetzt werden sollte. Dabei werden EMDR-Sitzungen in eine psychodynamische Therapie eingebettet.

Durch die Therapie soll eine Integration der dissoziierten Einzelkomponenten des Traumas, d. h. eine Traumaverarbeitung erreicht werden. Unter anderem werden steckengebliebene Rechts-Links-hirnige Verarbeitungsprozesse durch induzierte Augenbewegungen wieder in Gang gesetzt, wie dies ja wohl auch in den REM-Phasen des Nachtschlafs passiert. In der Kernphase des EMDR wird der Patient aufgefordert, sich auf das mit dem Trauma am stärksten verknüpfte Erinnerungsbild zu konzentrieren und dies mit einer damit verbundenen Selbstaussage und einem Körperempfinden zu verbinden. Es folgen dann die wiederholten Augenbewegungen, die durch Finger-Hand-Bewegungen des Therapeuten induziert werden. Durch dieses Desensibilisieren/Prozessieren verändern sich häufig die ‚Bilder', eventuell treten auch Assoziationsketten mit anderen Erinnerungen auf. Mit der Zeit kommt es zu einer Änderung der Wahrnehmung der Ereignisse, der damit verbundenen falschen Kognitionen und Emotionen und somit zu einer Lockerung der traumatischen Fixierung. Die Therapie-Effekte werden bei jedem Patienten durch die Anwendung von Skalen überprüft. In den Therapiesitzungen können mitunter heftige vegetative und motorische Abreaktionen erfolgen, die einen erfahrenen Therapeuten fordern können.

---

1   Eye Movement Desensitization and Reprocessing nach Francine Shapiro.

Die klinischen Ergebnisse sind eindrucksvoll, auch für Therapeuten mit langjähriger Berufserfahrung überraschend, zum Teil verblüffend, so dass in der EMDR-Selbsterfahrung ein Psychoanalytiker wegen der schnell auftretenden Erinnerungsbilder einmal die Bezeichnung ‚High-Speed-Analyse' für das Verfahren benutzt hat. Patienten mit Typ-I-Traumen[2], benötigen oft nur wenige EMDR-Sitzungen, um die zuvor sehr quälende Symptomatik wieder loszuwerden.

13   Pharmakotherapie kann nur unterstützen

Posttraumatische Störungen sind pharmakotherapeutisch nur schwer zu behandelnde Erkrankungen. Die Pharmakotherapie ist auf die jeweils im Vordergrund stehenden Symptome auszurichten. Ein Spezifikum zur Behandlung der PTBS gibt es nicht. Insbesondere die flashbacks und die Alpträume sind schlecht zu beeinflussen. Leider ist das wirksamste ‚Therapeutikum' immer noch der Alkohol, was auch die häufigen sekundären Alkoholabhängigkeiten erklärt. Gute Therapieerfahrungen liegen mit der Anwendung antidepressiv wirksamer Selektiver Serotonin-Wiederaufnahmehemmer (SSRI), die heute die Mittel der ersten Wahl sind, und Serotonin-Noradrenalin-Wiederaufnahmehemmer (SSNRI) vor. Empirische Berichte gibt es ebenfalls über MAO-Hemmer Typ A sowie Tranquilizer, Anxiolytika, Antikonvulsiva, Lithium, atypischen Neuroleptika und Opiat-Antagonisten. Der Einsatz von Psychopharmaka sollte nur bei PTB-Syndromen mit ausgeprägter klinischer Symptomatik in Betracht gezogen werden bzw. wenn bisherige psychotherapeutische Bemühungen erfolglos geblieben sind oder Psychotherapie nicht möglich ist.

14   Besonderheiten der ambulanten und stationären Behandlung im Rahmen der Bundeswehr

Aus dem spezifischen militärischen Berufsfeld ergeben sich einige Unterschiede zum zivilen Bereich, die überwiegend aus psychosozialen Gründen zu berücksichtigen sind. Der Soldatenberuf ist mit außergewöhnlichen körperlichen und seelischen Belastungen und Gefahren verbunden und stellt somit erhöhte Anforderungen an die physische und psychische Belastbarkeit

---

2   Typ-I-Traumen sind kurzdauernde traumatische Ereignisse, die meist durch akute Lebensgefahr, Plötzlichkeit und Überraschung gekennzeichnet sind. Typ-II-Traumen sind länger dauernde wiederholte Traumen mit Serien verschiedener traumatischer Einzelereignisse und geringer Vorhersagbarkeit des weiteren traumatischen Geschehens.

und Leistungsfähigkeit. Dementsprechend ausgerichtet ist auch das Selbstbild und Selbstverständnis der Soldaten. Dies bedeutet, dass sich die Störungen im Bereich der physischen und psychischen Belastbarkeit, hervorgerufen durch eine psychische Traumatisierung, auf die weitere berufliche Entwicklung gravierend auswirken können. Eine Traumatisierung bedeutet auch immer das Auftreten einer Bruchstelle in der Identität, ausgelöst durch den Verlust der Gesundheit, des Selbstbildes, der sozialen Unterstützung und der Motivation. Aus diesem Grunde wird in der sanitätsdienstlichen Versorgung im Allgemeinen den präventiven Aspekten der Krankheitsverhütung, aber auch der Vorbeugung langer Krankheitsverläufe und Chronifizierung hoher Stellenwert beigemessen.

Soldaten bevorzugen in der Regel eine Versorgung in Bundeswehreinrichtungen, da hier die spezifischen Kenntnisse über Einsatzgegebenheiten, Einsatzgefahren und Traumatisierungen sowie über militärische Alltagsanforderungen vorhanden sind. Allerdings verfügt die Bundeswehr derzeit nur noch über vier Bundeswehrkrankenhäuser, in denen eine Traumatherapie angeboten werden kann. Eine engmaschige regionalisierte Versorgung in der Nähe der Dienst- und/oder Wohnorte, die gleichzeitig auch ein profundes Erfahrungswissen des militärischen Lebensfeldes einbringen kann, ist damit so nicht zu leisten. Der Aufbau eines flächendeckenden Netzwerkes psychiatrisch-psychotherapeutischer Ambulanzen in Fachsanitätszentren, das mehr Möglichkeiten zur Durchführung ambulanter Psychotherapien durch Bundeswehrärzte bietet, ist zurzeit in der Planung.

In unserem stationären Setting in Hamburg hat es sich bewährt, die Patienten zu einem einwöchigen diagnostischen Aufenthalt einzubestellen. Dabei wird der therapeutische Aufwand abgeschätzt, der Aufbau einer belastbaren Vertrauensbeziehung eingeleitet sowie das Krankheitsmodell erklärt. Der Betroffene erhält eine Einweisung in das therapeutische Vorgehen. Für die eigentliche Therapiephase wird ein ca. sechs- bis achtwöchiger Aufenthalt eingeplant, der je nach Therapieverlauf verkürzt, verlängert oder durch eine oder mehrere weitere stationäre Therapiesequenzen ergänzt werden kann. Eine ambulante Nachbetreuung ist gewährleistet.

14.1 *Normalisierung und Psychoedukation*

Dem Betroffenen wird vermittelt, dass es sich bei seiner Störung um eine ,normale Reaktion', einer ,normalen Person' auf eine unnormale, d. h. pathogene Situation handelt. Die Zusammenhänge zwischen Extremsituation und Stressreaktion müssen Adressaten gerecht vermittelt werden. Diese ,Psychoedukation' ist ein unverzichtbarer Schritt.

14.2 Adressieren an die Besonderheit des Berufs

Es hat sich in unserer Arbeit mit Soldaten, Feuerwehr-Leuten, Polizisten, Justizvollzugs-Angestellten und Angehörigen anderer ‚Gefahrenberufe' als günstig erwiesen, das Besondere dieser Berufssituation zu betonen, indem wir hervorheben, dass der Betroffene seine Traumatisierung gerade deshalb erfahren hat, weil er standhält und handelt, wo viele andere Menschen weglaufen oder gelähmt reagieren. Oft führt dies allein schon zu einer spontanen Entlastung, weil es die quälende Störung in einen positiven, wenn man so will ‚starken' Kontext einbindet, mit dem sich die Patienten identifizieren, der zu ihrer ‚corporate identity' gehört.

14.3 Würdigen der Bewältigungsversuche

Sehr früh werden auch die bisherigen Bewältigungsversuche angesprochen und auch dann positiv bewertet, wenn sie von außen gesehen nicht gelungen erschienen. Diese Reaktionen sind Versuche, den verlorenen Zustand ‚vor dem Trauma' wiederherzustellen. So ist es durchaus funktional, wenn ein Soldat, der während des Einsatzes im Schlaf verletzt worden ist, mit Überwachheit, Unruhe bei Dunkelheit und Schlafstörungen reagiert. Dies hat die Funktion, ihn vor erneuter Gefahr zu schützen.

14.4 Äußere Belastungsfaktoren

Hilfestellung bei äußeren Belastungsfaktoren, die in der Stabilisierungsphase viel seelische Energie beanspruchen würden (Beerdigung, anstehende Gerichtsverfahren, Straferwartung, finanzielle Not, unversorgte Angehörige etc.), macht gelegentlich die Einschaltung von Sozialdiensten und Militärseelsorge erforderlich. Dem Aspekt (mangelnder) Fürsorge kommt eine eminent wichtige Bedeutung zu. Jeder Soldat vertraut darauf, dass er von seinem Dienstherrn unterstützt wird, wenn er bei der Ausübung seines Dienstes Schaden nimmt. Wird diese Erwartung enttäuscht, kommt es nicht selten zu tiefer Verbitterung, die die Chronifizierung der PTBS bewirkt. Der Betroffene empfindet seinen Einsatz und damit seine Person entwertet, reagiert mit Depression, Hass und psychosomatischen Störungen. Zu der Belastung der traumatisierenden Situation addiert sich das bittere Gefühl, verraten worden zu sein.

Imaginative und Entspannungsverfahren sind zentraler Bestandteil unserer Stabilisierungsarbeit. Sie haben das Ziel, die Verarbeitungskapazität des Patienten zu stützen oder zu verbessern. Hierzu gehören Selbstkontrolltechniken und Entspannungsverfahren zur Erregungskontrolle (autogenes Training, Jacobsen-Entspannung, Lichtstromtechnik, Selbstinstruktionstechniken etc.), aber auch imaginativer Ressourcenaufbau (innere Helfer, Baumübung etc.).

15   Traumabearbeitung – Konfrontation

Die *Traumabearbeitung* erfolgt in Einzeltherapie und bedient sich dabei unterschiedlicher Verfahren (insbesondere EMDR, kognitiver Verhaltenstherapie, psychodynamischer Verfahren, Imaginativer Distanzierungs- und Dosierungstechniken). Die Zahl der PTBS-Fälle steigt seit 1996 stetig an. 1999/2000 war dies fast ausschließlich auf die relativ große Anzahl von Soldaten aus dem Kosovo-Einsatz zurückzuführen, die die Erlebnisse und Eindrücke aus ihrem Einsatz nicht mehr verarbeiten konnten. Seit 2002 rekrutiert sich der überwiegende Teil der Betroffenen aus den Afghanistan-Kontingenten. Von 2006 bis 2008 hat sich die Zahl der Betroffenen vervierfacht. Handelte es sich um Typ-I-Traumata von Soldaten, bei denen die Konstellation von Ereignis-, Risiko- und Schutzfaktoren relativ günstig waren, so waren die notwendigen Interventionen entsprechend kurzzeitig, um zu einer stabilen Distanzierung vom Erlebten zu gelangen.

Insgesamt ist es unsere Erfahrung, dass die Behandlung der Soldaten innerhalb einer Bundeswehreinrichtung für die traumatisierten Soldaten und Soldatinnen deutliche Vorteile mit sich bringt. Durch die mögliche Zusammenarbeit mit Angehörigen, Kameraden und Vorgesetzten sowie den Verbindungen zu personalführenden Stellen bestehen günstige Bedingungen zur beruflichen Wiedereingliederung. Für die Einschätzung der traumatisierenden Auslöser oder Stressbelastungen im Rahmen der Therapie oder zur Begutachtung der Wehrdienstbeschädigung verfügen wir im Bundeswehrkrankenhaus über intensive Kenntnisse des beruflichen Umfeldes der Patienten, nicht zuletzt auch aus eigenen Einsatzerfahrungen heraus. Unsere Bemühungen zielen darauf, den deutschen Soldaten, die traumatisiert aus dem Einsatz zurückkehren, effektive Hilfe dabei zu leisten, in die ‚Normalität' zurückzufinden. Die bisherigen Erfahrungen belegen, dass dies möglich ist, wenn die notwendige personelle, materielle und organisatorische Unterstützung gewährleistet wird.

Literatur

Barre, Klaus M. (2001): Therapie von einsatzbedingten Posttraumatischen Belastungsstörungen: Zwei Fallbeispiele. In: Puzicha/Hansen/Weber (Hrsg.) 2001: 383–390.

Barre, Klaus M./Biesold, Karl-Heinz (2001): Medizinisch-psychologische Behandlung von Posttraumatischen Belastungsstörungen. In: Puzicha/ Hansen/Weber (Hrsg.) 2001: 369–382.

Barre, Klaus M./Biesold, Karl-Heinz (2002): Therapie psychischer Traumatisierungen bei Soldaten der Bundeswehr. In: Praxis Klinische Verhaltensmedizin und Rehabilitation, 57.

Biesold, Karl-Heinz (2001): Therapie einsatzbedingter psychischer Störungen im Bundeswehrkrankenhaus Hamburg. In: Willy/Meiners/Gerngroß (Hrsg) 2001: 336–347.

Biesold, Karl-Heinz (2002): Wenn die Bilder nicht mehr weichen – Psychotraumatologie. In: Wehrmedizin und Wehrpharmazie, 1, 14–15.

Biesold, Karl-Heinz/Barre, Klaus M. (2002a): Auswirkungen von Stress und Traumatisierungen bei Soldaten der Bundeswehr. In: Praxis Klinische Verhaltensmedizin und Rehabilitation, 57, 43–46.

Biesold, Karl-Heinz/Barre, Klaus M. (2002b): Diagnostik einsatzbedingter psychischer Störungen bei Soldaten der Bundeswehr. In: Wehrmedizin und Wehrpharmazie, 1, 28–32.

Clausewitz, Carl von (1999 [1832–1834]): Vom Kriege. Essen: Mundus Verlag.

Danieli, Yael (Hrsg.) (2001): Sharing the Frontline and the Back Hills: International Protectors and Providers. New York: Baywood Publishing.

Dilling, Horst/Mombour, Werner/Schmidt, M. H. (Hrsg) (1991): Internationale Klassifikation psychischer Störungen: ICD-10, Kapitel V (F) Klinisch-diagnostische Leitlinien. Weltgesundheitsorganisation. Bern: Huber.

Ehlert, Ulrike/Wagner, D./Heinrichs, M./Heim, C. (1999): Psychobiologische Aspekte der Posttraumatischen Belastungsstörung. In: Der Nervenarzt, 70, 773–779.

Fiedler, Peter (2001): Dissoziative Störungen und Konversion. Weinheim: Beltz.

Fischer, Gottfried/Riedesser, Peter (1998): Lehrbuch der Psychotraumatologie. München: UTB (Reinhardt).

Fischer, Gottfried/Becker-Fischer, Monika/Düchting, C. (1998): Neue Wege in der Hilfe für Gewaltopfer. Ergebnisse und Verfahrensvorschläge aus dem Kölner Opferhilfe Modell (KOM). Düsseldorf: Ministerium für Arbeit, Gesundheit und Soziales des Landes Nordrhein-Westfalen.

Hofmann, Arne (1999): EMDR in der Therapie psychotraumatischer Belastungssyndrome. Stuttgart: Thieme.

Hoge, Charles W./Castro, Carl A./Messer, Stephen C. (2004): Combat Duty in Iraq and Afghanistan, Mental Health Problems, and Barriers to Care. In: New England Journal of Medicine, 351, 13–22.

Kardiner, Abraham (1941): The Traumatic Neuroses of War. New York: Hoeber.

Kolk, Bessel van der/McFarlane, Alexander/Weisaeth, Lars (Hrsg.) (2000): Traumatic Stress. Paderborn: Junfermann.

Kulka, Richard A./Schlenger, William E./Fairbank, John A. et al. (1990): Trauma and the Vietnam War Generation. New York: Brunner & Mazel.

Maercker, Andreas (Hrsg.) (2003): Therapie der posttraumatischen Belastungsstörungen. Berlin: Springer.

Mitchell, Jeffrey T./Everly, George S. (1998): Stressbearbeitung nach belastenden Ereignissen. Edewecht: Stumpf & Kossendey Verlag.

Puzicha, Klaus J./Hansen, Dieter/Weber, Wolfgang W. (Hrsg.) (2001): Psychologie für Einsatz und Notfall. Internationale truppenpsychologische Erfahrungen mit Auslandseinsätzen, Unglücksfällen, Katastrophen. Bonn: Bernard & Graefe Verlag.

Shay, Jonathan (1998): Achill in Vietnam: Kampftrauma und Persönlichkeitsverlust. Hamburg: Hamburger Edition.

Weerts, Jos M. P. (2001): Studies on Military Peacekeepers. In: Danieli (Hrsg.) 2001: 31–48.

Willy, Christian/Meiners, Stefan/Gerngroß, Heinz (Hrsg.) (2001): Einsatzmedizin – Medizin im Einsatz. Standortbestimmung, Chancen, Risiken. (Beiträge Wehrmedizin und Wehrpharmazie Bd. 15) Erbach: Point-Verlag.

Wothe, Klaus (2001): Belastungsfaktoren im Einsatz. In: Puzicha/Hansen/Weber (Hrsg.) 2001: 65–71.

Zimmermann, Peter/Güse, U./Barre, Klaus M./Biesold, Karl-Heinz (2005): EMDR-Therapie in der Bundeswehr – Untersuchung zur Wirksamkeit bei Posttraumatischen Belastungsstörungen. In: Krankenhauspsychiatrie, 16: 2, 57–63.

Probleme der Transformation und das neue Bild des Soldaten

Wilfried von Bredow

1 Einleitung

Hauptsächlich wegen seiner Griffigkeit steht der Terminus Transformation im Mittelpunkt zahlreicher Überlegungen über die Weiterentwicklung der Streitkräfte und ihre Anpassung an ein neues Aufgabenprofil. Die Definition im Weißbuch 2006, welches der Transformation eins von seinen acht Kapiteln widmet, heißt: „Transformation ist die vorausschauende Gestaltung eines fortlaufenden Prozesses zur Anpassung an die sich permanent verändernden Rahmenbedingungen, mit dem Ziel, die Wirksamkeit der Bundeswehr im Einsatz zu erhöhen." (BMVg 2006: 103) Richtig viel ist damit noch nicht gesagt. Man könnte lakonisch darauf hinweisen, dass derlei, nämlich die Veränderungen der Rahmenbedingungen zur Kenntnis zu nehmen, möglichst auch Veränderungstrends zu erkennen, die eigene Organisation, ihre Strukturen, Ausbildungsrichtlinien, Bewaffnung und Ausrüstung sowie die Einsatzgrundsätze auf allen Ebenen durch Anpassung an diese Veränderungen des Umfeldes zu optimieren, dass all dies ja doch eigentlich eine ständige Aufgabe von Streitkräften war und ist.[1]

Im konkreten historischen Fall bedeutet nun Transformation allerdings etwas ziemlich Dramatisches, speziell für die Bundeswehr, die ja anders als etwa die Streitkräfte der Vereinigten Staaten, Großbritanniens, Frankreichs, aber auch von kleineren Staaten wie Belgien oder die Niederlande bis in die 1990er-Jahre über keine Kampferfahrung verfügte. Eine ‚Armee im Einsatz' war sie ebenfalls, wenn es sich dabei auch um einen Einsatz im Kontext von nuklearer Abschreckung handelte. Auf den Verteidigungskampf für den Fall des Versagens der Abschreckung bereitete sich die Bundeswehr auch vor. Aber erstens blieb es bei der Vorbereitung, und zweitens diente dies in erster Linie dazu, die Glaubwürdigkeit der Abschreckung zu erhöhen.

Die Notwendigkeit einer Transformation ergab sich mit dem Ende des Ost-West-Konflikts. Das war nun in der Tat eine wuchtige und sich schubartig ergebende Veränderung der Rahmenbedingungen, übrigens eine, die von den Experten so gut wie gar nicht vorhergesehen wurde. Treten solche Ereignisse in der Politik auf, dann bewirken sie in der Regel nicht automatisch ei-

---

[1] Insofern hat der damalige Generalinspekteur recht, wenn er schreibt: „Die Grundidee der Transformation, also die Bundeswehr an den sicherheitspolitischen Entwicklungen ausgerichtet weiterzuentwickeln, ist unverändert richtig." (Schneiderhan 2008: 19) Aber Selbstverständliches zu postulieren, ist noch keine Erkenntnis.

nen unverzüglichen Anpassungsprozess, vielmehr lassen sich kürzere oder längere Übergangszeiten nicht vermeiden. Die Umstellung auf die neue Lage, zumal wenn sie sich relativ unübersichtlich darstellt, fällt den Individuen schwer – und Organisationen auch. Was die Sicherheitspolitik der Bundesrepublik Deutschland betrifft und die Anpassung der Bundeswehr, kann man von „Reform-Kaskaden" sprechen (Bredow 2008: Kap. 13). Je nach der Erwartungshaltung, politischen Einstellungen und dem jeweiligen Ausmaß an Geduld wird man die Geschwindigkeit des bisherigen Transformationsprozesses der Bundeswehr unterschiedlich bewerten. Die Urteile reichen von zäh und holprig bis zu erstaunlich effizient. Unabhängig von dieser Debatte gibt es auf der sicherheitspolitischen Ebene, das sei aber nur en passant erwähnt, auch eine über die Richtung der Transformation. Eine in sich recht heterogene Minderheit (die sogar ein wenig in die Bundeswehr selbst hineinreicht) kritisiert diese Richtung, meist allerdings mit überzogenen Argumenten.[2]

2 Probleme der Transformation

Die Gangart der Transformation der Bundeswehr hat spätestens seit der Mitte der 1990er-Jahre und dann noch einmal 2003/2004 kräftig angezogen. Da ist es nützlich, nach den Problemen dieses Prozesses zu fragen. Zwei Fragen erscheinen mir in diesem Zusammenhang besonders wichtig:

• Wo liegen potenzielle und aktuelle Störfaktoren, die der Transformation viel von ihrer Wirkung nehmen und sie schlimmstenfalls ins kostspielig Leere laufen lassen können?
• Wie ist das Verhältnis von organisationsinterner Transformation und deren Wahrnehmung in der Gesellschaft?

Auf die erste Frage will ich im Folgenden nur kursorisch antworten, um mich dann mit der zweiten zu beschäftigen, die ergänzt werden soll um eine andere, um die es dann in der Hauptsache geht:

• Welches Bild von den Transformations-Streitkräften und welches Bild vom Soldaten soll die Bundeswehr in die Gesellschaft projizieren?

---

2 Das *catch-word* für die von links kommende Kritik lautet dabei Militarisierung der Außenpolitik. Sie wird innerhalb der Bundeswehr nur von wenigen Außenseitern vertreten, aber durchaus medienwirksam (Jürgen Rose; Darmstädter Signal).

2.1 Störfaktoren

Transformation ist ein Vorgang, bei dem es um ganz unterschiedliche Inhalte gehen kann. Auf der inhaltlichen Ebene müssen ganz allgemein zwei Störfaktoren aufgezählt werden, die Probleme schaffen können.

• Die ‚Anpassung an die Rahmenbedingungen' kann schief laufen, wenn diese Rahmenbedingungen nicht adäquat wahrgenommen werden. So sind von der nachdrücklich transformations-orientierten Pentagon-Führung unter Donald Rumsfeld einige Aspekte traditioneller Kriegführung zugunsten einer Präferenz für modernste Technologien derart vernachlässigt worden, dass es im Irak und in Afghanistan zu erheblichen Friktionen gekommen ist.

• Noch viel komplizierter und fehleranfälliger ist die ‚vorausschauende Anpassung', was unmittelbar einleuchtet.

• Aus beidem ergibt sich ein dritter Störfaktor, nämlich eine binnenorganisatorische Unsicherheit als Folge von unterschiedlichen Auffassungen über inhaltliche Schwerpunkte. Innere Widerstände gegen Wandel und Veränderungen muss jede Organisation verkraften. Aber wenn Wandel und Veränderungen in hohem Tempo verlangt werden, kann das unfreiwillig eine Gegenhaltung, eine Art störrische Stagnation bewirken.

• Ein vierter Störfaktor hat mit dem Umfeld zu tun, aus dem heraus die Streitkräfte erwachsen und das sie trägt, der Gesellschaft. Wenn nämlich im politischen Diskurs der Gesellschaft die Rahmenbedingungen, an die sich die Streitkräfte vorausschauend anzupassen aufgefordert sehen, in anderer Weise interpretiert werden als in den Streitkräften und im engeren sicherheitspolitischen Diskurs, dann sind zivil-militärische Missverständnisse, *time lags*, kognitive Dissonanzen und unter Umständen sogar Gefährdungen für die Integration der Streitkräfte in die Gesellschaft nicht von vornherein auszuschließen.

Nun soll hier nicht der Teufel an die Wand gemalt werden. Aber der Verlauf des öffentlichen Diskurses über Bundeswehreinsätze im Rahmen multinationaler Stabilisierungsmissionen und, verkürzt gesagt, das allenthalben anzutreffende Unverständnis über deren Ursachen und Implikationen, stimmen nachdenklich. Und versteht man unter ‚vorausschauender Anpassung' nicht auch das präventive Hinwirken darauf, dass es zu solchen Kommunikationsproblemen mit der demokratischen Öffentlichkeit möglichst gar nicht erst kommt?

Die vielfach wiederholte, gewiss auch glaubwürdige und eine innere Überzeugung widerspiegelnde Berufung der Bundeswehrführung auf die Innere
Führung[3] als der Garantie für eine „enge und bewährte Verankerung in der
deutschen Gesellschaft" (BMVg 2006: 80) bleibt dennoch merkwürdig abge-
hoben von den neuen Gegebenheiten für den Einsatz der Bundeswehr.

Eine zugespitzt formulierte, aber brillante Kritik an den Defiziten der gesellschaftlichen Verankerung der Transformation der Bundeswehr stammt
von dem Politikwissenschaftler Klaus Naumann. Die provozierende Grund-
these seines jüngsten Buches lautet: „Die politische Klasse der Berliner Republik verfügt nicht über die notwendige Fähigkeit zu strategischem Handeln." (Naumann 2008: 14) Ablesen kann man das unter anderem an den
Umfragedaten über Auslandseinsätze der Bundeswehr, an den halb trotzigen,
halb panischen Reaktionen auf bestimmte ‚besondere Vorkommnisse' sowie
an der inzwischen mühselig in Gang gekommenen Debatte über den ‚Sinn'
des Soldatentodes deutscher Soldaten in Afghanistan.

Was passiert also, wenn die professionelle Transformation der Bundeswehr kräftig voranschreitet, aber in der Öffentlichkeit weder ihre Notwendigkeit noch die damit verbundenen Maßnahmen angemessen wahrgenommen
und akzeptiert werden? Verkümmern dann die Verankerungsmechanismen,
welche die Bundeswehr in enger Verbindung mit der (sich im Übrigen ja
ebenfalls wandelnden) zivilen Gesellschaft halten, und das ausgerechnet in
einem Moment, in dem eine zivil-militärische Kooperations-Professionalität
für die neuen Einsätze entwickelt werden muss?

So, wie es nach Naumann hierzulande eine ‚Politikbedürftigkeit des Militärischen' als Desiderat gibt, so gibt es auch eine ‚Gesellschaftsbedürftigkeit
der Transformation'. Bleibt diese Ebene bei den Planungen und Maßnahmen
der Transformation unberücksichtigt oder wird sie sozusagen in eine *ceteris
paribus*-Formel geschoben, dann, so meine These, wird es erhebliche Probleme geben. Dabei ist zu unterscheiden zwischen einer völlig legitimen, ja
erwünschten öffentlichen Debatte, die sich auch kritisch mit den jeweiligen
Einsätzen befasst und dabei auch skeptische bis ablehnende Stimmen umfasst, und einer hilflosen bis unproduktiven Debatte, die gar nicht bis zu dem
Kern einer Pro- und Contra-Argumentation vorstoßen kann, weil die Begriffe
und die Sprache, die benutzt werden, aus politischer Rücksichtnahme, PR-
Verbrämung, rückwärtsgewandter Verkennung wesentlicher Sachverhalte

---

3   Der Titel einer jüngeren Veröffentlichung zur Inneren Führung aus dem Institut für Frie-
     densforschung und Sicherheitspolitik an der Universität Hamburg (ISFH) schießt weit übers
     Ziel hinaus: „Zurückgestutzt, sinnentleert, unverstanden" (Bald et al. 2008).

oder aus anderen Gründen das, worum es geht, am liebsten gar nicht richtig sichtbar werden lässt.

3 Das Bild der Streitkräfte und das Bild des Soldaten

Zwar ist es naheliegend, wenn die Bundeswehr bei ihren sicherheitspolitischen Zukunftsanalysen, sofern es dabei um zivilgesellschaftliche Aspekte geht, insbesondere die Verwundbarkeit moderner Gesellschaften und Rekrutierungsprobleme in den Vordergrund stellt (Zentrum für Transformation 2007).[4] Aber gerade weil sich in Zukunft Rekrutierungsprobleme ergeben oder verschärfen werden (übrigens völlig unabhängig von der ‚allgemeinen' Wehrpflicht), ist es unumgänglich, in der Gesellschaft verbreitete und sich mit der Zeit verändernde Einstellungen und Haltungen zu den Streitkräften mit in den Blick zu nehmen.

3.1 *Unerwünschte Szenarien*

Man kann das Problem, um das es mir hier geht, durch die Gegenüberstellung zweier ‚falscher', weil normativ unerwünschter Szenarien illustrieren. Das erste dieser beiden Szenarien liegt ziemlich nah an der sozialen und politischen Wirklichkeit hier und heute und kommt in dem überspitzend-sardonischen Satz von Eric Gujer, dem langjährigen Deutschland-Korrespondent der Neuen Zürcher Zeitung, zum Ausdruck: „So absurd es klingt: Die Bundesrepublik leistet sich eine Armee mit dem Ziel, diese von genuin militärischen Aufgaben fernzuhalten." (Gujer 2007: 87) Gemeint ist damit zweierlei: eine öffentliche Einstellung zu den Streitkräften, die ihre Einsätze bei Katastrophen und im unmilitärisch-humanitären Bereich ziemlich vorbehaltlos unterstützt, hingegen bei Kampfeinsätzen mit Toten und Gefallenen sehr große Vorbehalte hegt. Und zweitens das händeringende Herunterspielen der Gefahren und Risiken bei Auslandseinsätzen wie etwa dem ISAF-Einsatz in Afghanistan (vgl. dazu u. a. Seliger 2007: 36–42). Die Einstellung der Öffentlichkeit ist auch durch die ohnehin zwiespältigen Verweise auf die Ubiquität des internationalen Terrorismus, ansonsten ein unfehlbares Mittel der *securitization*, auf Dauer nicht zu verändern. Der bisherige Verlauf der öffentlichen Debatte über den Afghanistan-Einsatz der Bundeswehr stimmt diesbezüglich jedenfalls nicht gerade hoffnungsfroh (Bredow 2009: 56).

Das zweite ‚falsche' Szenario ist die Entwicklung einer Arbeitsteilung zwischen Zivilgesellschaft und Streitkräften, in deren Verlauf der Anspruch

---

4 Diese kritische Anmerkung zu der Ausarbeitung soll nicht verdecken, dass es sich um einen sehr informativen und anregenden Text handelt.

auf Integration der Streitkräfte in die Zivilgesellschaft verfällt und die Streitkräfte als gut bezahlte Gewalt-Spezialisten und *trouble-shooter* zu einer Art Söldner-Streitmacht werden. Eine solche Arbeitsteilung wäre ein Fremdkörper in der politischen Kultur der Bundesrepublik Deutschland.

3.2 Was für eine Bundeswehr?

Der ‚grüne Bereich' liegt zwischen diesen beiden ‚falschen' Szenarien. Hierbei ist entscheidend, dass er von der Politik, von der Gesellschaft, aber auch von der Bundeswehr selbst aktiv angesteuert werden muss. Den Anteil der Bundeswehr an dieser Anstrengung kann man als ihre ‚Identitätspolitik' bezeichnen. Dabei geht es um Folgendes:

• die Ausbildung und Pflege einer *corporate identity* der Streitkräfte, die sich vor allem an ihrer spezifischen Demokratie-Kompatibilität festmachen lässt, wozu zuvorderst die Innere Führung,[5] die Institution des Wehrbeauftragten, die herausgehobene parlamentarische Verantwortung für die Mandatserteilung, ferner die Bündniserfahrungen und der sicherheitspolitische Multinationalismus gehören, aber auch die Traditionsbildung seit 1956;

• die Betonung der nicht nur auf nationale Ziele, sondern auf internationale Ordnungspolitik bezogenen Funktion eines *security providers* in und für Konflikt-Konstellationen mit der Neigung zur Gewalteskalation;

• die Breite und Variabilität der Tätigkeiten von Soldaten;

• die Kooperations-Professionalität als gemeinsames Merkmal von Soldaten in den unterschiedlichsten Verwendungen und

• die Attraktivität plus Transparenz der Karrieremuster.

3.3 Was für ein Bild vom Soldaten?

Entsprechend dem Bild der Organisation muss auch das Bild ihrer Angehörigen frei von Romantizismen und Stilisierungen gezeichnet und aktiv in die Öffentlichkeit projiziert werden. Die zuweilen noch anzutreffende Diskussion darüber, ob der Bundeswehrsoldat eher ein ‚Retter, Heiler, Beschützer', ein ‚bewaffneter Sozialarbeiter' oder ein Kämpfer zu sein habe, geht von völlig verfehlten Alternativsetzungen aus. Soldaten müssen all dies zugleich sein und ihr Verhalten je nach den äußeren Umständen und Erfordernissen entsprechend umstellen können. Das Entscheidende dabei ist jedoch nicht die Ausdifferenzierung verschiedener Professionalismen innerhalb der Organisa-

---

5 Die, darauf weisen viele Beobachter aus unterschiedlichen Perspektiven völlig zu Recht immer wieder hin, ihrerseits weiterentwickelt werden muss.

tion, so nötig es ist, dass dieser Sachverhalt anerkannt und gewürdigt wird. Vielmehr kommt es vor allem darauf an, dass der Soldat der Bundeswehr nicht in seiner jeweiligen Spezialisierung ganz aufgeht. Die oben als Teil der *corporate identity* der Bundeswehr aufgeführte Kooperations-Professionalität bezieht sich nämlich nicht nur auf Akteure außerhalb der Bundeswehr, sondern auch auf die bundeswehrinterne Kooperation.

Gerade unter dem Gesichtspunkt der in den nächsten Jahren nicht einfacher werdenden Rekrutierung von geeignetem Personal für die Streitkräfte liegt die Betonung der technischen Seite des Soldatenberufs heute nahe. Dagegen ist auch nichts einzuwenden, aber nur dann nicht, wenn das Interesse an der Technik nicht politisch-normative Aspekte des Soldatenberufs neutralisiert. Es sind nämlich genau diese Aspekte, welche über alle Unterschiede und Spezialisierungen hinweg die Einheitlichkeit des Soldatenberufs (in der Bundeswehr) herstellen sollen.

4   Empfehlungen

Erstens: Für die Transformation der Bundeswehr kann das Verhältnis Militär/ Zivilgesellschaft nicht als Konstante betrachtet werden; vielmehr gehören Veränderungen in der Zivilgesellschaft zu den Rahmenbedingungen dazu, an welche die Streitkräfte sich anzupassen haben. Deshalb müssen Überlegungen über zivilgesellschaftliche Veränderungen in das Ensemble von Transformations-Studien einbezogen werden. Das ist deshalb so wichtig im Auge zu behalten, weil ein verzerrtes Bild von den Streitkräften in der Gesellschaft sowie von ihrem Auftrag und den verschiedenen Tätigkeiten im Rahmen ihrer Einsätze zu Funktionseinbußen und Reibungsverlusten führen wird.

Zweitens: Die politische und militärische Führung der Streitkräfte muss aktiv dazu beitragen, dass in der Öffentlichkeit ein korrektes Bild der Bundeswehr wahrgenommen werden kann. Sie muss, vordringlich, wenn auch nicht ausschließlich unter dem Gesichtspunkt der Optimierung von Rekrutierungsbedingungen, den Facettenreichtum soldatischer Tätigkeit in die Öffentlichkeit projizieren. Aber sie muss auch dafür sorgen, dass über alle Unterschiede und Spezialisierungen hinweg die Einheitlichkeit des Soldatenberufs (vermittelt über seine politisch-normativen Aspekte) deutlich erkennbar bleibt.

Drittens: Es muss Vorsorge für den Fall getroffen werden, dass langwierige und kostenintensive, auch das Leben von Soldaten und zivilen Helfern kostende Stabilisierungsmissionen erfolglos abgebrochen werden. Dann darf es nicht zu einer gegenseitigen Schuldvermutung zwischen verschiedenen Akteuren kommen: Parlament, Regierung, Einsatzkräfte vor Ort. Es fehlt hier, wie es scheint, an vorausschauender Phantasie. Die braucht es aber, um individuelle und organisatorische ‚Sinnkrisen' am Ende einer solchen Mission zu verhindern.

Literatur

Bald, Detlef/Fröhling, Hans-Günter/Groß, Jürgen/Rosen, Claus von (Hrsg.) (2008): Zurückgestutzt, sinnentleert, unverstanden: Die Innere Führung der Bundeswehr. Baden-Baden: Nomos.

Bredow, Wilfried von (2008): Militär und Demokratie in Deutschland. Eine Einführung. Wiesbaden: VS Verlag für Sozialwissenschaften.

Bredow, Wilfried von (2009): Nicht nur Kollateralschäden. Was ein Abzug der Bundeswehr aus Afghanistan für Folgen hätte. In: Internationale Politik, 4, 56–61.

Bundesministerium der Verteidigung (BMVg) (2006): Weißbuch 2006 zur Sicherheitspolitik Deutschlands und zur Zukunft der Bundeswehr. Berlin: Bundesministerium der Verteidigung.

Gujer, Eric (2007): Schluss mit der Heuchelei: Deutschland ist eine Großmacht. Hamburg: Edition Körber Stiftung.

Naumann, Klaus (2008): Einsatz ohne Ziel? Die Politikbedürftigkeit des Militärischen. Hamburg: Hamburger Edition.

Schneiderhan, Wolfgang (2008): Die Grundidee der Transformation ist unverändert richtig. In: Europäische Sicherheit, 2, 19.

Seliger, Marco (2007): Dixieklo statt Klappspaten. Alltagsschwierigkeiten einer friedensgewohnten Truppe, die Deutschland plötzlich am Hindukusch verteidigen muss. In: Internationale Politik, 5, 36–42.

Zentrum für Transformation der Bundeswehr, Dezernat Zukunftsanalyse (2007): Ausblick auf 2035. Trends und Entwicklungen. Strausberg: Zentrum für Transformation der Bundeswehr.

Das Bild vom demokratischen Soldaten: Erste Ergebnisse der empirischen Fallstudie zur Bundeswehr

Julika Bake

1 Projektüberblick

In welchem Verhältnis stehen demokratische Gesellschaften zum Militär, und wie drückt sich dies im jeweiligen Soldatenbild aus? Diesen Fragen widmet sich das Forschungsprojekt mit dem Titel „Das Bild vom demokratischen Soldaten: Spannungen zwischen der Streitkräfteorganisation und den Grundsätzen der Demokratie im europäischen Vergleich", das seit Mai 2006 mit einer Laufzeit von drei Jahren an der Hessischen Stiftung Friedens- und Konfliktforschung (HSFK) durchgeführt wird. Als komparative Untersuchung angelegt, werden im Rahmen des Forschungsprojekts qualitative Fallstudien zu insgesamt 14 europäischen Ländern erstellt und miteinander verglichen. Wegen der Bedeutung der zivilen Kontrolle der militärischen Gewaltmittel für ein Funktionieren der Demokratie liegt der Schwerpunkt der Länderstudien auf postsozialistischen Transformationsstaaten aus Ost-, Mittel- und Südosteuropa; vier westeuropäische, gefestigte Demokratien dienen als Vergleichspunkte.

In einem ersten Schritt wurde hierfür untersucht, welches normative Leitbild des Soldaten in der jeweiligen Demokratie vorherrscht, d. h. welche gesellschaftlichen und dementsprechend politischen Vorgaben es zum Soldatenbild gibt und mit welchen Maßnahmen versucht wird, diese im militärischen Sozialisationsprozess wirksam werden zu lassen. Der zweite Schritt bestand aus der Untersuchung des praktischen Leitbildverständnisses in der Truppe. Betrachtet wurden hierbei u. a. die Übereinstimmung mit den festgestellten Vorgaben, die Haltung zur zivilen Kontrolle militärischer Gewaltmittel und zu demokratischen Prinzipien, die Bezugspunkte soldatischer Identifikation und Selbstlegitimation, Vorbilder und Ideale sowie das Verständnis individueller Freiheit und Gleichheit. Die empirische Erhebung im Falle Deutschlands bestand aus nicht-teilnehmender Beobachtung und insgesamt 24 Einzelinterviews im Rahmen zweier Lehrgänge zur Inneren Führung für Kommandeure bzw. Kompaniefeldwebel. Diese fanden im Herbst 2008 am Zentrum Innere Führung in Koblenz statt. Die Interviews wurden mithilfe eines Leitfadens geführt, der erst fallübergreifend konzipiert und anschließend um fallspezifische Fragen ergänzt wurde. Ziel der qualitativen, nicht-standardisierten Untersuchung war es, ein komplex konstruiertes Soldatenbild abbilden und analysieren zu können, um es anschließend mit dem anderer Länder zu vergleichen. Die ersten Ergebnisse für die Soldaten der Bundeswehr werden im Folgenden anhand von fünf Thesen skizziert.[1]

2 These 1: Innere Führung und Führen mit Auftrag sind tatsächlich identitätsbildende Konzepte für Bundeswehrsoldaten

Die Innere Führung wird von jedem Einzelnen der befragten Soldaten als Grundlage seines Berufs angesehen. Der Begriff bezeichnet so etwas wie die ‚Kultur' der Bundeswehr – die Umgangsweise miteinander, geschriebene und ungeschriebene Regeln, gemeinsame Werte und Normen. Man könne nicht beziffern, welchen Anteil Innere Führung an der Arbeit einnehme; vielmehr sei es eine Art innere Haltung, die man habe oder auch nicht:

„[Innere Führung; Anmerkung, JB] ist ja nicht was, was ich dann – was weiß ich, von sieben bis acht praktiziere ich Menschenführung oder Innere Führung und danach mach ich wieder Stabsarbeit, das ist halt, gehört zum Beruf dazu. Ist mittendrin." (Offizier K, 476–479[2])

Obwohl jeder der befragten Soldaten Innere Führung als wichtig empfindet, handelt es sich um einen diffusen Begriff, dessen genaue Bedeutung jenseits vom offiziellen Sprachgebrauch schwer zu greifen ist. Dies ist einerseits eine Stärke des Prinzips, das eine eigene Auseinandersetzung, Identifikation und Schwerpunktsetzung je nach Verwendung oder Dienstgrad erlaubt; andererseits – und hier offenbart sich die Schwäche – ist es gerade deshalb schwierig, sich Wissen über die Innere Führung anzueignen, was die Identifikation und Umsetzung des Prinzips wiederum eindeutig erschwert. Deshalb scheint es absolut notwendig, Lehrgänge wie die beobachteten durchzuführen und sowohl Offiziere als auch Unteroffiziere zur Teilnahme an diesen zu verpflichten. Denn obwohl das Thema von allen als wichtig bezeichnet wird, hätten nur wenige der 24 interviewten Soldaten freiwillig an einem Lehrgang teilgenommen.

Das offizielle Schlagwort ‚Mensch im Mittelpunkt' ist ein weiteres wichtiges Stichwort für das berufliche Selbstverständnis vieler Soldaten, das oft mit der Inneren Führung assoziiert wird. Viele sagen, es sei der Umgang mit Menschen gewesen, der sie dazu motivierte, diesen Beruf zu ergreifen; das

---

1 Ein endgültiger Bericht kann auf der Internetseite des Projekts eingesehen und heruntergeladen werden (Online: http://www.hsfk.de/Das-Bild-vom-demokratischen-Soldaten-Spannungen-z.75.0.html; letzter Zugriff: 26.07.2009). Hier finden sich auch genauere Angaben zum Sample und zur Vorgehensweise.
2 Die Interviews werden hier in anonymer Form und mit Zeilenangabe des Transkripts zitiert.

sei das Abwechslungsreiche, das Spannende. Auch ein guter Vorgesetzter zeichnet sich dadurch aus, dass er Interesse an Menschen zeigt:

„Wenn der Kommandeur reinkommt und den anderen wahrnimmt, und nicht sagt, der ist jetzt nur ein Gefreiter, mit dem spreche ich jetzt nicht. Sondern ich weiß, wer das ist. Was der so als Mensch ist. Das kann ich nicht bei 800 Mann machen, aber zumindest kann es mich interessieren und ich kann mir die Information holen, habe ein Verständnis dafür. Menschlich mit denen umzugehen." (Offizier B, 1201–1206)

Gerade im Einsatz werden der menschliche Umgang miteinander, die Fürsorge und das wachsame Auge für die Befindlichkeiten des Einzelnen als wichtig empfunden. Hier ist die grundsätzliche Belastung sehr hoch und es bestehen keine persönlichen Rückzugsräume für die einzelnen Soldaten. Die Befürchtung, dass der betont menschliche Umgang deutscher Soldaten von Angehörigen anderer Armeen als peinlich oder allzu weich angesehen wird, äußert keiner der interviewten Soldaten. Selbstbewusst sagen viele, dass es vor allem darauf ankäme, dass die Leistung stimme und die Bundeswehr in dieser Hinsicht einen ausgezeichneten Ruf als verlässlicher und kompetenter Partner habe. Einige heben den menschenwürdigen Umgang gerade als Pluspunkt der Bundeswehr hervor, der einer demokratischen Armee absolut angemessen sei.

Deshalb sei es einerseits gut, dass so mancher alter Haudegen aus der eigenen Ausbildungszeit weg sei, denn das habe mit Innerer Führung nichts zu tun gehabt; andererseits gibt es teilweise scharfe Kritik unter den befragten Soldaten, dass das Soldatische unter den Kameraden immer mehr abnehme. Es fehle an Dienstbereitschaft, Kameradschaft und Disziplin. Zu oft werde diskutiert und nachgehakt anstatt ‚Jawoll' zu sagen; zu oft hätten Kameraden die Haltung, das Soldatsein sei ein ‚nine-to-five job', man komme pünktlich, man gehe pünktlich und habe damit sein Soll erfüllt anstatt bereit zu sein, auch nach Dienstschluss bereitwillig und ohne jegliche Diskussion noch Aufgaben zu übernehmen. Dies ist vielleicht auch ein Ausdruck davon, dass die Soldaten – im Alltag, in Deutschland – das Gefühl haben, dass es an Zusammenhalt fehlt, dass man als Truppe nicht so sehr ‚an einem Strang zieht' wie im Einsatz. Denn gerade für die Einsätze beschreiben die Soldaten das Gegenteil. Ebenso überlegen einzelne Soldaten, ob die generelle Rücksichtnahme auf die menschlichen Bedürfnisse jedes Einzelnen nicht auch dazu führe, dass man als militärischer Führer zurückhaltender sei:

„Im Einsatz muss man mal überprüfen, ob das alles so funktioniert, wirklich, oder ob das nicht auch manchmal behindert oder den Auftrag gefährdet. Es gibt da ja Beispiele. Die Innere Führung heißt ja für uns auch, wir kümmern uns um den Menschen und wir wollen ja alle, dass immer alle gesund nach Hause kommen. Und das hat z. B. im Kosovo dazu geführt, dass dieses Kloster, was bewacht werden sollte – dass man, weil man Angst hatte, dass man selber zu Schaden kam, lieber ausgewichen ist, den Auftrag also nicht mehr wahrgenommen hat, bis hin, dass man in Afghanistan, wenn man beschossen wird, dazu neigt, eben um seine Männer unversehrt zu halten, erst mal keinen mehr rauszulassen, aus dem Lager. Normalerweise müsste man aber das Gegenteil tun, sagen, jetzt erst recht. Auch wenn's gefährlich ist, jetzt erst recht, raus in die Fläche." (Offizier J, 820–830)

Mindestens ebenso prägend für das deutsche Soldatenbild wie der menschliche Umgang ist das Prinzip des 'Führens mit Auftrag' und damit die Vorstellung des selbstständigen, mitdenkenden, eigenverantwortlichen, reflektierten Soldaten. Dies widerspricht nicht dem Bild des idealen Soldaten, der diszipliniert, treu, kameradschaftlich und loyal ist. Dennoch steht für einige der interviewten Soldaten die Frage im Raum, welchen mittel- und langfristigen Einfluss die Einsatzrealität auf dieses identitätsbildende Führungsprinzip haben wird. Unter dem Stichwort Absicherungsdenken oder 'der strategische Gefreite' wird vor allem im Offizierlehrgang diskutiert, welche Auswirkungen es auf das Verhaltensmuster bzw. das Rollenverständnis der Soldaten hat, wenn im Einsatz nur noch bedingt mit Auftrag geführt werden kann, weil das Handeln eines einzelnen kleinen Mannschaftssoldaten unabsehbare Folgen für den großen Auftrag hat und man sich eher beim Einsatzführungskommando in Potsdam rückversichert als – im Sinne des Führens mit Auftrag – selbst vor Ort Entscheidungen abzuwägen und zu treffen.

„Das weiß man aber auch mittlerweile durch diese Einsatzbefragungsbögen, dass wir uns eigentlich von der Auftragstaktik immer weiter eigentlich entfernen, tatsächlich. Das, was wir bei uns immer hochgehalten haben, jawoll, Auftragstaktik und bei Übungen zigmal angewendet, und das ist toll und super und funktioniert, und im Einsatz wird es quasi alles bis ins Detail befohlen und abgesichert. (…) Die Regelung, ob ich [im Kosovo; Anmerkung, JB] schießen darf oder nicht, die hätte man in Berlin getroffen." (Unteroffizier U, 1072–1077, 1090)

3 These 2: Das genuin Soldatische ist ein Tabu, prägt aber die Einsatzrealität und damit auch zunehmend das Selbstbild der Soldaten

'Tod und Verwundung' war eines der Hauptthemen auf beiden beobachteten Lehrgängen und wurde sowohl von vielen der interviewten Soldaten als zentral für das berufliche Selbstverständnis angesehen als auch von den Dozenten der Lehrgänge thematisiert. Ein Soldat sei jemand, der sein Leben einsetze, zu sterben und zu töten bereit sei – aber dies sei nicht nur in der Politik ein Tabu, sondern würde auch sonst in der Öffentlichkeit nicht angesprochen, so lautete die Kritik vieler. Obendrein würde selbst in der Nachwuchswerbung der Bundeswehr so getan, als handele es sich um einen Job wie jeden anderen ('Arbeitgeber Bundeswehr'). Doch gerade angesichts der Einsätze spiele der Kampfaspekt des Soldatischen eine größere Rolle im Berufsalltag. Wenn dies gegenüber (potenziellem) Nachwuchs nicht angesprochen würde,

würde dieser falsche Erwartungen entwickeln und umso größere Probleme haben, wenn es dann tatsächlich in den Einsatz ginge und ernst werde. Unter den befragten Soldaten gab es einige, die das Soldatische explizit betonten und diejenigen kritisierten, die sich in erster Linie als Spezialist oder Kfz-Mechaniker betrachteten und erst in zweiter Linie als Soldat. Es wäre weiter zu untersuchen, ob bzw. inwiefern es hier eine (Zwei-)Teilung der Truppe gibt, was das Soldatenbild betrifft, d. h. ob sich die unterschiedlichen Betonungen verschiedener Aspekte des Soldatenbildes auf (fehlende) Einsatzerfahrung, unterschiedliche Truppengattungen o. ä. zurückführen lassen. Außerdem wäre interessant zu sehen, inwiefern ggf. unterschiedliche Verständnisse des Soldatenbildes zu Konflikten untereinander führen.

4 These 3: Bei einer generell aktiven und kritischen Auseinandersetzung mit der Politik gibt es nur punktuell Aspekte, die tatsächlich als Angriff auf die eigene soldatische Würde empfunden werden

Es gibt unter den Soldaten eine Auseinandersetzung mit politischen Entscheidungen – beim einen mehr, beim anderen weniger –, und es gibt viel Kritik, aber meist stellt dies nicht die grundsätzliche Rollenauffassung/Legitimität in Frage. Abgesehen von Einzelfällen, in denen diese Auseinandersetzung in großen Frust und Unruhe umgeschlagen ist, können die Soldaten insgesamt mit den sie betreffenden politischen Entscheidungen gut umgehen und erleben keine Sinnkrise. Das Primat der Politik wird bei aller Kritik an manch einer Einsatzentscheidung oder an Ausrüstung und Etat von niemandem angezweifelt. Abgesehen von den konkreten politischen Entscheidungen ist jedoch auch das öffentliche Auftreten der Politiker entscheidend für die Zufriedenheit der Soldaten. Geprägt von den Eindrücken des Ereignisses an einem Checkpoint in Afghanistan, bei dem im August 2008 eine Frau und zwei Kinder von einem deutschen Soldaten getötet wurden, äußerten einige Soldaten sehr scharfe Kritik an der ,fehlenden Loyalität' des damaligen Bundesverteidigungsministers. Dieser hatte sich am Tag nach dem Vorfall bei den Angehörigen der Opfer entschuldigt, was viele der befragten Soldaten als unangebrachtes Schuldeingeständnis empfanden:

„Dass ein Verteidigungsminister in ein Einsatzland fliegt, sich bei irgendwelchen Leuten entschuldigt und Angst vor einer Blutrache hat, und einen Soldaten, der eigentlich nur vorschriftsmäßig gehandelt hat, dass dem jetzt ein Verfahren angelastet wird (...). Das sind für mich Sachen, die absolut nicht sein können." (Unteroffizier O, 1054–1058)

„Dann kann ich auch nicht als Minister da hingehen, mein Scheckbuch rausholen und mal versuchen, mit Kohle irgendwelche Menschen mundtot zu machen. Nein! Dann muss ich auch sagen: Die Soldaten waren unter Bedrohung. Das kann man durch Untersuchung alles rauskriegen, und (die haben) deshalb so gehandelt. Wenn ich in einem Kriegsgebiet bin, dann muss ich auch damit rechnen, dass mal Kugeln fliegen." (Unteroffizier S, 1159–1163)

Soldaten brauchen Rückendeckung und Handlungssicherheit, um ihren Job machen zu können, bekommen diese aber nicht unbedingt und haben dann erst recht das unbefriedigende Gefühl „Wir fordern schon so wenig, sind so genügsam, aber nicht mal dafür reicht es!". Dieses Problemfeld wird in Zukunft noch an Bedeutung gewinnen, sowohl was das konkrete Beispiel der Schusswechsel mit Todesfolge betrifft als auch was die Frage angeht, wie man dem berechtigten Bedürfnis der Soldaten nach Loyalität und Unterstützung institutionell, politisch und gesellschaftlich begegnet. Eine Auseinandersetzung mit dem Soldatischen (siehe oben) ist also erforderlich und kann nicht ignoriert werden.

5 These 4: Das Verhältnis zur zivilen Bevölkerung, ein wichtiger Bezugspunkt für das Selbstverständnis der Soldaten, wird als ‚einseitig' empfunden

Der Bezug zur zivilen Bevölkerung spielt für das Selbstverständnis der Soldaten eine entscheidende Rolle. Immer wieder nehmen die Soldaten in ihrer Selbstbeschreibung auf das Volk und demokratische Prinzipien Bezug: „Wir sind eine Demokratie", „Wir dienen dem Volk, sind ein Mittel der Politik, die vom Volk gemacht wird und sind bereit zu töten und zu sterben, um das Volk und die Privilegien dieses Volkes zu schützen." Einerseits zeigen viele der befragten Soldaten Verständnis dafür, dass man sich mit dem, was einen nicht betrifft, nicht beschäftigt und deshalb das Interesse der Bevölkerung an der Bundeswehr eher gering ist. Andererseits wird dies im Zusammenhang mit der Frage nach dem großen Ziel, der Frage nach dem Existenzzweck der Bundeswehr als problematisch empfunden – man fühlt sich ‚allein gelassen' und dies gerade von denen, die man eigentlich als zentralen Bezugspunkt für die eigene Legitimation betrachtet.

„Wenn ich ehrlich sagen soll, dann müsste ich rein theoretisch irgendwann kündigen. Weil die Akzeptanz einfach in der Gesellschaft gar nicht da ist. Ja, nicht so, wie sie aus meinem Selbstverständnis da sein müsste." (Unteroffizier L, 191–193)

Hier zeigt sich, dass die gesellschaftliche Anerkennung eines der wichtigsten Schlagwörter ist, was das Selbstbild und Berufsverständnis der Bundeswehrsoldaten betrifft; man traut sich nicht so recht, sie einzufordern, will sich (und seinen Berufsstand) nicht in den Vordergrund drängen, aber der Wunsch danach ist unter allen befragten Soldaten groß. Einige bemängeln, dass die Politik ihre eigentlich zentrale Vermittlungsfunktion kaum wahrnehme. Die Frage bleibt also, wie die (von den Soldaten empfundene und ja schon in der Politik benannte) Distanz zwischen Zivilbevölkerung und Bundeswehr vermindert werden kann bzw. was genau es bräuchte, um den Soldaten dieses notwendige Gefühl von öffentlicher Anerkennung zu vermitteln.

6 These 5: Die Soldaten fragen nach dem großen Ganzen neben dem Klein-Klein der verschiedenen Einsätze

Dass sowohl die Bedrohungslage als auch der daraus resultierende Auftrag für die Bundeswehr heutzutage schwieriger zu fassen und dementsprechend schwieriger zu vermitteln sind als das noch zu den ideologisch klaren Zeiten des Ost-West-Konflikts der Fall war, ist allen Befragten klar. Internationale Sicherheitspolitik sei komplex und nicht für jeden so einfach zu beurteilen. Nichtsdestotrotz gibt es unter vielen Soldaten ein großes Bedürfnis nach einer (klareren) Linie und einer deutlichen Definition deutscher Interessen:

„Was, glaube ich, bei dem Gespräch ganz deutlich rumgekommen ist, ist, dass wir an der Basis des Soldatentums arbeiten müssen. Und das ist einfach das Verständnis, wozu bin ich da? Denn die Zeiten, der Buhmann ist im Osten, ist vorbei." (Unteroffizier S, 1476–1479)

„Wenn das alles richtig läuft, müsste man ja sagen, was sind unsere Interessen? Also Interessen der Bundesrepublik Deutschland. Und wenn man die definiert hat, dann müsste man sagen, welche Streitkräfte brauche ich denn, um diese Interessen zu schützen? Oder zu fördern, je nachdem, wie man die dann formuliert, das ist ja eine politische Frage. Und dann zu fragen, wie kriege ich das Geld ran, um das zu bezahlen? Und im Moment ist es so, oder seit ich mich zurückerinnere, ist es eben so, das ist die gesetzte Summe X, das sind die Aufträge und jetzt, Soldaten, bastelt mal eine Armee daraus, die das erfüllen kann. Aber dass das [der Auftrag und Einsatz der Armee; Anmerkung, JB] irgendwie logisch von den Interessen der Bundesrepublik Deutschland abgeleitet wird, findet ja nicht statt." (Offizier D, 424–431)

Viele wünschen sich klarere Kriterien, nach denen der Bundeswehr ein Einsatzbefehl erteilt wird, und vermuten, dass die politische Führung entweder keine solchen hat oder aber sie nicht offen und ehrlich benennt. Die Leitidee, der grundsätzliche Existenzgrund der Bundeswehr, fehlt einigen. Und die Innere Führung kann diese nicht ersetzen, denn sie beantwortet zwar das ‚Wie', aber nicht das ‚Warum' des soldatischen Alltags in der Bundeswehr.

7 Schlussbemerkung

Abschließend lässt sich der Eindruck festhalten, dass mit den Einsätzen und dem zunehmenden Gewicht von genuin soldatischen Aufgaben (der Kampf, das Töten und die Bereitschaft, sein Leben zu geben) auch verstärkt die Frage

135

nach dem tieferen Sinn gestellt wird und das Bedürfnis nach Anerkennung und Legitimation wächst. Dazu passt der von den Befragten geforderte klare Auftrag, das große Interesse an Tradition und militärgeschichtlicher Bildung, dem ihrer Meinung nach nicht ausreichend nachgekommen wird, aber auch der ausdrückliche Wunsch nach mehr öffentlicher Aufmerksamkeit und Bestätigung. Gerade in einer kriegsgeprägten bzw. teilweise dezidiert militärkritischen Gesellschaft wie Deutschland und angesichts des politischen Tabus, sich allzu sehr mit dem Militär zu solidarisieren, stellt sich die spannende Frage, wie man diesem Bedürfnis am besten begegnen kann.

Identitätspolitik der Bundeswehr

Angelika Dörfler-Dierken

Der Titel über den folgenden Überlegungen – „Identitätspolitik der Bundeswehr" – ist mit Bedacht doppeldeutig gewählt. Fraglich ist nämlich, ob hier ein *Genitivus subjectivus* oder ein *Genitivus objectivus* vorliegt: also, ob *die Bundeswehr* ihre eigene Identitätspolitik macht, oder ob Identitätspolitik durch andere Akteure, vorzugsweise das Parlament (denn die Bundeswehr ist bekanntlich eine Parlamentsarmee) *für die Bundeswehr* gemacht wird. Und was ist überhaupt mit ‚Bundeswehr' gemeint? Geht es um die einzelne Soldatin und den Soldaten als *Individuum* oder um die *Organisation*? Ist der Soldat das *Subjekt*, das Identitätspolitik betreibt, indem es seine soldatische Berufsidentität aufbaut, oder ist der Soldat das *Objekt* für identitätspolitische Anstrengungen anderer, das *Objekt*, das eine bestimmte Berufsidentität aufbauen soll? Und: Wenn die Durchführung von identitätspolitischen Maßnahmen Aufgabe der Politik ist, wenn die Politik identitätsbildend oder -regulierend für die Bundeswehr tätig wird – wie beeinflusst sie die Identität von Soldaten? Anders gefragt: Machen Politiker Politik für Soldaten, indem sie ihnen durch Gesetze und Dienstvorschriften sagen, welche Identität sie ausbilden sollen und dafür sorgen, dass bestimmte Strukturen in den Streitkräften und für sie aufgebaut werden, die eine bestimmte Berufsidentität fördern? Oder machen vielleicht einzelne Soldaten oder Gruppen von Soldaten Politik, indem sie bestimmte Erwartungen an die Politik äußern? Betreiben auch militärische Vorgesetzte Identitätspolitik? Oder macht das vielleicht nur der Verteidigungsminister, gegebenenfalls im Verein mit dem Generalinspekteur? Macht möglicherweise die Gesellschaft mit ihren Bürgern und Bürgerinnen Politik für Soldatinnen und Soldaten, vielleicht schon allein durch ihren Umgang mit den spezifischen Problemen dieses Berufsstandes? Und welchen Anteil haben die Medien an der Berufsidentität stiftenden Kommunikation zwischen Militär, Politik und Gesellschaft? Inszenieren die Medien Soldatinnen und Soldaten in einer bestimmten Weise für die Öffentlichkeit? Dieser Strauß von Doppeldeutigkeiten und Fragen sollte im Gedächtnis bleiben, denn er macht deutlich, in wie vielen Beziehungssystemen soldatische Identität sich aufbaut beziehungsweise aufgebaut wird.

Im Folgenden wird eine neue Sprachregelung, die der damalige Bundesminister der Verteidigung Franz Josef Jung eingeführt hat, in ihrem Entstehungszusammenhang vorgestellt und nach den Regeln der historisch-kritischen Methode analysiert. Das Ergebnis wird im Rückgriff auf andere Analysemethoden gesichert und Empfehlungen werden daran angeknüpft.

Wenn es um eine Regelung für sprachliche Akte – um eine Regelung dazu, wie über etwas gesprochen wird – gehen soll, so ist zuerst einmal zu bedenken, dass Sprache ein hoch sensibles Instrument und ein feiner Schlüssel zur Wirklichkeitswahrnehmung ist, dass sie andererseits aber auch Wirklichkeitswahrnehmung prägt. Der Heidelberger Philosoph Hans-Georg Gadamer (1900–2002) hat in seiner Hermeneutik „Wahrheit und Methode" ausführlich dargelegt, dass nur die Sprache Welterfahrung möglich macht. Menschen können „kein gegenständliches Verhältnis zu der Sprache als solcher" (Gadamer 1975: 418) haben. „Die Sprache ist nicht nur eine der Ausstattungen, die dem Menschen, der in der Welt ist, zukommt, sondern auf ihr beruht und in ihr stellt sich dar, daß die Menschen überhaupt *Welt* haben. Für den Menschen ist die Welt als Welt da, wie sie für kein Lebendiges sonst Dasein hat, das auf der Welt ist. Dies Dasein der Welt aber ist sprachlich verfaßt." (Gadamer 1975: 419; Hervorhebung im Original) Einige Beispiele mögen das Verhältnis von Sprache und Wirklichkeit verdeutlichen: Wer, wie die Hopi-Indianer, alle Arten von Flugobjekten als Flieger bezeichnen würde, könnte zwischen Mücken und Hubschraubern nicht unterscheiden. (zum „linguistischen Relativitätsprinzip" vgl. Whorf 1963) Zwar würde ihm schnell deutlich, dass die Mücken stechen und die Hubschrauber vielleicht Nahrungsmittelpakete bringen, aber er müsste die Begriffe für diese unterschiedlichen sich in der Luft bewegenden Wesen bzw. Sachen erst einmal prägen. Andererseits unterscheiden Eskimos viel mehr Arten von Schnee als Nordeuropäer überhaupt wahrnehmen. Ein letztes, aus der alltäglichen Erfahrung entlehntes Beispiel: Wer sich als romantisch Verliebter den nächtlichen Sternenhimmel anschaut, wird ihn anders beschreiben als der Segler, der Gestirne für die Navigation nutzt.

1 „Für den Frieden gefallen" – neue politische Rhetorik

Bis zum 24. Oktober 2008 waren im Auslandseinsatz zu Tode gekommene Soldatinnen und Soldaten ebenso wie alle anderen Bundesbürgerinnen und Bundesbürger, die Anschlägen zum Opfer fielen, *getötete* oder ‚bei einem Unfall *ums Leben gekommene*' Menschen. Sie unterschied von Hausfrauen, Dachdeckern und Entwicklungshelfern, dass sie ihr Leben im Zusammenhang mit denjenigen Aufgaben, die ihnen durch einen *Befehl* aufgetragen waren, verloren hatten. Nach der geltenden Rechtsauffassung dienen Beamte der Bundeswehr und Soldaten in einem „gefahrengeneigteren" Bereich des öffentlichen Dienstes. Deshalb hat der Dienstherr die Pflicht, mögliche Gefahren „auf ein unvermeidbares Mindestmaß [zu] beschränk[en]". Explizit führt der Kommentar zum Soldatengesetz aus: „Solche Schutz- und Vorsorgemaßnahmen hat der Dienstherr auch für Soldaten bei besonders gefährlichen Einsätzen zu treffen." (Walz et al. 2006: 117, § 7, 9) Besonders gefährlich sind solche Einsätze, bei denen Soldatinnen und Soldaten durch gegnerische

Fremdeinwirkung getötet werden können. Das Parlament – legitimiert durch die Bürgerinnen und Bürger der Bundesrepublik Deutschland – bürdet Soldatinnen und Soldaten das Risiko Tod auf – das dürfen sie allerdings nur zu bestimmten Zwecken und unter bestimmten Bedingungen. Die Diskussion über die Frage, ob *Kampf*einsätze der Bundeswehr im Ausland verfassungsgemäß sind, soll hier nicht geführt werden (vgl. Jaberg 2009). Deutlich ist, ganz unabhängig von der politischen und rechtlichen Frage, dass die neue Sprachregelung auf die neuen Bedingungen bei zunehmenden und immer gefährlicheren Bundeswehreinsätzen im Ausland reflektiert. Wenn die Erfahrung der Wirklichkeit sich wandelt, wenn die Lebenswirklichkeit und der Alltag der Soldatinnen und Soldaten zunehmend von der Empfindung des *Krieges* – *Krieg*[1] wird hier unspezifisch gebraucht für gewaltgeprägte, konfliktreiche und risikobehaftete Auseinandersetzungen (Brzoska 2009) – bestimmt sind, dann muss die Sprache sich auch weiterentwickeln. Wenn sogar Friedensfachkräfte und Mitarbeiter humanitärer Hilfswerke dieselbe Terminologie wie die Militärs verwenden, wenn auch sie sagen: „Es ist *Krieg*", dann muss die Situation wirklich dramatisch sein – so kann man mit Fug und Recht argumentieren. Aufgrund der Neuheit der gegenwärtigen Situation ist es demnach nicht verwunderlich, dass von *Gefallenen*, dem angeblich alten terminus technicus für Soldatentod, die Rede ist. Allerdings kommt der Begriff weder im Soldatengesetz noch im Kommentar dazu vor.[2]

---

1   Der Militärschlag der NATO gegen den Kosovo wird als „erster Kampfeinsatz" bzw. als „Krieg mit Beteiligung der Bundeswehr nach dem Ende des Zweiten Weltkrieges" bezeichnet. Vgl. dazu Seliger 2009: 34; Clement 2009: 37. Die Diskussion darüber, ob die militärische Intervention im Kosovo im ethischen Sinne richtig, angemessen und gut war, führt Haspel 2002. Quellen zu den Äußerungen christlicher Amtsträger und Konferenzen bieten Buchbender/Arnold 2002. Sehr zu Recht weist Münkler (2009: 8) auf die unterschiedlichen Definitionen und Facetten des Begriffs Krieg hin und spricht sich für ein der Alltagsverwendung angepasstes Verständnis von Krieg aus. Ihm geht es um die Vermeidung des „begrifflichen Eiertanz[es], bei dem das staunende Publikum das begriffliche Kriegsvermeidungsgebaren der Politik als bloß lächerlich empfindet".

2   Das Soldatengesetz ist u. a. im Internet abrufbar unter http://bundesrecht.juris.de/sg/index.html. Das Nomen Gefallener bzw. das Verb gefallen finden sich hier nicht. Kommentiert wurde das Soldatengesetz zuletzt von Walz et al. (2006). Auch im Register dieses Kommentars zum Soldatengesetz findet sich das Stichwort Gefallener nicht. Entsprechendes gilt für die Veröffentlichungen der Evangelischen Militärseelsorge: Friedensethik im Einsatz 2008. Ausnahme: Friedensethik im Einsatz 2008: 313. Vgl. auch Dörfler-Dierken 2008a; 2008b. Die gegenwärtig zu beobachtende Beschäftigung mit dem Soldatentod im Krieg bzw. in kriegsähnlichen Situationen spiegelt, so argumentiert etwa Münkler (2006), die geringe Belastbarkeit deutscher Familien, patriotisch motivierte Opfer an Leben von Vätern und Söhnen zu bringen, weil die großen Verluste in Folge des Zweiten Weltkrieges noch bewusst sind. Verstärkt wird diese mangelnde Bereitschaft zum Opfer von Menschenleben für im weitesten Sinne patriotische Aufgaben, durch die modernen Ein-Kind-Familien. Vgl. auch Kümmel/Leonhard 2004. In merkwürdigem Gegensatz zu den Diskussionen um die angemessene Begrifflichkeit für den Tod von Soldatinnen und Soldaten im Auslandseinsatz steht

Seit der dritten Trauerfeier in Zweibrücken für die beiden am 20. Oktober im Einsatz in Afghanistan bei einer Patrouille getöteten Soldaten aus dem Fallschirmjägerbataillon 263 sind im Ausland bei einem Anschlag getötete Soldaten nun *gefallen*. Der damalige Bundesminister der Verteidigung schloss seine Ansprache bei dieser Trauerfeier am 24. Oktober 2008 mit den Worten: „Ich verneige mich in Dankbarkeit und Anerkennung vor den Toten, die für unser Land *im Einsatz für den Frieden gefallen sind*. Mögen (...) [sie] in Frieden ruhen." (FAZ 25.10.2008: 1; Hervorhebung, ADD) Die Rezeption dieser Worte in der zivilen Presse war ausgesprochen gut: Die Frankfurter Allgemeine Zeitung titelte am Tag nach der Trauerfeier auf der ersten Seite: „Jung: Ich verneige mich vor den gefallenen Soldaten" (FAZ 25.10.2008: 1) und informierte ihre Leser: „Das Verteidigungsministerium hatte es bisher vermieden, von ‚Gefallenen' zu sprechen, weil das Wort üblicherweise dem Krieg zugeordnet werde und die Bundeswehr sich nicht im Krieg befinde." (FAZ 25.10.2008: 1) Nicht nur das Presse-Echo auf die Ministerrede war positiv. Auch die Soldatinnen und Soldaten, viele Militärpfarrerinnen wie Militärpfarrer und zahlreiche Zivilisten sind mit der neuen Sprachregelung sehr zufrieden. Ein Oberstleutnant a. D. drückte das in einem Leserbrief an eine Bundeswehrzeitung folgendermaßen aus: „Es wäre für uns Soldaten unerträglich zu erfahren, wenn die politische Führung und die durch sie beeinflusste Gesellschaft den Soldatentod als persönliches Opfer dieser jungen Männer einem tödlichen Arbeitsunfall auf einer Baustelle gleichstellen würde." (Zedtwitz 2008) Dem wissenschaftlich-analytischen Blick stellen sich die Dinge jedoch als nicht so einfach dar. Einleitend soll gefragt werden, wie es zu dieser Modifikation der öffentlichen Rhetorik kam.

Der Traueransprache vorausgegangen war teilweise heftige literarische Kritik an der im Geschäftsbereich des Bundesministeriums der Verteidigung bis dahin geltenden Sprachregelung, dass der Begriff *Gefallene* in der öffentlichen Kommunikation zu vermeiden sei. Trotzdem wurde, zwar nicht durch den Minister und den Generalinspekteur, aber doch bei öffentlich stark wahrgenommenen Ereignissen, das Verb *gefallen* begründungslos verwendet.

---

die letzte Statistik: Die Zahl der im Dienst der Bundeswehr (also im Inland und im Ausland) verletzten und getöteten Soldatinnen und Soldaten ist ständig zurückgegangen. Waren es 1982 noch 32 getötete, und knapp 19 000 verletzte, so waren es 1994 noch 10 getötete und etwa 10 000 verletzte, 2008 17 getötete und gut 5 000 verletzte Soldaten. (Anonymus 2009a: 6) Der neben dem Diagramm abgedruckte Artikel kommentiert: „Trotz weltweiter Einsätze ist die Zahl der im Dienst verletzten und getöteten Bundeswehrsoldaten in den letzten Jahrzehnten drastisch gesunken. Im Vergleich von 1964 und 2008 nahm die Zahl pro Jahr verletzter Soldaten um 84 Prozent, die Zahl getöteter Soldaten sogar um 89 Prozent ab. Ein Trend, der selbst dann noch gilt, wenn die im Laufe der Jahre erfolgte drastische Personalreduzierung berücksichtigt wird." (Anonymus 2009a: 6)

Einige Stationen[3] auf dem Weg zur neuen Sprachregelung waren von besonders großer Bedeutung:

(1) Im Sommer 2007 hat der Deutsche Bundeswehrverband die Ergebnisse einer großen Mitgliederbefragung vorgestellt. (Strohmeier 2007) Sie hatte erbracht, dass die Mitglieder des Verbandes (vertritt die Interessen aktiver und ehemaliger Soldatinnen und Soldaten) sich von der Bundeswehrführung und von der Politik enttäuscht fühlten: Nur 3,9 Prozent wähnten sich als Soldatin bzw. Soldat von der Politik unterstützt; 63,6 Prozent der Verbandsmitglieder taten das nicht. Nur 6,2 Prozent der Mitglieder meinten, dass die Politiker den Sinn der Auslandseinsätze angemessen vermitteln; 64 Prozent waren der gegenteiligen Meinung. (Strohmeier 2007: 10) Die Enttäuschung[4] über die Politiker ist für die Führung des Bundeswehrverbandes gefährlich, denn sie kann leicht von der Politikerschelte in Verbandskritik umschlagen. Die Führung des Bundeswehrverbandes ist nämlich einerseits auf gute Zusammenarbeit mit der politischen Leitung und militärischen Führung der Bundeswehr angewiesen, muss andererseits aber auch sich selbst als Interessenvertreter seiner Klientel positionieren, wenn der Verband nicht seinen Einfluss auf die Mitglieder verlieren will.

(2) Am 28. Januar 2008 hat der Bundesminister der Verteidigung die „Zentrale Dienstvorschrift (ZDv) 10/1 Innere Führung. Selbstverständnis und Führungskultur der Bundeswehr" erlassen. Hier wird gesagt, die Einsatzrealität „mit hohen Belastungen und existentiellen Gefahren" werde in der Vor-

---

3 Es geht im Folgenden nicht um Vollständigkeit der angeführten Zeugnisse, sondern darum, die innere Dynamik der bundeswehrinternen, der öffentlich-medialen und der politischen Diskussion anschaulich zu machen.

4 Die in der Strohmeier-Studie (Strohmeier 2007) zutage tretende Enttäuschung der Mitglieder des Bundeswehrverbandes kann interpretiert werden als notwendige Folge der Transformation der Bundeswehr von einer Heimatverteidigungsarmee in eine weltweit tätige Interventionsarmee. Vielleicht ist solche Enttäuschung sogar unvermeidbar, wenn derart tiefgreifend umgebaut wird wie gegenwärtig. Schließlich ist das Drängen auf Besitzstandswahrung, verbunden mit einem gewissen Traditionalismus, unter Umbruchphasen. Zur Definition des in der NATO geprägten und eingeführten Begriffs Transformation vgl. die Ausführungen des damaligen Generalinspekteurs der Bundeswehr General Wolfgang Schneiderhan: „Kernelement der Transformation war und ist die Konzeption der Kräftekategorien als Reaktion auf neue Risiken und Herausforderungen. Aufgrund des notwendig breiten Einsatzspektrums, des fähigkeitsorientierten Ansatzes, aber auch aus betriebswirtschaftlichen Überlegungen heraus entstand die Spezialisierung und Dreiteilung der Streitkräfte in die Kategorien Eingreifkräfte, Stabilisierungskräfte und Unterstützungskräfte. Damit stand der einsatzorientierte, organisatorische Rahmen der Bundeswehr, die so genannte Grundgliederung. (...) Mit unseren Eingreifkräften haben wir schnell verlegbare, gut ausgerüstete und durchsetzungsfähige Kräfte konzipiert, die zu Kampfeinsätzen höchster Intensität befähigt sind. Mit diesen Kräften sind wir in der Lage, Konflikt- und Kriegsparteien – wenn es sein muss, auch durch Kampf – zu trennen und im Fall der Fälle Deutschlands Beitrag zur kollektiven Verteidigung effektiv auch am Rand des Bündnisgebiets zu gewährleisten." (Schneiderhan 2009: 30)

141

schrift „berücksichtigt" (Jung 2008: 4). Tatsächlich ist in „Kapitel 6: Gestaltungsfelder der Inneren Führung", also gegen Ende der Vorschrift, von „Verwundung und Tod" die Rede.[5] Hier heißt es, allgemein und appellativ: „Themen wie Verwundung und Tod, Umgang mit Angst oder Fragen nach Schuld und Versagen dürfen dabei [im Einsatz in Zeiten gemeinsamer Belastung, ADD] nicht verdrängt oder heruntergespielt werden, sondern müssen ehrlich und einfühlsam besprochen werden." (BMVg 2008: Ziff. 609) Und später wird verwiesen auf die Militärseelsorge, deren Begleitung „den Angehörigen der Bundeswehr Gelegenheit geben [soll, ADD] Beistand bei Verwundung und Tod" (BMVg 2008: Ziff. 672) zu erfahren. Immerhin wird – so erfährt man an früherer Stelle der neuen Vorschrift – eine mögliche Konsequenz des veränderten Tätigkeitsspektrums der Soldatinnen und Soldaten, des „Einsatz[es] der eigenen Gesundheit und des eigenen Lebens" (BMVg 2008: Ziff. 105) hier thematisiert, besonders konkret wird die Vorschrift jedoch nicht. Sie delegiert vielmehr das Thema Verwundung und Tod an die Militärseelsorge und fordert von den Soldaten nur Ehrlichkeit und Einfühlungsvermögen in Bezug auf Kameradinnen und Kameraden, die möglicherweise stärker als sie selbst von Verwundung, Tod, Angst und Fragen individueller Schuld betroffen sind.

Offensichtlich gingen die Verfasser dieser Zentralen Dienstvorschrift nicht davon aus, dass das neue Themenfeld mit den neuen Sprachregelungen, die sich im Wortfeld *Krieg*, *Gefecht*, *Kampf* und *Töten* bewegen, Einzug halten sollte in sie. Nun hat die Diskussion über deren Implementierung noch kaum begonnen – und schon wirkt sie veraltet, weil die neue Begrifflichkeit *Krieg*, *Gefecht*, *Kampf*, *Töten* und *Gefallene* nicht in ihr vorkommt. Tatsächlich wäre erst noch festzustellen, ob die militärisch-politische Lage sich nach der Veröffentlichung der Dienstvorschrift derart gravierend verändert hat, dass man von den älteren, sie noch prägenden Sprachregelungen abgehen musste. Verschlechtert hat sich die Sicherheitslage nach Ausweis der publizierten Informationen beim ISAF-Einsatz in Afghanistan. Dass dieser Verschlechterung mit der neuen Terminologie angemessen Rechnung getragen werden kann, darf bezweifelt werden. Unverständlich bleibt, warum sich zahlreiche Soldatinnen und Soldaten trotz der wachsenden Bedrohung freiwillig für den Einsatz in Afghanistan melden (Zahlen liegen nicht vor, die Angabe stützt sich auf Aussagen von im Einsatz in Afghanistan erfahrenen Vorgesetzten) – sie dürften weder allesamt Heilige sein, die ihr Leben gerne für Recht und Freiheit des deutschen Volkes oder für Schutz und Entwicklung für die notleidende afghanische Bevölkerung dahingeben wollen, noch

---

5   Aus der „Zentralen Dienstvorschrift (ZDv) 10/1 Innere Führung. Selbstverständnis und Führungskultur der Bundeswehr" (BMVg 2008) wird im Folgenden jeweils mit Angabe der Ziffer des entsprechenden Abschnitts zitiert.

dürften sie alle sich von den finanziellen Begleitaspekten des Einsatzes locken lassen.

Gegen den Eindruck, dass die geltende Zentrale Dienstvorschrift 10/1 Innere Führung (BMVg 2008) veraltet sei, steht die Äußerung des damaligen Verteidigungsministers, dass sie gerade auf die Problematik der Auslandseinsätze zugeschnitten sei und die Soldatinnen und Soldaten mental optimal auf militärische Interventionen, auch so genannte ,robuste Einsätze' mit möglicher Todesfolge für Einzelne, einzustellen imstande wäre. (Jung 2008: 4f.) Der Dienstherr ging demnach nicht davon aus, dass das sicherheitspolitisch motivierte Engagement der Bundesrepublik Deutschland sich in naher Zukunft gravierend vom gegenwärtigen unterscheidet, was die Intensität und Risikobehaftetheit der Einsätze anbelangt.

(3) Am 9. Juni 2008 fand die Feier zum 50. Geburtstag des Beirats für Fragen der Inneren Führung statt. Vor ausgesuchtem Publikum aus Politik, Bundeswehr und Gesellschaft warf der damalige Vorsitzende des Bundeswehrverbandes, Oberst Gertz, dem Bundesministerium der Verteidigung vor, es „verbräme (...) die harte Wahrheit, indem es nicht von ,Gefallenen' und ,Verwundeten' berichte" (zit. nach Ness 2008: 15). „Schönfärberei aus dem Ministerium" (zit. nach Ness 2008: 15) wetterte der Soldatenvertreter. Dieser Vorwurf ist harsch, hat ,Wahrheit' doch im soldatischen Selbstbewusstsein und Berufspflichtenkodex einen besonderen Stellenwert. Im Soldatengesetz heißt es: „Der Soldat muss in dienstlichen Angelegenheiten die Wahrheit sagen."[6] Die Kritik wurde im Verteidigungsministerium als so harsch empfunden, dass der Pressesprecher des Ministeriums sich genötigt sah, festzustellen: „Es gibt keine Schere zwischen Minister und Truppe." (zit. nach Ness 2008: 15)

Aus dem Bundeswehrverband verlautete, man habe durch die Verwendung des Begriffs *Gefallene* Tabus brechen, das Augenmerk der Politik auf die Probleme in Afghanistan lenken und gerade dadurch den zivilen Wiederaufbau dort fördern wollen. Die Äußerungen von Oberst Gertz wären demnach als paradoxe Intervention in die öffentliche Kommunikation zu interpretieren: Die Verwendung eines Terminus des Krieges sollte Frieden fördern. Intendiert war angeblich, auf die Begrenztheit militärischer Mittel hinzuweisen und dazu aufzufordern, mehr Energien in den zivilen Wiederaufbau in Afghanistan zu investieren. Oberst Gertz hat öffentlich gerufen nach Ehrlichkeit gegenüber den Soldaten – und er hätte damit indirekt gefordert: Mehr Geld für zivilen Wiederaufbau! Diese Unschärfe macht auf das Phänomen aufmerksam, dass politische Rede häufig in vielerlei Hinsicht interpretierbar

---

6 SG § 13: Eingeführt wurde dieser Paragraf, weil von dienstlichen Aussagen möglicherweise Befehle mit erheblicher Folgewirkung abhängen. Wahrheit ist auch wichtig für das in SG § 17 geforderte vertrauenswürdige Verhalten von Soldaten.

ist und interpretierbar sein soll. Wer sagt, die deutschen Soldaten befänden sich in Afghanistan im *Krieg*, will damit möglicherweise nicht die Wahrheit über Einsatzbedingungen öffentlich machen, sondern (angebliche) politische Versäumnisse anprangern und für ein politisches Ziel werben. Wirklichkeitsschilderung ist in solcher Rede zweckgebunden. Oberst Gertz selbst wäre es also gar nicht um die Frage der Angemessenheit der Sprache für das, was die Bundeswehr in Afghanistan tut, für das, was in Afghanistan derzeit passiert, gegangen. Seine Wortwahl wäre vielmehr unter dem Gesichtspunkt gewählt, als Mittel im politischen Streit dem eigenen Verband und seiner Klientel zu nützen. Eben das widerspräche aber gerade der Wahrheitspflicht.

Weil die Soldatinnen und Soldaten die einzige Berufsgruppe seien, der *befohlen* werden könne, sich nach Afghanistan zu begeben, müsse ihr Dienst auch eine besondere sprachliche Würdigung erfahren, wird behauptet. Der Begriff *gefallen* entspreche der Logik des *Befehlens* und gebe damit dem Soldatentod im Einsatz einen höheren Sinn. Gertz forderte deshalb von den Politikern, die am 17. Oktober 2008 mit überwältigender Mehrheit für die Verlängerung des Afghanistan-Einsatzes stimmten, das Selbstopfer der getöteten Soldaten sinnstiftend zu interpretieren: Wer als *Kämpfer* im *Krieg* gegen die Terroristen tätig ist, erleide einen besonderen Tod. Dass aber dieser euphemistische Begriff, der sich gerade dadurch auszeichnet, dass er den Bezug zum Verb *töten* vermeidet, dem Soldatentod tatsächlich Sinn gibt, wäre allerdings erst noch zu erweisen. Beabsichtigt wurde jedenfalls von denen, die sich für die neue Terminologie aussprachen, dass Soldatinnen und Soldaten, die in Afghanistan zu Tode kommen, gedanklich auf eine ganz andere Stufe gestellt werden als Angehörige von Entwicklungshilfeorganisationen, Friedensfachkräfte, Polizisten oder Techniker, die dort in Ausübung ihres Dienstes ebenfalls schon zu Tode gekommen sind.[7] Von ihnen sollen oder wollen die Soldatinnen und Soldaten sich unterscheiden. Das Opfer des eigenen Lebens, das Zivilisten in Afghanistan gebracht haben, ist demnach ein geringeres oder zumindest anderes als das soldatische. Damit wird militärischen ein grundlegend anderer Status zugesprochen als zivilen – oft auch einheimischen – Kräften.

(4) In der dritten Oktoberwoche, kurz vor der Mandatsverlängerung im Bundestag, mehrten sich dann in Zeitungen und Zeitschriften die Überschriften, in denen von Krieg die Rede war. Ich erinnere an die Überschrift eines Artikels in der Wochenzeitschrift „Stern", wo es hieß: „Stell dir vor es ist Krieg ... und keiner gibt es zu." (Reuter 2008: 28)

---

7 Laut Spiegel (Anonymus 2009b) plant derzeit auch das Bundesministerium des Innern ein Ehrenmal für Polizisten, Beamte des Bundeskriminalamtes und Mitarbeiter des Technischen Hilfswerks, das im Innenhof dieses Ministeriums aufgestellt werden soll.

Journalismus funktioniert bekanntlich so, dass jede Woche neue Missstände aufgedeckt werden, die Politiker zu Korrekturen ihrer Politik bewegen sollen. Manche der journalistischen Enthüllungen haben Anhalt an der Realität, andere versinken ohne weitere Beachtung in der Altpapier-Sammelanlage. In besagtem „Stern"-Artikel wurde darauf hingewiesen, dass die Vermeidung des Begriffs *Krieg* nicht zuletzt darin begründet sei, dass die Lebensversicherungen der Soldatinnen und Soldaten häufig eine Kriegsklausel enthielten, so dass die Hinterbliebenen kein Geld bekämen, wenn der Versicherte *im Krieg* umgekommen sei. (Reuter 2008: 32) Wenn also das Bundesministerium der Verteidigung den Begriff *Krieg* vermeide, drücke es sich darum, sich gegebenenfalls an Stelle der Versicherer in die Pflicht nehmen zu lassen. Daraufhin startete das Bundesministerium der Verteidigung eine Pressekampagne, in der es erläuterte, was von Seiten des Dienstherrn für die Soldaten und deren Angehörige im Todesfall geleistet wird. (Schmitz/Jüttner 2008: 31, bes. Kolumne rechts)

Neben dem Vorwurf mangelnder Fürsorge im Todesfall thematisierte der „Stern" in Interviews von Soldatinnen und Soldaten, dass die Gesellschaft und die Politiker gar nicht bemerken würden, in welch prekärer Situation Bundeswehrangehörige sich befänden. Während diese sich selbst als solche Menschen wüssten und empfänden, die sich für Deutschland und die deutsche Gesellschaft – sie selbst sagen meist: für das Deutsche Volk – gegebenenfalls mit ihrem eigenen Leben *opferten*, würden die Mitbürger sie nicht ‚ehren'. Das wiegt dem Empfinden nach angeblich sogar noch stärker als die schlechte Fürsorge des Dienstherrn. Soldatinnen und Soldaten hätten demnach ein besonderes Interesse daran, die Lage in Afghanistan dramatisch darzustellen, weil sie auf diese Weise Anteilnahme für ihre Tätigkeit zu gewinnen hoffen. Ob das ‚Gefühl' mangelnder Beachtung und Wertschätzung gerechtfertigt ist oder nicht, kann nicht von außen entschieden werden – es geht hier vor allem darum, die Logik der medialen Inszenierung wahrzunehmen.

(5) Am 21. Oktober 2008 hat in der Sendung von Sandra Maischberger der ehemalige Verteidigungsminister Peter Struck (SPD) auf die Frage zu den beiden kurz zuvor in Afghanistan zu Tode gekommenen Soldaten: „Sind die beiden Soldaten gefallen?" geantwortet: „Ja, aus meiner Sicht eindeutig: ja, ich sage es: ja. Ich bin der Auffassung: Natürlich sind die gefallen, sind in einer Auseinandersetzung, die man heute als [nuscheln, einzufügen: asymmetrischen, ADD] Krieg bezeichnet (...) gefallen." (Nachgeschrieben, ADD) Solche Worte, spontan verwendet im Gespräch, wobei der ehemalige Bundesminister der Verteidigung neben dem ehemaligen Hauptfeldwebel Frank Dornseif, der den Anschlag auf den Bus der Bundeswehr in Kabul im Jahr 2003 schwer verletzt und traumatisiert überlebt hat, dürfen nicht überbewertet werden, sind aber doch auf ihre Weise ein Indiz für eine veränderte Stim-

145

mung. Struck wollte den Soldatinnen und Soldaten gegenüber seine Empathie zeigen – und er verwendete deshalb das Verb, das sie selbst offenbar gerne auf sich anwenden.

(6) Am 23. Oktober 2008 formulierte der Katholische Militärbischof Walter Mixa beim Abschlussgottesdienst der 53. Jahrestagung der Katholischen Militärseelsorger: „Die Soldaten sind in Kunduz *durch einen Terroranschlag der Taliban gefallen.*" (Anonymus 2008: 3; Hervorhebung, ADD) Der Bischof vermied noch die positiv-sinnstiftende Formulierung *„im Einsatz für den Frieden gefallen"* – die einen Tag später der damalige Verteidigungsminister Jung einführte –, verwendete aber immerhin entgegen der bis dahin noch geltenden politisch korrekten Redeweise das Partizip Perfekt Passiv von *fallen.*

Die angeführte Zahl der Mitredenden hätte noch erweitert werden können um andere Politiker sowie deutsche und amerikanische Generäle.[8] Jung war also klug beraten, dem Druck seiner Mitspieler und Kontrahenten nachzugeben, wollte er nicht den Eindruck auf sich sitzen lassen, er verweigere den getöteten Soldaten die ihnen gebührende *Ehre* – zumal er zuvor schon zwei Mal in Zweibrücken vor den Särgen von Fallschirmjägern gesprochen hatte. Er musste jetzt eine neue Formel finden, die von den Soldatinnen und Soldaten als der Dramatik der Situation angemessen empfunden werden konnte, deren emotionale Belastung aufnimmt und zugleich das enge Band zwischen *gefallen* und *Krieg* durchschneidet. Deshalb sagte der damalige Minister bekanntlich: *„im Einsatz für den Frieden gefallen"* und gab damit ein Ziel des soldatischen Selbstopfers an, das sich „Vom Tode für das Vaterland" (so der Titel der einschlägigen Schrift von Thomas Abbt aus dem Jahr 1761) unterscheidet. Die Idee des ‚sich Opferns für etwas' ist in der öffentlichen Kommunikation in Deutschland positiv besetzt. Das hat seinen Grund nicht nur in der christlichen Tradition, hat sich doch Gott selbst in seinem Sohn für die ganze Welt geopfert, sondern auch in der Hochschätzung des Selbstopfers in vielerlei alltäglichen Vollzügen: So wird zumindest sprachlich anerkannt, dass Eltern sich für ihre Kinder opfern, der Arzt und die Krankenschwester sich für die Kranken opfern, dass Entwicklungshelfer sich für Waisenkinder oder Aufbau in Afrika opfern oder Beamte für ihren Dienstherrn. Sogar die ‚Täter' des Zweiten Weltkrieges werden in der öffentlichen Sprache und Denkmalskultur vielfach als Opfer angesehen, so dass die Wissenschaft schon von der „Viktimisierungsfalle" gesprochen hat. (Kühne 2000) Niemand – zumindest in der deutschen Öffentlichkeit – sagt dagegen:

---

8 Der Spiegel vom 27. Oktober 2008, 132: „Verteidigungsminister Jung beschönigt die Realität des Afghanistan-Einsatzes": US-Viersternegeneral David McKierman, Kommandeur der ISAF-Schutztruppe, sagte – und Jung stand daneben: „Ja, wir führen einen Krieg." Beachte auch die Äußerung von Sommer 2008 eine Woche davor in der Wochenzeitung „Die Zeit".

„Der Terrorist opfert sich für den Islam!" Oder: „Er ist für Allah und Afghanistan gefallen."
Einleitend wurde gefragt, wie die Wirklichkeit die Sprache verändert. Darauf kann jetzt geantwortet werden: Das kognitive soldatische Selbstkonzept und das emotionale soldatische Selbstwertgefühl werden von den Soldatenvertretern und in medial inszenierten Äußerungen von Soldaten (nur Männer standen im „Stern" im Blickpunkt) aus der Erfahrung der „Erregungsgemeinschaft" (Terminus übertragen von Sloterdijk 1998: 14; 2006: 70) im Lager in Afghanistan abgeleitet.[9] Obwohl nur ein Bruchteil aller Soldatinnen und Soldaten dort eingesetzt war bzw. ist, wird die Frage der soldatischen Identität fast ausschließlich in Bezug auf diesen Einsatz diskutiert. Die Erfahrungen dort sind so dominierend, dass sie das soldatische Selbstbild beherrschen. Am Afghanistan-Einsatz wird offenbar die Frage der Transformation der Bundeswehr zu einer weltweit einsetzbaren Kampftruppe diskutiert: Was darf der Staat seinen Bürgern in Uniform zumuten? Was kann die Gesellschaft von ihren Soldaten erwarten? Die afghanischen Erfahrungen erweisen sich als besonders gut geeignet, die öffentliche Diskussion in der Bundesrepublik Deutschland zu prägen, weil man nicht einfach dorthin reisen kann und nur wenige Deutsche ein genaueres Bild von Afghanistan und den Aufgaben der Soldatinnen und Soldaten dort haben. Die Debatte zeigt auch – und das ist bemerkenswert –, dass das Selbstbild der sich öffentlich äußernden Soldatinnen und Soldaten kaum von der humanitär-polizeilichen Aufgabe bestimmt ist, welche die *Rules of Engagement* vorgeben, sondern von der Idee eines ehrenwerten Kämpfers, dem heimtückische Terroristen mit hinterhältigen Sprengfallen zu Leibe rücken. Diese und ähnliche Klischees werden nicht allein von Bundeswehrangehörigen bedient, sondern auch von Politikern, denen die Dramatisierung oder Entdramatisierung der Verhältnisse im Einsatzland helfen mag, Zustimmung bei potenziellen Wählern oder Finanzmittel einzuwerben. Die Einführung des Verbs *gefallen* hat aber noch eine weitere Dimension: Diskutiert wird damit implizit auch die Frage, ob das deutsche Parlament Soldatinnen und Soldaten in den Tod schicken darf. Helmut Schmidt versprach den Rekruten bei ihrer Vereidigung am 20. Juli 2008 in Berlin aufgrund eigener Erfahrung mit dem Soldat-Sein im nationalsozialistischen Unrechtssystem und in unnachahmlicher Präzision: „Ihr müsst wissen: Euer Dienst kann auch Risiken und Gefahren umfassen. Aber Ihr könnt Euch darauf verlassen: Dieser Staat wird Euch nicht missbrauchen.

---

9 Sloterdijk prägte den Terminus für den so genannten Volksgeist und hat ihn später unter anderem auf die Ereignisse anlässlich der Fußball-Weltmeisterschaft 2006 angewendet, indem er von medial inszenierten „nationalen Erregungsgemeinschaften" sprach. (Sloterdijk 2006: 70) Sehr interessant ist in diesem Zusammenhang die Lektüre des Abschnitts „Hedonismus und Askese im Auslandseinsatz" in Friedensethik im Einsatz 2009: 332–334.

Denn die Würde und das Recht des einzelnen Menschen sind das oberste Gebot – nicht nur für die Regierenden, sondern für uns alle." (Schmidt 2008: 6)

2 Sprachliche Martialisierung – Ausdruck elitären Bewusstseins

Binnen nur einer Woche im Oktober veränderte sich die politische Kommunikation und damit wahrscheinlich auch die politische Kultur in der Bundesrepublik Deutschland. Ein friedenserzwingender Bundeswehreinsatz im Rahmen einer von den VN entsandten internationalen Sicherheitstruppe wird seitdem *Krieg* genannt. Aus Opfern von verwirrten und verführten religiösen Fanatikern, Opfern von Taliban-Attacken, wurden *Gefallene*. Seitdem werden die Nomina *Kampf* und *Gefecht* immer öfter zur Kennzeichnung der afghanischen Problemlage herangezogen.

Wichtige gesellschaftliche und politische Akteure hatten sich – das hat der Überblick über die Diskussionslage vor dem 20. Oktober 2008 ergeben – schon vor dem Trauergottesdienst für den vierten und den fünften aus dem Zweibrücker Fallschirmjägerbataillon getöteten Soldaten auf die Forderung neuer Sprachregelungen festgelegt. Dazu mögen einige disparate Interessen beigetragen haben: Der Bundeswehrverband stand vor dem Wechsel des Spitzenmannes, musste sich um die Integration seiner Mitglieder bemühen und baute deshalb Druck auf die Politik auf. Der ehemalige Verteidigungsminister sprach zugleich als Fraktionsvorsitzender einer Partei. Er wollte den Soldatinnen und Soldaten signalisieren, dass er sich um sie kümmert, so wie er sich schon zu seiner Zeit als Minister um sie gekümmert hatte. Die Militärseelsorge will sowieso immer sagen, dass sie neben den Menschen in Uniform steht – und Anteilnahme versichert man bekanntlich besonders gut dadurch, dass man die tatsächlichen oder vermeintlichen Bedürfnisse des Gegenübers ‚spiegelt'. Die neue Zentrale Dienstvorschrift 10/1 Innere Führung (BMVg 2008) bot keine Hilfe. Der durch die Verwendung des alten Verbs emotionalisierte Umgang mit dem Soldatentod sollte Wirkung zeigen – bei der Diskussion über den Afghanistan-Einsatz im Bundestag und bei der Durchsetzung der neuen gesetzlichen Regelungen zur Absicherung der Soldatinnen und Soldaten. Nicht bedacht und nirgends diskutiert wurde der geschichtliche Zusammenhang: Früher *fiel* der Soldat für Gott, Führer, Volk oder Vaterland. Jetzt wird dieses höhere Gut, das dem Soldatentod Sinn verleihen soll, mit dem emotional und in der christlich-abendländischen Tradition hoch besetzten Begriff ‚Frieden' angegeben.[10]

---

10 Die Austauschbarkeit derjenigen Güter, für die das Menschenleben eingesetzt und gegebenenfalls dahingegeben bzw. verloren wird, beängstigt. Kann oder darf der Soldat für ‚Si-

Zwar darf die Politik den Graben zwischen allgemeiner Wahrnehmung, Wahrnehmung durch die Betroffenen und öffentlicher Rede nicht allzu tief werden lassen, aber die öffentlichen Aufregungsrituale schaffen möglicherweise erst diejenigen Erregungspotenziale, auf die Politiker dann beruhigend einwirken wollen. Auch wer denken würde: „Schöne Worte kosten nix!" bekäme ein Problem, denn Sprache konstruiert nämlich Wirklichkeitswahrnehmung. Wirklichkeit wird so wahrgenommen, wie die Sprache sie vorgibt. Das heißt: Es gibt keine Welt ohne die Worte, kein Gefühl ohne Versprachlichung, kein Ereignis ohne Beschreibung. Die literarische Konstruktion opferbereiter Erregungsgemeinschaften, wie sie den Beginn vieler Kriege auszeichnete, die Erinnerung an „poetische Mobilmachung" (Dainat 2007: 23) lehrt, kritisch gegenüber der öffentlichen Sprache zu sein, die nicht nur rechtlich verantwortet werden muss, sondern auch politisch und vor der Geschichte.

Im Umkreis des Ministers glaubten viele sicherlich, mit der neuen Sprachregelung könne man den Soldaten signalisieren, ihr selbstloser Einsatz in Afghanistan, der das Opfer ihres eigenen Lebens kosten könnte, werde nun zumindest sprachlich anerkannt. Tatsächlich aber hat man der Öffentlichkeit vorgeführt, dass gravierende Änderungen in der Sichtweise auf den Afghanistan-Einsatz und in der sprachlichen Verständigung über das, was Bundeswehrsoldatinnen und -soldaten dort tun, durch hohen veröffentlichten Druck der beteiligten identitätsbildenden Gruppen: Bundeswehrverband, Presse, Politik, Kirchen erzwungen werden können. Dass es gelingen wird, die rhetorischen Formeln wieder ein Stück weit zurückzunehmen, ist unwahrscheinlich. Aber: Was will der Minister bei einem durch einen Autounfall im Kosovo tödlich verunglückten Soldaten sagen? Ist er ‚nur' getötet worden? Was will der Minister sagen, wenn die Hinterbliebenen der drei anderen Zweibrücker Feldjäger verlangen, dass ihre Toten nun auch als *Gefallene* bezeichnet werden? Aus dem Verteidigungsministerium verlautet: Wir haben zwei *Gefallene*, zwei Handvoll bei Berührung mit Taliban-Kämpfern ums Leben gekommene Soldaten und die übrigen 2 900 Soldatinnen, Soldaten und Zivilbedienstete, die irgendwie im Zusammenhang mit ihrem Dienst in der Bundeswehr ums Leben gekommen sind. Aller Namen sollen das Ehrenmal im Bendlerblock zieren. So werden diejenigen, die bei den Trauerfeiern noch sorgfältig voneinander unterschieden wurden, beim Ehrenmal wieder gleich gemacht.[11]

---

cherheit' oder für ‚deutsche Interessen' sein Leben geben? Ist es im ethischen Sinne ‚recht', wenn Soldatinnen und Soldaten in der Auseinandersetzung um Öl oder andere Rohstoffe *fallen*?

11 Unterschieden wird bei der Gestaltung der Trauerfeiern zwischen bei einem Einsatzunfall ums Leben gekommener Soldatinnen und Soldaten einerseits und Selbstmördern im Feldla-

Für die Zukunft sollten folgende Gedanken festgehalten werden: Es ist nichts dagegen zu sagen, wenn der Verteidigungsminister sich zukünftig vor der Leistung jedes im Auslandseinsatz getöteten Soldaten, jeder dort getöteten Soldatin verneigt. Er könnte beispielsweise sagen:

• Ich verneige mich vor dem von Taliban ermordeten Soldaten.
• Ich verneige mich vor dem Soldaten, der ein einsames Dorf mit Brennholz versorgt hat und dabei auf eine Mine trat.

Er sollte allerdings auch sagen:

• Ich verneige mich vor den Angehörigen der jungen Mutter, die ein deutscher Soldat erschossen hat.

Und:

• Ich verneige mich vor der Entwicklungshelferin, die einem Anschlag zum Opfer fiel.

Oder auch:

• Ich verneige mich vor der afghanischen Polizistin, die versucht hat, als Vorbild für Frauen in ihrem Heimatland zu wirken.

Zu befürchten steht, dass die Entwicklung der auf Soldatinnen und Soldaten und die Aktivitäten der Bundeswehr bezogene öffentliche Sprache sich immer weiter martialisiert, immer stärker zu einer Sprache wird, die in der friedlichen Zivilgesellschaft in Deutschland nicht gesprochen wird.[12] So, wie

---

ger andererseits. Selbstmördern wird gegenwärtig eine Trauerfeier versagt. Wenn ihr Sarg in Köln-Wahn ausgeladen wird, steht schon der Leichenwagen für die Überführung zur Bestattung bereit. Eine Trauerfeier wie für im Einsatz „gefallene" Soldatinnen und Soldaten gibt es in diesem Fall nicht.

12 Der Begriff Martialisierung ist abgeleitet von dem römischen Kriegsgott Mars. Bezeichnet wird damit eine auf gewalthaltige Konfliktlösungsstrategien bezogene öffentliche Kommunikation und Kultur im Unterschied zu einer auf friedliche Konfliktlösungsstrategien bezogenen. Nicht verwendet wird an dieser Stelle das Wort Militarisierung, weil dieser Begriff durch Vorgänge im Preußen des 19. und beginnenden 20. Jahrhunderts besetzt ist. Er bezeichnet die Ausrichtung der gesamten Gesellschaft auf den Krieg hin, einen beachtlichen Anteil Rüstungsproduktion an der Produktion, die Tatsache, dass alle jungen Männer ‚Gediente' waren, die Bekleidung schon kleiner Jungen mit uniformähnlichen Hemdchen (z. B. Matrosenanzüge). Vgl. auch Aufarbeitung der Forschungsdiskussion über Militarismus in der deutschen Geschichte: Messerschmidt 1975: 130–146. Eine vergleichbare Überbewertung des Militärischen gegenüber dem Zivilen ist gegenwärtig nicht festzustellen: Nur noch ein Bruchteil der Männer ist militärisch ausgebildet, nur ein Bruchteil des Bruttoinlandsprodukts wird in der Rüstungswirtschaft erarbeitet; der Verteidigungshaushalt beträgt nur wenige Prozente vom Haushalt der Bundesrepublik Deutschland. Der weitaus größte Teil der deutschen Wohnbevölkerung über 16 Jahre sympathisiert mit den von den empirischen Politikforschern als Meinung der ‚Tauben' bezeichneten Überzeugungen. (Jacobs 2009; vgl.

man die Wirklichkeit benennt, nimmt man sie auch wahr, entsprechend wirkt man auf sie ein. Schon vor zehn Jahren hat die Friedensforschung in Bezug auf „Friedensengel im Kampfanzug" festgestellt: „Wie Soldatinnen und Soldaten sich auf ihre Aufgabe als ‚Peacekeeper' einstellen, ist von erheblicher Bedeutung für die Fähigkeit von Streitkräften, sich erfolgreich an derartigen Operationen zu beteiligen." (Friedensengel im Kampfanzug 1996: 77) Wenn deutsche Soldatinnen und Soldaten im Ausland als Schutzleute im Tarnfleck auftreten sollen, dann müssen sie auch polizeilich denken und handeln können. Das gilt gegenwärtig umso mehr. Man spricht euphemisierend von der Nervosität der Soldatinnen und Soldaten, wenn von problematischem Schusswaffengebrauch gegen Zivilisten die Rede ist. Tatsächlich aber bewirkt die Angst vor tödlichen Anschlägen verbunden mit der Martialisierung der Wahrnehmung der Ereignisse im Einsatzland eine Veränderung in der Wahrnehmung der afghanischen Zivilbevölkerung: Die Menschen werden zu potenziellen Gegnern. Ganz anders hatten die bisherigen Festschreibungen deutscher Sicherheits- und Verteidigungspolitik die Linien gezogen: Sowohl der „Aktionsplan ‚Zivile Krisenprävention, Konfliktlösung und Friedenskonsolidierung'" durch die letzte Bundesregierung erstmals 2004 veröffentlicht als auch das 2006 veröffentlichte „Weißbuch der Bundesregierung zur Sicherheitspolitik Deutschlands und zur Zukunft der Bundeswehr", urheberrechtlich herausgegeben vom Bundesministerium der Verteidigung, stellen die „vernetzte Sicherheit" als notwendig dar, befürworten also die enge Zusammenarbeit zwischen militärischen und zivilen Kräften. Wie soll diese Zusammenarbeit aber gelingen, wenn in der Bundeswehr eine andere Sprache – und damit auch ein anderes Denken – gepflegt wird, als bei den zivilen Entwicklungshelfern? Und: Wer gedenkt deren Opfer? Müsste nicht aller an Auslandseinsätzen beteiligten Menschen in gleicher Weise, in derselben Sprache gedacht werden? Schließlich ist es auch das Ziel der Mitarbeiter der Welthungerhilfe und des Technischen Hilfswerks, den Aufbau einer Zivilgesellschaft in Afghanistan zu fördern.

Der bekannte Berliner Soziologieprofessor und Essayist Herfried Münkler nannte die Mission der Bundeswehr in Afghanistan einen „asymmetrischen Krieg" und bescheinigte der „postheroischen Gesellschaft" ein „Dilemma": Der Gedanke des patriotisch motivierten Selbstopfers sei aufgrund der spezifisch deutschen Erfahrung verloren gegangen. (Münkler 2006: 176) Die „Strategie des semantischen Normalismus" – will sagen: die Vermeidung des Begriffsfelds *Krieg* – zu dem konstitutiv *gefallene* und verwundete Sol-

---

auch mit speziellem Bezug auf die Bundeswehr Bulmahn 2008: 113–116). Trotz dieser messbaren Militärferne aber lässt sich in der öffentlichen Kommunikation ebenso wie in der populären Kultur eine Neigung zu gewaltförmigen Konfliktlösungen und zur Ästhetisierung von Gewalt beobachten. Beispiele dafür bei Dörfler-Dierken 2009.

daten gehören – zeuge von der Labilität der Heimatfront. Postheroische Gesellschaften lassen sich nicht einfach und schnell zu opferbereiten Erregungsgemeinschaften umformen – das mag man beklagen, das Faktum birgt aber auch einen Gewinn: Die Distanz der Deutschen gegenüber dem Einsatz militärischer Machtmittel zeugt von politischer Reife. Die sprachliche Martialisierung, von Soldatenvertretern gefordert, von den Politikern und Kirchen bedient, lässt wahrscheinlich nicht darauf schließen, dass die deutsche Öffentlichkeit ihre tendenziell eher gewaltkritische Haltung[13] aufgäbe – und das spüren auch die Soldatinnen und Soldaten. Sie werden deshalb dazu neigen, ein elitäres Sonderethos auszubilden, sich als eine Elite zu verstehen, die besondere Opfer bringt.[14] Diese veränderte soldatische Wir-Identität ist bestimmt von dem Selbstbild, nötigenfalls sein Leben dahinzugeben für ein Vaterland und eine Gesellschaft, die des Selbstopfers eigentlich nicht wert sind. Soldatinnen und Soldaten ernennen sich durch solche Wiederbelebungen alter soldatischer Ehrbegriffe zu einer Statuselite. Dadurch dürften sie aber ihrem eigenen Stand keinen guten Dienst erweisen, denn nur wenige werden den Beruf des Soldaten anstreben, wenn dieser sie an den Rand des gesellschaftlichen Konsenses stellt, wenn es auch andere – ungefährlichere – Möglichkeiten der beruflichen Verwirklichung gibt. Eine funktionalere Betrachtung des Alltags von Soldatinnen und Soldaten im Auslandseinsatz, eine stärkere Würdigung der Opfer der zivilen Helferinnen und Helfer könnten dazu beitragen, die militärischen Kräfte in die Mitte der deutschen Gesellschaft geistig und sprachlich zu integrieren.

3   „Der Gefallene" – Ehrentitel oder Konzession an Befindlichkeiten?

Am 30. Oktober, wenige Tage nach der Traueransprache des Bundesministers der Verteidigung, meldete sich der damalige Generalinspekteur der Bundeswehr General Wolfgang Schneiderhan in der Wochenzeitung „Die Zeit" (2008: 2) zu Wort: Er nannte den politischen Streit um die richtige Wortwahl „Krieg um die Worte", „eine bizarre Debatte". Der Interviewer berichtet, „ihn [den GI] interessiere die Abwägung nicht, ob ein Sprengstoffanschlag im klassischen Sinne eine Kampfhandlung sei. Soldaten seien so gestrickt, gera-

---

13 Ergebnisse der Bevölkerungsbefragung des Sozialwissenschaftlichen Instituts der Bundeswehr (Bulmahn et al. 2008) weisen ebenso in diese Richtung wie die auf den Daten von Transatlantic Trends beruhenden Ergebnisse von Jacobs 2010 und die Untersuchungen von Göler 2010 und Biehl 2010.

14 Darauf, dass dieses Verständnis von Elite unpolitisch und völlig funktional ist, macht Klaus Naumann 2008: 67–70 aufmerksam. Er weist auch eindringlich auf die Gefahren hin, die sich aus einer solchen Selbstwahrnehmung von Soldaten ergeben.

deaus zu denken, Dinge nicht unnötig zu komplizieren." Und dann folgt die ipsissima vox des ranghöchsten Soldaten der Bundeswehr: „Wenn es ihnen hilft, warum benennen wir es nicht? (...) Warum nicht die soldatische Sprache benutzen, wenn es den Kameraden hilft, Motivation zu finden? Warum nicht sagen, jemand ist verwundet oder gefallen – wenn man sie mit diesen Worten heraushebt aus dem Kreis jener, die sich mit ihrem Dienstfahrzeug bei einem Unfall in der Heimat verletzen." Eine bestimmte Sprache hilft Soldatinnen und Soldaten, Belastungen zu ertragen und Schwierigkeiten zu verarbeiten. Das ist einleuchtend. Politiker und militärische Vorgesetzte, Öffentlichkeit und Medien können Soldaten dadurch ihre Anerkennung aussprechen, dass sie ihnen den als Ehrentitel empfundenen Begriff *Gefallene* prädizieren.

Öffentliche und politische Sprache ist jedoch zu unterscheiden von seelsorgerlich motivierter Sprache. Sie muss sich am Friedensgebot des Grundgesetzes messen lassen – egal, was Soldatinnen und Soldaten empfinden. Die Verschiebung des Diskurses über den Afghanistan-Einsatz in Richtung *Krieg, Kampf* und *Gefecht* fordert die Überprüfung des Mandats und die Stellungnahme der Bevölkerung zu den Vorgängen geradezu heraus.

Die am 27. Oktober 2008 für das Bundesministerium der Verteidigung erlassene Sprachregelung sah deshalb vor, dass der Begriff *Krieg* vermieden wird. Begründet wurde das mit dem Hinweis, dass die rechtliche Anerkennung der Taliban und Al-Qaida-Terroristen als Kombattanten mit den entsprechenden Folgen nach der Genfer Konvention – wie etwa der Anerkennung des Status als Kriegsgefangene mit bestimmten Rechten – vermieden werden sollte. Diese Argumentation entsprach derjenigen der US-Amerikaner und ist ethisch verwerflich. Sie spricht der Zentralen Dienstvorschrift (ZDv) 10/1 Innere Führung Hohn, denn dort hieß es ausdrücklich, dass die Menschenrechte auch für den potenziellen Gegner im Einsatzgebiet gelten. (BMVg 2008: Ziff. 307, 311, 604) Das zweite gegen die Verwendung des Substantivs *Krieg* angeführte Argument zielte auf die kollektive Erinnerung: Mit dem Zweiten Weltkrieg habe die Situation in Afghanistan nichts gemein. Das stimmt sicher, wenn man sich die totale Mobilisierung der deutschen Bevölkerung, die so genanntes ‚Menschenmaterial' verheizenden Schlachten, die Vernichtung der Juden und des so genannten minderwertigen Lebens vor Augen hält. Es stimmt wohl weniger, wenn man sich den Stress und die gefühlte Bedrohung der Soldatinnen und Soldaten vor Augen führt.

Im Kommentar zum Soldatengesetz wird die Meinung abgelehnt, ein Soldat sei „ein Mensch, dem sein Leben nicht mehr zu eigen gehört. Deshalb sei der Satz, „[d]er Soldatentod ist (apriorischer) Inhalt des soldatischen Daseins", den Georg Picht vertreten hatte, schlicht falsch. (Walz et al. 2006: 123) Daraus müsste doch folgen, dass Politik und Gesellschaft die Soldatinnen und Soldaten der Bundeswehr darin unterstützen, ein positives Selbstbild aufzubauen, das nicht vom Gedanken der Bereitschaft zum Selbstopfer bis hin zum eigenen Leben bestimmt ist. Weil die öffentliche Rede in der Bundesrepublik Deutschland den Familien der Opfer von Talibankämpfern und Selbstmordattentätern sagen wollte: „wir können niemals den Schmerz ermessen, den der von deutschen Politikern beschlossene von uns als Bürgern dieses Landes mitgetragene Einsatz über Sie und Ihre Familien gebracht hat. Wir würdigen das Opfer ihrer Söhne und Männer, ihrer Töchter und Frauen" – ist eine Melange von soldatischem Traditionalismus und politischem Kalkül entstanden. Auch wenn die neuen Sprachregelungen sozusagen seelsorgerlich motiviert sind – ebenso wie Einsatznadeln, Tapferkeitsmedaillen und Ehrenmale – das empfundene Sinndefizit des Afghanistan-Einsatzes wird dadurch nicht behoben.

Gerade der Versuch, das soldatische Selbstbild zu stärken, indem dem soldatischen Selbstkonzept und Selbstwertgefühl Rechnung getragen wird, hat die Isolation der Soldatinnen und Soldaten verstärkt: Sie sind dadurch zu einer Gruppe in der Gesellschaft geworden, für die besondere Sprachregelungen eingeführt wurden. Die Uniformträger unterscheiden sich tatsächlich – die Lager in den Einsatzländern mögen bildlich dafür stehen – von den draußen Lebenden. Das schafft eine große Kohäsion innerhalb des eingezäunten und gesicherten Bereichs. Deshalb wollen diejenigen, die für eine lange Zeit drinnen leben, nicht die Identitäts- und Rollenzuschreibungen von denen draußen in ihr eigenes soldatisches Selbstbild integrieren. Sie wollen sich unterscheiden von den anderen Bürgern, die gewissermaßen nur am warmen Ofen sitzen und sich nicht heimatfern ständiger Bedrohung aussetzen. Das ist verständlich und zugleich problematisch. Denn die Soldatinnen und Soldaten wollen sich auch unterscheiden von humanitären Helfern, Polizisten und Friedensarbeiterinnen, die freiwillig ähnliche Strapazen auf sich nehmen und sich auch ähnlichen Bedrohungen aussetzen wie sie.[15] So bildet sich ein elitäres Selbstwertgefühl aus, das noch verstärkt wird durch die gemeinsame militärische Erziehung, in der teilweise andere Werte als in der zivilen Gesellschaft tradiert, auf die hin die jungen Soldatinnen und Soldaten sozialisiert werden. Sogar in der neuen Zentralen Dienstvorschrift (ZDv) 10/1 Innere Führung findet sich ein Wertekanon, der zwar vom Grundgesetz her interpretiert werden soll, zugleich aber schlussfähig ist für traditionelle soldatische Selbstbeschreibung: „tapfer – treu und gewissenhaft – kameradschaftlich (...) – diszipliniert" (BMVg 2008: Ziff. 507).

Dazu tritt eine zweite Überlegung, die nicht von dem Gegensatz zwischen Drinnen und Draußen lebt, sondern vom soldatischen Selbstbild: Dieses scheint gegenwärtig bestimmt zu sein durch eine emotionale Dissonanz:

---

15 Eine Studie zur Mentalität humanitärer Helfer ist nicht bekannt.

Soldaten fühlen sich in Afghanistan – und Afghanistan ist nur der Kulminationspunkt für alle Auslandseinsätze und den Prozess der Transformation der Bundeswehr insgesamt – als *Kämpfer* und *Krieger* gebraucht. Deshalb können sie anschließen an frühere Konzepte, in denen insbesondere der Offizier sich einer Statuselite zugehörig fühlte und als solcher die Achtung und den Respekt der Zivilisten einzufordern berechtigt war. In der Demokratie und im Rahmen des Konzepts des Staatsbürgers in Uniform gibt es nur wenig Anschlussmöglichkeiten für diese Selbsteinschätzung und das damit verknüpfte Selbstwertgefühl. Wer sich aber in seiner *Ehre* zurückgesetzt und nicht angemessen gewürdigt fühlt, kann sich nicht im Einklang mit der Zivilgesellschaft empfinden.

Identitätspolitik für Soldatinnen und Soldaten muss also zweierlei leisten: Sie muss diese in die zivile und friedensorientierte Gesellschaft integrieren, und sie muss zugleich Erfahrungen anbieten, die Sinn stiften für einen polizeiähnlichen Einsatz in einem fernen Land. Das dürfte am besten dann gelingen, wenn Identitätspolitik mit den Soldatinnen und Soldaten und nicht gegen sie gemacht wird. Die Bundeswehr muss also aufgestellt werden als *ein* Finger der schützenden Hand, die über einen *failing state* gehalten wird, ein Finger von mehreren. Sie ist als ein Mitspieler mit einem bestimmten und begrenzten Fähigkeitsspektrum zu behandeln. Tatsächlich aber wird sie viel zu oft alleine gelassen. Noch öfter fühlt sie sich allein gelassen, auch von Polizisten und Entwicklungshelfern – und das wirkt sich dann so aus, dass sie ihre Alleinstellung als Sonderstellung interpretiert und paradoxerweise zugleich darunter leidet und darauf stolz ist.

Identitätsbildung ist ein selbstreflexiver Prozess, Identität kann nicht oktroyiert werden. Deshalb kann auch ministerielle oder militärische Identitätspolitik nur begrenzten Erfolg haben. Identitätspolitik ist ein beständiges Ringen zwischen verschiedenen Akteuren, die jeweils versuchen, individuelle Identitäten und Gruppenidentitäten zu prägen. Versuche von Identitätssteuerung fordern Widerstand immer dann heraus, wenn es sich nicht um einen dialogischen Prozess handelt. In einen Dialog mit Soldaten und Soldatinnen einzutreten, ist deshalb die erste Aufgabe von Gesellschaft und Politik. Nur so können beide Seiten lernen, sich wieder in derselben Sprache miteinander über dieselben Sachverhalte auszutauschen.

Identität ist als kommunikativ-interaktive Konstruktion von Selbstkonzept und Selbstwertgefühl zu begreifen. Es handelt sich erstens um eine Konstruktion, die auf äußere Bedingungen reagiert, also nicht um etwas naturwüchsig sich Herausbildendes. Dazu kommt zweitens, dass Sprache eine herausgehobene Bedeutung für den Aufbau von Identität spielt – das war an der Rede vom *Gefallenen* zu studieren. Im Verlauf eines Lebens und Berufslebens werden die Selbstbilder immer wieder neu konstruiert, auch berufliche

Selbstbilder unterliegen dem Wandel. Identität stellt sich demnach her in einem hoch konstruktiven Prozess. Selbst bei Erwachsenen ist sie nicht dauerhaft stabil, sondern ändert sich mit zunehmenden Erfahrungen und deren Versprachlichung. Identitätsbildung ist also ein immer wieder sich erneuernder selbstreflexiver Prozess, während dessen *Erfahrungen* verarbeitet und in das Selbstbild integriert werden. Dabei kommt es darauf an, nicht nur die *kognitive* Komponente dieses Identitätskonstruktionsprozesses im Blick zu behalten, sondern auch das *Selbstwertgefühl* als dessen emotionale Komponente. Die Forderung nach sprachlicher Anerkennung der toten Soldaten als *Gefallene* ist vor diesem Hintergrund zu interpretieren als Versuch der Soldaten, ihre berufliche Leistung als sinnvoll zu konstruieren. Hierbei können Politiker, Seelsorger und die Gesellschaft den Soldatinnen und Soldaten zwar helfen, sie können ihnen ihre individuelle Selbstkonstruktionsleistung jedoch nicht abnehmen. Die individuelle Leistung fußt auf milieuspezifischen Angeboten, die den Prozess der „permanenten Modulation von Erinnerungen" (Krassnitzer 2006: 212) steuern. Dafür, dass die Wehrmacht nicht zum Bezugspunkt des kommunikativen Gedächtnisses des Erinnerungskollektivs der Bundeswehrsoldatinnen und -soldaten wird, tragen die demokratischen Erzählgemeinschaften die Verantwortung. Die geschichtswissenschaftliche Aufarbeitung von autobiografischen Äußerungen spricht von „importierten Erinnerungen" (Krassnitzer 2006: 217), wenn sie aufweist, wie politisch-fiktive Interpretationen von Erlebtem die Schilderung des selbst Erfahrenen prägen.

Während zur Erläuterung des konstruktiv-dialogischen Charakters von Identität Konzepte aus der Psychologie und der historischen Biografieforschung herangezogen wurden, ist Identitätspolitik im Rückgriff auf Theorien der politischen Theorie zu entfalten: Identitätspolitik wird sowohl von dominanten Gruppen zur Erhaltung als auch von dominierten Gruppen zur Änderung des status quo benutzt. Vor diesem Hintergrund ist die neue Zentrale Dienstvorschrift (ZDv) 10/1 Innere Führung (BMVg 2008) als identitätspolitische Maßnahme der dominanten Gruppen zu werten. Dagegen sind die Äußerungen der Soldaten im „Stern" und die Forderungen des Bundeswehrverbands als Identitätspolitik der dominierten Gruppe zu verstehen. Den von außen auferlegten Zuschreibungen wird eine Selbstdefinition entgegengesetzt. Dominierte Gruppen bedenken häufig nicht, dass sie ihrerseits Identitätspolitik betreiben. Die Unterscheidung von dominierender beziehungsweise dominanter und dominierter Gruppe ist zwar schematisch, macht aber eines deutlich: Identitätspolitik ist ein beständiges Ringen zwischen verschiedenen Akteuren, die jeweils versuchen, individuelle Identität und Gruppenidentität zu prägen. Zu verhindern, dass solche Konzepte, die vorgestrigen Kriegskonzepten geschuldet sind, größere Bedeutung für die Konstruktion soldatischer

Berufsidentität gewinnen, ist Aufgabe der Politik und der militärischen Führung, Aufgabe aller Staatsbürger ohne Uniform und Aufgabe politisch relevanter Gruppen wie Kirchen, Journalisten, Bundeswehrverband. Deren Aufgabe ist es aber auch, die Kluft zwischen der soldatischen Erfahrung des Einsatzalltags und öffentlichen Sprache und der übertragenen Aufgabe nicht all zu groß werden zu lassen.

Literatur

Abbt, Thomas (1996 [1761]): Vom Tode für das Vaterland. In: Kunisch (Hrsg.) 1996: 589–650.

Adam, Wolfgang/Dainat, Holger (Hrsg.) (2007): „Krieg ist mein Lied". Der Siebenjährige Krieg in den zeitgenössischen Medien. Göttingen: Wallstein-Verlag.

Anonymus (2008): Dank gilt den Soldaten. 53. Konferenz der Katholischen Militärseelsorge. In: aktuell. Zeitung für die Bundeswehr, 43: 44, 3.

Anonymus (2009a): Der Dienst ist sicherer geworden. In Zahlen: Im Dienst getötete und verletzte Soldaten seit Gründung der Bundeswehr. In: Loyal, 4, 6.

Anonymus (2009b): Innenministerium. Ehrenmal für tote Polizisten. In: Der Spiegel vom 04. Mai 2009, 18.

Biehl, Heiko (2010): Bürger und Sicherheitspolitik – Auf der Suche nach einem sicherheitspolitischen Konsens. In: Dörfler-Dierken/Portugall (Hrsg.) 2010: 169–184.

Brzoska, Michael (2009): Was ist eigentlich Krieg? In: Kompass. Soldat in Welt und Kirche, 3, 4–6.

Buchbender, Ortwin/Arnold, Gerhard (Hrsg.) (2002): Kämpfen für die Menschenrechte. Der Kosovo-Konflikt im Spiegel der Friedensethik. (Schriften der Akademie der Bundeswehr für Information und Kommunikation 25) Baden-Baden: Nomos.

Bulmahn, Thomas et al. (2008): Sicherheits- und verteidigungspolitisches Meinungsklima in der Bundesrepublik Deutschland. Ergebnisse der Bevölkerungsbefragung 2006 des Sozialwissenschaftlichen Instituts der Bundeswehr. (Forschungsbericht 84) Strausberg: Sozialwissenschaftliches Institut der Bundeswehr.

Bulmahn, Thomas (2008): Aufgabenfelder der Bundeswehr. In: Bulmahn et al. 2008: 111–120.

Bundesministerium der Verteidigung (BMVg) (2008): Zentrale Dienstvorschrift (ZDv) 10/1 Innere Führung. Selbstverständnis und Führungskultur der Bundeswehr. Bonn: Bundesministerium der Verteidigung.

Clement, Rolf (2009): Die Luftwaffe im Krieg. In: Loyal, 4, 37f.

Dainat, Holger (2007): Der Siebenjährige Krieg in den Medien. In: Adam/ Dainat (Hrsg.) 2007: 9–26.

Dörfler-Dierken, Angelika (2008a): Berufsrisiko Tod. Wer sich in die Gefahr begibt ... muss sich auch mit dem Thema Tod im Einsatz auseinandersetzen. In: zurSache.bw. Evangelische Kommentare zu Fragen der Zeit, 14, 4–7.

Dörfler-Dierken, Angelika (2008b): Der Tod des Soldaten als Opfer. In: Hettling/Echternkamp (Hrsg.) 2008: 75–84.

Dörfler-Dierken, Angelika (2009): Zen-Buddhismus. In: Werkner/Liedhegener (Hrsg.) 2009: 329–346.

Dörfler-Dierken, Angelika/Portugall, Gerd (Hrsg.) (2010): Friedensethik und Sicherheitspolitik. Weißbuch 2006 und EKD-Friedensdenkschrift 2007 in der Diskussion. Wiesbaden: VS Verlag für Sozialwissenschaften.

Epkenhans, Michael/Förster, Stig/Hagemann, Karen (Hrsg.) (2006): Militärische Erinnerungskultur. Soldaten im Spiegel von Biographien, Memoiren und Selbstzeugnissen. (Krieg in der Geschichte 29) Paderborn et al.: Schöningh.

Gadamer, Hans-Georg (1975): Wahrheit und Methode. Grundzüge einer philosophischen Hermeneutik. Tübingen: Mohr.

Göler, Daniel (2010): Die strategische Kultur der Bundesrepublik – Eine Bestandsaufnahme normativer Vorstellungen über den Einsatz militärischer Mittel. In: Dörfler-Dierken/Portugall (Hrsg.) 2010: 185–199.

Greven, Michael Th./Wrochem, Oliver von (Hrsg.) (2000): Der Krieg in der Nachkriegszeit. Der Zweite Weltkrieg in Politik und Gesellschaft der Bundesrepublik. Opladen: Leske + Budrich.

Haspel, Michael (2002): Friedensethik und Humanitäre Intervention. Der Kosovo-Krieg als Herausforderung evangelischer Friedensethik. Neukirchen-Vluyn: Neukirchner Verlag.

Hettling, Manfred/Echternkamp, Jörg (Hrsg.) (2008): Bedingt erinnerungsbereit. Soldatengedenken in der Bundesrepublik. Göttingen: Vandenhoeck & Ruprecht.

Jaberg, Sabine (2009): Hat die Friedensnorm des Grundgesetzes ausgedient? – Deutsche Sicherheits- und Verteidigungsprogrammatik und EKD-Friedensdenkschrift im Vergleich. In: Dörfler-Dierken/Portugall (Hrsg.) 2010: 27–52.

Jacobs, Jörg (2010): Militärkritisch oder militäraffin? – Grundhaltungen der Bevölkerung ausgewählter europäischer Staaten. In: Dörfler-Dierken/ Portugall (Hrsg.) 2010: 201–218.

Jung, Franz Josef (2008): Vorwort. In: BMVg 2008: 4f.

Krassnitzer, Patrick (2006): Historische Forschung zwischen „importierten Erinnerungen" und Quellenamnesie. Zur Aussagekraft autobiographischer Quellen am Beispiel der Weltkriegserinnerung im nationalsozialistischen Milieu. In: Epkenhans/Förster/Hagemann (Hrsg.) 2006: 212–222.

Kühne, Thomas (2000): Die Viktimisierungsfalle. Wehrmachtsverbrechen, Geschichtswissenschaft und symbolische Deutung des Militärs. In: Greven/Wrochem (Hrsg.) 2000: 183–196.

Kümmel, Gerhard/Leonhard, Nina (2004): Casualty Shyness and Democracy in Germany. In: S + F, 22: 3, 119–126.

Kunisch, Johannes (Hrsg.) (1996): Aufklärung und Kriegserfahrung. Klassische Zeitzeugen zum Siebenjährigen Krieg. (Bibliothek der Geschichte und Politik 9) Frankfurt a. M.: Deutscher Klassiker Verlag.

Messerschmidt, Manfred (1975): Militär und Politik in der Bismarckzeit und im Wilhelminischen Deutschland. (Erträge der Forschung 43) Darmstadt: Wissenschaftliche Buchgesellschaft.

Meyer, Georg-Maria (Hrsg.) (1996): Friedensengel im Kampfanzug? Zu Theorie und Praxis militärischer UN-Einsätze. Opladen: Westdeutscher Verlag.

Münkler, Herfried (2006): Der Wandel des Krieges. Von der Symmetrie zur Asymmetrie. Weilerswist: Velbrück Wissenschaft.

Münkler, Herfried (2009): Ein Historiker wird einen anderen Kriegsbegriff haben als ein Völkerrechtler. In: Kompass. Soldat in Welt und Kirche, 3, 7–9.

Naumann, Klaus (2008): Einsatz ohne Ziel? Die Politikbedürftigkeit des Militärischen. Hamburg: Hamburger Edition.

Ness (2008): Klares Bekenntnis zum demokratischen Führungsprinzip. Feier zum 50. des Beirates für Fragen der Inneren Führung ... In: Die Bundeswehr, 7, 15.

Reuter, Christoph (2008): Stell dir vor es ist Krieg ... und keiner gibt es zu. In: Stern vom 09. Oktober 2008, 28–40.

Seliger, Marco (2009): Operation Joint Guardian. In: Loyal, 4, 32–37.

Schmidt, Helmut (2008): Ansprache beim Feierlichen Gelöbnis am 20. Juli vor dem Reichstag in Berlin. Online: http://www.bmvg.de/portal/a/bmvg/service/redenundinterviews/redendesministers (Letzter Zugriff: 15.03. 2009).

Schmitz, Colla/Jüttner, Björn (2008): Nie allein gelassen. In: Y. Magazin der Bundeswehr, 11, 26–33.

Schneiderhan, Wolfgang (2008): General Loyal. In: Die Zeit vom 30. Oktober 2008, 2.

Schneiderhan, Wolfgang (2009): „Bewahren genügt nicht". Der Umbau der Bundeswehr ist ohne vernünftige Alternative. Deutschlands Sicherheitsinteressen sind anders nicht nachhaltig zu wahren. In: Loyal, 4, 28–31.

Sloterdijk, Peter (1998): Der starke Grund, zusammen zu sein. Erinnerung an die Erfindung des Volkes. Frankfurt a. M.: Suhrkamp.

Sloterdijk, Peter (2006): „Ein Team von Hermaphroditen". Der Philosoph Peter Sloterdijk über Torschützenorgasmen und nationale Erregungsgemeinschaften, über den männlichen Jäger, den niemand mehr braucht und was das alles mit Fußball zu tun hat. In: Der Spiegel vom 19. Juni 2006, 70–74, hier: 70.

Sommer, Theo (2008): Pflicht, Mut und sehr viel Frust. Wer behauptet, Deutschland führe in Afghanistan keinen Krieg, verdrängt die Wirklichkeit und verprellt die Soldaten. Reise an eine unübersichtliche Front. In: Die Zeit vom 16. Oktober 2008, 12.

Strohmeier, Gerd (2007): Deutscher BundeswehrVerband. Umfrage zur Berufszufriedenheit. Bericht zur Mitgliederbefragung des Deutschen BundeswehrVerbandes (Strohmeier-Studie). Passau. Online: http://www.dbwv.de/dwbv/interd.nsf/FILES/DBWV (Letzter Zugriff: 15.03.2009).

Walz, Dieter/Eichen, Klaus/Sohm, Stefan (2006): Soldatengesetz. Kommentar. Heidelberg: Müller.

Werkner, Ines-Jacqueline/Liedhegener, Antonius (Hrsg.) (2009): Gerechter Krieg – gerechter Frieden. Religionen und friedensethische Legitimationen in aktuellen militärischen Konflikten. Wiesbaden: VS Verlag für Sozialwissenschaften.

Whorf, Benjamin Lee (1963): Sprache, Denken, Wirklichkeit. Beiträge zur Metalinguistik und Sprachphilosophie, hrsg. u. übers. von Peter Krausser. Reinbek b. Hamburg: Rowohlt.

Zedtwitz, Friedrich Graf von (2008): Leserbrief. In: Die Bundeswehr, 12, 56.

Das soldatische Subjekt zwischen Weltrisikogesellschaft, Politik, Gesellschaft und Streitkräften. Oder: Vom Schlagen einer Schneise durch den Identitäts-Selbstverständnis-Berufsbild-Dschungel

Gerhard Kümmel

1 Einleitung

Der schottische Folk-Sänger Donovan, die britische Antwort auf Bob Dylan und Joan Baez, besang im Jahre 1965, d. h. in einer Zeit, für die der Vietnamkrieg prägend werden sollte, den „Universal Soldier". Ihm gelang mit diesem Lied nicht nur ein Nummer-Eins-Hit in den britischen Charts, sondern er landete damit auch einen Welthit. In dem Protestsong, der ursprünglich von der First-Nations-Kanadierin Buffy Sainte-Marie stammt und in einer textlich etwas veränderten deutschen Fassung von Juliane Werding gesungen wurde, fand er folgende Worte zur Beschreibung des Soldaten, die selbstredend als ein Statement gegen den Krieg und für den Frieden zu lesen sind:

> „He's five foot-two, and he's six feet-four,
> He fights with missiles and with spears.
> He's all of thirty-one, and he's only seventeen,
> Been a soldier for a thousand years.

> He's a Catholic, a Hindu, an Atheist, a Jain,
> A Buddhist and a Baptist and a Jew.
> And he knows he shouldn't kill,
> And he knows he always will,
> Kill you for me my friend and me for you.

> And he's fighting for Canada,
> He's fighting for France,
> He's fighting for the USA,
> And he's fighting for the Russians,
> And he's fighting for Japan,
> And he thinks we'll put an end to war this way.

> And he's fighting for Democracy,
> He's fighting for the Reds,
> He says it's for the peace of all.
> He's the one who must decide,
> Who's to live and who's to die,
> And he never sees the writing on the wall.

> But without him,
> How would Hitler have condemned them at Dachau?

161

Without him Caesar would have stood alone,
He's the one who gives his body
As a weapon of the war,
And without him all this killing can't go on.
He's the Universal Soldier and he really is to blame,
His orders come from far away no more,
They come from here and there and you and me,
And brothers can't you see,
This is not the way we put the end to war."

(Donovan 1965)

Das Klagelied des schottischen Barden eignet sich aus mehreren Gründen für eine Hinführung zum Thema dieses Beitrages: Zunächst unterstreicht Donovan die zentrale Bedeutung des (zu seiner Zeit meist ausschließlich männlichen) soldatischen Subjekts für das militärische Handwerk („without him Caesar would have stood alone" oder: „without him all this killing can't go on"). Er steht damit sozusagen für den ‚subjective turn' bei der Betrachtung von militärischen Organisationen und ihren Operationen und Einsätzen (vgl. Seifert 1996; Warburg 2008). Deutlich wird des Weiteren die in letzter Konsequenz und gleich in zweierlei Hinsicht existenzielle Dimension soldatischen Tuns: Zum einen fordert es im Zweifelsfalle von dem soldatischen Subjekt die unbedingte Opferbereitschaft („He's the one who gives his body"); zum anderen verlangt es ihm nötigenfalls das schwierige Überschreiten einer veritablen Schwelle – des Tötungstabus – ab („And he knows he shouldn't kill, and he knows he always will") (vgl. Grossman 1995; Eisele 2007). Dabei kann man nur erahnen, welche Verantwortung hierbei auf dem soldatischen Subjekt lastet, und in welche Gewissensnöte es geraten kann („He's the one who must decide, who's to live and who's to die").

Ferner wird aus dem Liedtext ersichtlich, allerdings eher subkutan, dass das soldatische Subjekt hierfür einer mehr oder minder umfangreichen Zurichtung bedarf (Treiber 1973; Bröckling 1997; Piecha 2006). Nur eine solche macht ihn zu einem hinreichend verlässlichen Instrument, zu einer „weapon of the war", wie es bei Donovan heißt. Man benötigt also eine Organisation, die dieses leistet, eben das Militär. Militärische Sozialisation, Disziplin und Zurichtung allein würden indes wiederum nur zu einem suboptimalen Funktionieren des soldatischen Subjekts führen. Ein zusätzliches intrinsisches Element ist mithin vonnöten, ein persönlicher Anreiz, eine individuelle Motivation; und auch in dieser Hinsicht gibt uns Donovans Song Auskunft. Da findet sich einmal der Hinweis auf die Nation und ihre Gesellschaft und damit auch auf den Patriotismus, denn das soldatische Subjekt kämpft für seine Familie, sein Kollektiv, sein Land („He's fighting vor Canada, [...] France, [...] the USA, [...] the Russians, [...] Japan"). Zudem tut der Soldat das, was er tut, auch aus einer politisch-ideologischen Überzeugung heraus. Er kämpft für den Sozialismus, die Demokratie, die Freiheit, die *umma* oder für einen Gott bzw. für seinen Glauben („He's fighting for Democracy, he's fighting for the Reds" und „He's a Catholic, a Hindu, an Atheist, a Jain, a Buddhist and a Baptist and a Jew"). Alle aber scheinen irgendwie zu glauben, dass sie für den Frieden kämpfen („He thinks we'll put an end to war this way" und „He says it's for the peace of all").

Damit aber sitzen die soldatischen Subjekte Donovan zufolge ohne Ausnahme einem gigantischen Irrglauben auf, denn sie alle scheinen verführt, fehlgeleitet, ausgebeutet und letzten Endes verheizt, sinnlos geopfert, Kanonenfutter eben. Doch wo so viel Dunkel ist, da, so unser Singer-Songwriter, wächst auch das Rettende. Und die Rettung liegt für Donovan in letzter Konsequenz einmal in der politischen Subjektwerdung demokratischer Gesellschaften und politischer Öffentlichkeiten (vgl. Greven 2008), denn „his orders come from far away no more, they come from here and there and you and me, and brothers can't you see, this is not the way we put the end to war". Insofern ist sein Protestsong als Weckruf an die Adresse der Gesellschaft zu verstehen, die sich ihrer politischen Gestaltungskraft bewusst werden und sich ihrer Verantwortung stellen soll. Der Weckruf richtet sich aber auch an die Adresse des Soldaten und ist hier als Aufforderung zur Subjektwerdung des soldatischen Subjekts im Sinne von Reflexion und Selbst-Reflexion zu begreifen, die eine Änderung des praktischen Handelns einleiten kann und soll („without him all this killing can't go on"). Nur wenn diese beiden Weckrufe erhört werden, ergeben sich Chancen, die ewige Wiederkehr des Immergleichen und den transhistorischen Kreislauf des „Universal Soldier" zu durchbrechen.

Für Donovan ist demnach das soldatische Subjekt – bislang, so muss man einschränkend hinzufügen – von universeller Homogenität gekennzeichnet („Been a soldier for a thousand years"); es ändert sich vielleicht der nationale Bezug; es ändern sich vielleicht die Waffen („He fights with missiles and with spears"); es ändern sich vielleicht die politisch-ideologischen Bezüge; aber das alles macht für Donovan letztlich keinen Unterschied. Und auch die Identität oder das Selbstverständnis des Soldaten sind für den Schotten transhistorisch und universell homogen; soldatische Identität, so muss man Donovan verstehen, leitet sich vom soldatischen Handeln her ab, und dieses soldatische Tun besteht im Kämpfen – „fighting" ist der zentrale und vielfach wiederholte Begriff im Songtext.

Dieser eher holzschnittartige, mit pointierten Verkürzungen arbeitende Zugriff auf unsere Thematik ist für einen künstlerisch-ästhetischen Zugang natürlich vollkommen legitim, und er gibt uns zweifellos einen wichtigen Hinweis auf eine zentrale Facette soldatischer Identität, den Kampf. Für eine militärsoziologische Analyse indes reicht dies noch nicht aus; hier ist eine größere Differenzierung geboten, die jedoch gut an die verschiedenen thematischen Felder und Bezüge, die im „Universal Soldier" von Donovan zu Tage treten, anknüpfen kann.

Wir werden uns also im Folgenden einem Beziehungsgeflecht widmen müssen, wenn wir – vorrangig für unseren deutschen Kontext – die Frage nach dem im Titel des SOWI-Workshops aufgeworfenen Dreiklang von soldatischer Identität, soldatischem Selbstverständnis und soldatischem Berufsbild beantworten möchten. Dieses Beziehungsgeflecht verbindet unterschiedliche Analyseebenen miteinander und umfasst in seinem Zentrum das soldatische Subjekt bzw. das soldatische Individuum und vier unterscheidbare Bezugsbereiche, denen es ausgesetzt ist. Das hier verfolgte analytische Modell verortet das soldatische Subjekt konkret in einem Interpenetrationszusammenhang von gestresster militärischer Organisation, ambitionierter Politik, ambivalenter Gesellschaft und prä-/post-westfälischer Weltrisikogesellschaft (Abbildung 1).

Abbildung 1: Das Analysemodell

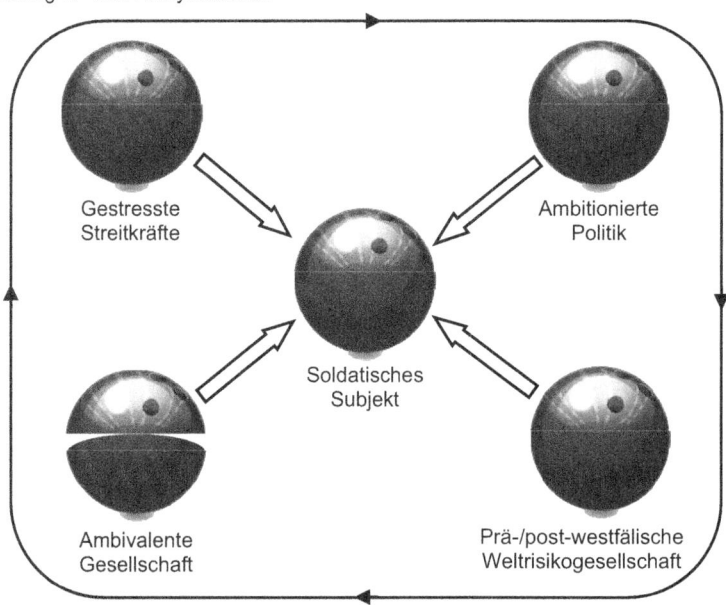

Gestresste
Streitkräfte

Ambitionierte
Politik

Soldatisches
Subjekt

Ambivalente
Gesellschaft

Prä-/post-westfälische
Weltrisikogesellschaft

Damit liegt unserem Analysemodell letzten Endes die Annahme zugrunde, dass eine Befassung mit dem soldatischen Subjekt ohne eine Reflexion seiner/ihrer organisatorischen, gesellschaftlichen, politischen und globalen Bezüge und der Wirkungen, die von diesen Bezugsgrößen ausgehen, zu kurz greift:

- Organisation: Die Suche nach einer Antwort auf die Frage nach dem soldatischen Selbstverständnis, nach soldatischer Identität und nach dem soldatischen Berufsbild erfordert die Einbeziehung der Ebene der Organisation und ihrer Aufgaben in die Analyse, denn der Soldat/die Soldatin ist Mitglied, Angehörige/r einer großen Organisation, des Militärs, und unterliegt den Regelungen, die in dieser Organisation gelten.
- Gesellschaft: Unsere Suche gebietet des Weiteren die Einbeziehung der gesellschaftlichen Ebene in die Analyse, also die Berücksichtigung von Prozessen, Veränderungen und Verschiebungen, die in der Gesellschaft insgesamt ablaufen, weil die Organisationsmitglieder aus dieser Gesellschaft kommen und auf vielfältige Art und Weise mit ihr verflochten sind und bleiben.
- Politik: Zudem verlangt unsere Suche die Beschäftigung mit der politischen Sphäre, weil sich Regierung im engeren Sinne bzw. Politik im weiteren Sinne einerseits und die militärische Organisation andererseits in einem Quasi-Vertragsverhältnis befinden, das in Anlehnung an die Principal-Agent-Theorie auch als das Herr-Knecht-Verhältnis oder die Beziehung zwischen Auftraggeber und Auftragnehmer beschrieben werden kann. Die Politik, speziell die Regierung, weist den Streitkräften bestimmte allgemeiner gehaltene Aufgaben zu, erteilt ihnen konkrete militärische Einsatzaufgaben und weist ihnen – mal mehr, mal weniger großzügig – entsprechende finanzielle Mittel und andere Ressourcen zu.
- Globalisierte Welt: Schließlich macht unsere Suche nach Antworten dann noch die Einbeziehung der globalen Ebene in die Analyse notwendig. Denn es sind die Entwicklung und die konkrete Ausgestaltung der internationalen Beziehungen, die darüber befinden, ob und, wenn ja, wie sich konkrete Sachlagen und Probleme zu Konflikten entwickeln, wie sie ausgetragen werden und welche sicherheitspolitischen Anforderungen sich daraus für jeden einzelnen Akteur ergeben. Die Antworten, die die Streitkräfte, aber auch und vor allem die Politik, auf diese Fragen geben, bestimmen nachhaltig das konkrete Tun des soldatischen Subjekts.

Die Ausbuchstabierung dieses Interpenetrationszusammenhangs ist damit unbedingt notwendig, um dem komplexen Charakter der soldatischen Identität als einem als dynamisch und veränderlich zu definierenden Phänomen, das aus der Wechselbeziehung zwischen Individuum und Umwelt, ihrer Ko-Determiniertheit und Dialektik, entsteht, gerecht werden zu können.

2 Analyse

2.1 Prä-/post-westfälische Weltrisikogesellschaft

Die Triebfeder der internationalen Beziehungen sind ungemein dynamische Prozesse, die im Folgenden unter dem Begriff der Mondialisierung subsumiert werden. Mondialisierung umfasst dabei drei verschiedene, doch aufeinander bezogene Prozesse: Globalisierung, Transnationalisierung und Internationalisierung. Bildet man aus diesen drei Begriffen ein Akronym, so kann man Mondialisierung auch als den GTI-Prozess bezeichnen; mit diesem Akronym wird die Dynamik der Mondialisierung also bereits im Begriff unmittelbar deutlich.

Globalisierung wird hier auf Entwicklungen bezogen, die die Raum-Zeit-Ebene und hier vorrangig verschiedene Bereiche der Verkehrs- und Kommunikationstechnologie betreffen. Globalisierung wird hier demnach in einem engeren Sinne verstanden als dies in der Diskussion gemeinhin üblich ist. Transnationalisierung wiederum meint eine Entwicklung, in der die internationalen Beziehungen aus ihrer Phase der überwältigenden Prägung durch zwischenstaatliche Beziehungen herauswachsen und in eine Phase übergehen, in der eine Vielzahl von nicht-staatlichen, transnationalen Akteuren unterschiedlichster Couleur grenzüberschreitend handeln und mit anderen staatlichen wie nicht-staatlichen Akteuren Interaktionsbeziehungen eingehen. Transnationalisierung bezieht sich also auf den Prozess der Veränderung der Akteurskonstellationen in den internationalen Beziehungen. Unter Internationalisierung wird schließlich ein Prozess verstanden, in dem die Kosten internationaler Transaktionen reduziert werden, indem staatliche Akteure Steuerungspotenziale auf überstaatlicher Ebene zu gewinnen versuchen und sich in unterschiedlich weit formalisierte Global Governance-Strukturen einbinden lassen.

Die Mondialisierung, der GTI-Prozess, führt zu einer Verdichtung von Interaktionsbeziehungen, die sich etwa in der Rede von der kleiner werdenden Welt und dem Begriff der Welt als Dorf niederschlägt. Diese Verdichtung von Interaktionsbeziehungen, diese Interdependenz kann für die Akteure mit Kooperationsvorteilen oder Interdependenz-Gewinnen verbunden sein; sie verursacht aber auch Interdependenz-Kosten. Die Einbindung in Interdependenz-Beziehungen macht die Akteure nicht nur stärker, sondern zugleich auch verletzlicher und empfindlicher gegenüber Störungen dieser Beziehungsgeflechte und der Interaktionen in ihnen. Deshalb stehen die Akteure immer wieder vor der Frage, ob, wie lange und inwieweit sie sich auf den GTI-Prozess einlassen sollen. Da diese Frage nicht zu allen Zeiten und unter allen Umständen gleich beantwortet werden kann, lassen sich neben Prozes-

sen der Integration in den internationalen Beziehungen auch solche der Desintegration beobachten: Akteure entziehen sich Interdependenzen, wenn diese
aus ihrer Sicht mit untragbaren Kosten verbunden sind. (Bredow/Jäger/
Kümmel 2000)

Die Ausbildung von Interdependenzen wird von durchaus berechtigten
friedensstrategischen Erwartungen und Hoffnungen begleitet. Allerdings ist
sie nicht automatisch gleichbedeutend mit einer Harmonisierung der Beziehungen, einer Auflösung von Konfliktlinien und einer Verfriedlichung; vielmehr wird die Verdichtung von Interaktionsbeziehungen, wird Interdependenz selbst zur Quelle von Konflikten, weil die Interdependenz-Empfindlich-
keit und die Interdependenz-Verwundbarkeit der Akteure unterschiedlich
sind, Kosten und Nutzen der Interdependenz asymmetrisch verteilt sind, und
mit der Zunahme von Kontakten und der Intensivierung von Beziehungen die
Wahrscheinlichkeit von Konflikten steigt. Diese Konflikte sind in der Regel
lediglich Koordinationskonflikte, doch sie können zuweilen grundsätzlicher,
also die Kooperation in Frage stellender Art sein und bis zu kollektiver organisierter Gewalt eskalieren. Die Zahl der bewaffneten Konflikte und Kriege
in der Welt und auch an der Peripherie Europas in der Ära nach dem Ost-
West-Konflikt ist in dieser Hinsicht eine deutliche Mahnung. Denn unter dem
Eindruck des Verpuffens des Ost-West-Konflikts, ausgelöst durch eine kolla-
bierende Sowjetunion, entfällt eine wichtige, im bipolaren Verhältnis zwischen Moskau und Washington ruhende Stabilisierungs-, Zähmungs- und
Disziplinierungsfunktion für den Gang der Weltläufe. Und selbst wenn die
Brandherde dieser Welt weit weg zu sein scheinen: Unter dem Vorzeichen
der Mondialisierung besitzen sie ein Spill-over-Potenzial, das auch die Wohl-
stands- und Friedensinseln dieser Erde zu erfassen droht. Die dunkle Seite
der Mondialisierung besteht also darin, dass effektive Schutzwälle zwischen
den Konflikt-Regionen und dem Rest der Welt nicht zu errichten sind. Friedliche Gesellschaften leben in einer „Weltrisikogesellschaft" (Beck 2007); sie
sind im Zuge der Mondialisierung gegenüber einer ganzen Reihe von Bedrohungen sogar verwundbarer geworden, wie sich an den sicherheitspolitischen
Implikationen ganz unterschiedlich gelagerter Problembereiche, so etwa die
Energie- und Umweltpolitik, der transnationale Terrorismus und das Zerbrö-
seln von Staatlichkeit (‚failing' bzw. ‚failed states') ablesen lässt. (Kümmel
2005)

Gleichzeitig ist aber die Welt in normativer Hinsicht etwas stärker zu-
sammengerückt. Davon zeugen eine durchaus vorhandene internationale Öffentlichkeit, eine durchaus vorhandene Sorge um den anderen und eine
durchaus vorhandene internationale Solidarität. Davon zeugen ferner der globale Menschenrechtsdiskurs und kosmopolitische Orientierungen der Menschen. Und davon zeugt auch der Umstand, dass die internationale Gemein-

schaft ernsthaft über „menschliche Sicherheit" (Ulbert/Werthes 2008a) und eine „Responsibility to Protect" (R2P) (ICISS 2001) nachdenkt und dafür sukzessive Fähigkeiten entwickelt hat, den Worten auch Taten folgen zu lassen, darunter auch solche militärischer Natur.

Die mondialisierte Welt stellt sich somit durchaus widersprüchlich dar. Mit Blick auf das zuletzt Genannte, Referenzen an den Kosmopolitismus, ist sie sozusagen post-westfälisch, weil über das System der Nationalstaaten hinaus weisend, aufgestellt. Andererseits hält sie jedoch noch genügend Unwägbarkeiten und Turbulenzen bereit, die es gerechtfertigt erscheinen lassen, dem internationalen System der Gegenwart das Attribut prä-westfälisch zuzuschreiben. Aus dieser Ambivalenz der prä-/post-westfälischen Weltrisikogesellschaft müssen die Akteure der internationalen Beziehungen nun je für sich das Anforderungs- und Fähigkeitsprofil ausbuchstabieren und stricken, dem ihre Sicherheitspolitik gerecht werden soll. Damit sind wir bei der Bezugsgröße der Politik angelangt.

2.2 Ambitionierte Politik

Die deutsche Außen-, Sicherheits-, Verteidigungs- und Militärpolitik seit Gründung der Bundesrepublik Deutschland zeichnet sich durch ein recht hohes Maß an Konstanz aus. Sie versucht, angemessen auf die Mondialisierung in all ihren prä- und post-westfälischen Facetten zu reagieren und weist eine hohe globale Orientierung auf. Deutschland versteht sich dabei als eine Mittelmacht, die vor allem über ihre Einbindung in die EU über eine produktive Gestaltungskraft, eine Ordnungs- und Definitionsmacht verfügt, die geeignet ist, hinlänglich verlässliche, erwartungssichere und stabile internationale Beziehungen herzustellen. Gleichzeitig ist aber unübersehbar, dass Deutschland im Vergleich zur Zeit des Ost-West-Konflikts seine nationalen Interessen etwas unverblümter vertritt und ambitionierter auftritt. (vgl. Bredow 2006a; Gujer 2007; Jäger/Höse/Oppermann 2007; Böckenförde/Gareis 2009)

Der dem Weißbuch 2006 zugrunde gelegte umfassende oder auch erweiterte Sicherheitsbegriff identifiziert im Zeitalter der Mondialisierung eine ganze Reihe nicht-militärischer Sicherheitsbedrohungen. „Viele mit der Globalisierung einhergehenden neuen Risiken und sicherheitspolitischen Herausforderungen haben grenzüberschreitenden Charakter, werden von nichtstaatlichen Akteuren verursacht und beeinträchtigen unsere Sicherheit auch über große Entfernungen hinweg. Armut, Unterentwicklung, Bildungsdefizite, Ressourcenknappheit, Naturkatastrophen, Umweltzerstörung, Krankheiten, Ungleichheiten und Menschenrechtsverletzungen bilden neben anderen Faktoren den Nährboden für illegale Migration und säkularen wie religiösen Extremismus. Sie können damit zu Ursachen für Instabilität und in ihrer radikalsten Form Wegbereiter des internationalen Terrorismus werden." (BMVg 2006: 23) Entsprechend muss die Bundesrepublik Deutschland dem Weiß-buch zufolge eine global orientierte Sicherheitspolitik verfolgen, die ver-schiedene Instrumente einsetzt und sehr stark den Gedanken der Prävention akzentuiert (BMVg 2006: 29).

Der Auftrag für die Bundeswehr besteht im Anschluss daran darin, „die außenpolitische Handlungsfähigkeit zu sichern, einen Beitrag zur Stabilität im europäischen und globalen Rahmen zu leisten, die nationale Sicherheit und Verteidigung zu gewährleisten, zur Verteidigung der Verbündeten beizu-tragen, die multinationale Zusammenarbeit und Integration zu fördern" (BMVg 2006: 13). Der Auftrag der Sicherung der außenpolitischen Hand-lungsfähigkeit Deutschlands wird in dieser Auflistung interessanterweise zu-erst genannt! Hier spiegelt sich im Semantischen der Wandel von einer Lan-des- und Bündnisverteidigungsarmee zu einer Armee im Einsatz; diese ist politisch ganz eindeutig und mit sehr großer Mehrheit über Regierung und Opposition hinweg gewollt.

2.3 Ambivalente Gesellschaft

Die Bundeswehr genießt bei der Masse der Bevölkerung ein kontinuierlich hohes Ansehen, wie den SOWI-Bevölkerungsumfragen des Sozialwissen-schaftlichen Instituts der Bundeswehr zu entnehmen ist. Danach haben in der vergangenen Dekade mit leichten Schwankungen durchgängig etwa vier Fünftel der deutschen Bevölkerung eine positive Einstellung zur Bundeswehr (siehe Abbildung 2 auf der folgenden Seite).

Doch nicht nur das. Die deutsche Gesellschaft ist auch bereit, erhebliche Summen für die Bundeswehr aufzuwenden. So glaubt jeweils die relative Mehrheit der deutschen Bevölkerung, dass die Verteidigungsausgaben so bleiben sollten wie sie sind (siehe Abbildung 3 auf der folgenden Seite).

Abbildung 2: Einstellung der deutschen Bevölkerung zur Bundeswehr 1997 – 2008
(Angaben in Prozent)

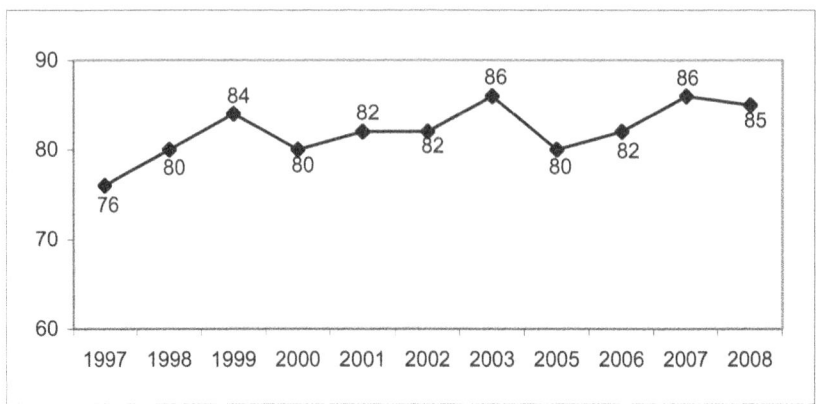

Quelle: Bulmahn 2008: 19.
Frageformulierung: Wie ist Ihre persönliche Einstellung zur Bundeswehr? (Anteile „Sehr
positiv", „Positiv" und „Eher positiv" zusammengefasst)

Abbildung 3: Die Verteidigungsausgaben im Urteil der deutschen Bevölkerung
1997 – 2008 (Angaben in Prozent)

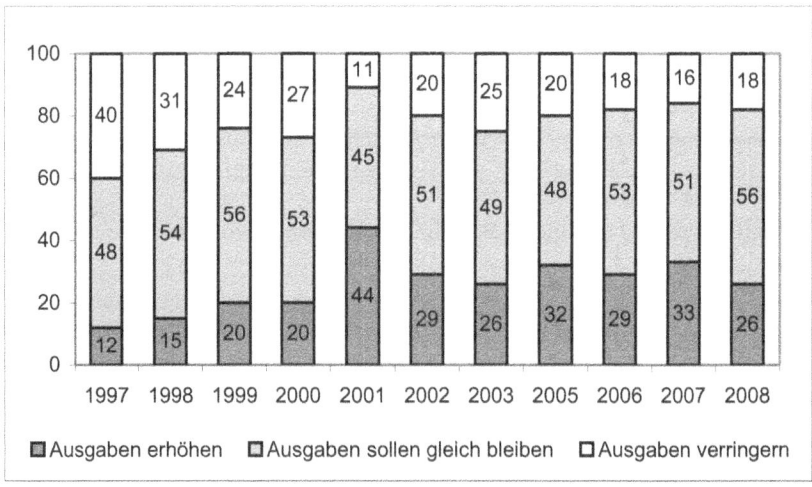

Quelle: Bulmahn 2008: 35.
Frageformulierung: „Was meinen Sie: Sollten die Ausgaben für die Verteidigung in Zukunft erhöht werden, sollten diese verringert werden oder sollten sie gleich bleiben?

Wie wir gesehen haben, wird die Bundeswehr in den Augen der Mehrheit der deutschen Bevölkerung also gebraucht, und man ist mehrheitlich bereit, dafür beträchtliche Mittel zur Verfügung zu stellen. Die Frage ist jedoch, wie und wofür die deutschen Streitkräfte gebraucht werden. In einer ersten Annäherung kann man zunächst ganz allgemein danach fragen, wie sich Deutschland in der internationalen Politik verhalten sollte. Dabei zeigt sich, dass in den letzten Jahren zumeist eine relative Mehrheit der deutschen Bevölkerung den Wunsch hatte, sich eher auf die Bewältigung der eigenen Probleme zu konzentrieren und sich aus Problemen, Krisen und Konflikten anderer möglichst herauszuhalten (siehe Abbildung 4).

Abbildung 4: Einstellungen zum außenpolitischen Engagement Deutschlands 1996 – 2008 (Angaben in Prozent)

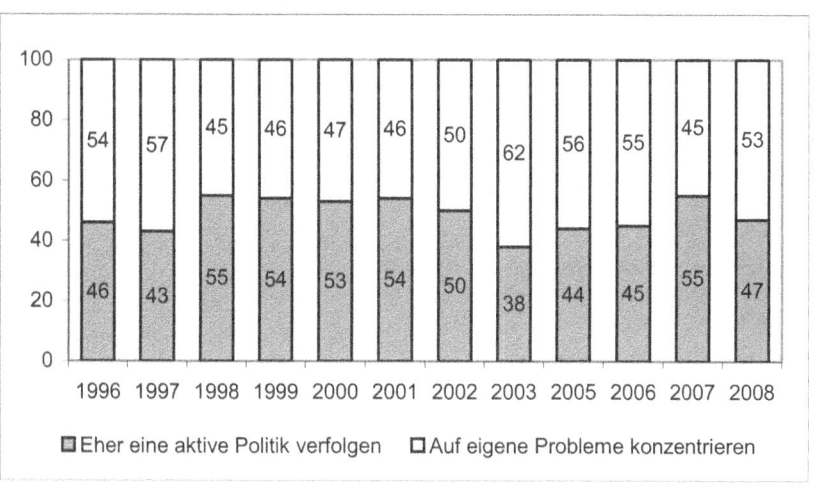

Quelle: Bulmahn 2008: 14.
Frageformulierung: „Was meinen Sie: Wie sollte sich Deutschland in der internationalen Politik am ehesten verhalten? Sollte Deutschland (1) eher eine aktive Politik verfolgen und bei der Bewältigung von Problemen, Krisen und Konflikten mithelfen oder (2) sich eher auf die Bewältigung der eigenen Probleme konzentrieren und sich aus Problemen, Krisen und Konflikten anderer möglichst heraushalten?"

Dieses Bild wird allerdings nicht unerheblich relativiert, wenn man in einer zweiten Annäherung konkret danach fragt, welche Aufgaben zum Aufgabenspektrum der Bundeswehr gehören sollten. Hierbei zeigt sich, dass mit zunehmendem Gewalt-Charakter einer Maßnahme die Zustimmung in der deutschen Gesellschaft sinkt. Der Einsatz deutscher Soldaten im Auslandseinsatz zur Hilfe bei Naturkatastrophen wird von 84 Prozent der Deutschen unter-

stützt, die Verhinderung der Proliferation von Massenvernichtungswaffen indes nur von 51 Prozent und die Beteiligung am Kampf gegen den internationalen Terrorismus nur von 43 Prozent (Bulmahn 2008: 24).
Interessant sind in diesem Kontext auch die vorliegenden international
vergleichenden Daten zu den Einstellungen der jeweiligen Bevölkerungen zu
ihren jeweils nationalen Streitkräften, wie sie in der Bevölkerungsbefragung
des Sozialwissenschaftlichen Instituts der Bundeswehr aus dem Jahr 2006
enthalten sind (vgl. Jonas 2008). Im Vergleich zu Frankreich, Großbritannien
und den USA offenbaren sich für Deutschland über verschiedene Items hinweg bemerkenswerte Nuancierungen, wie Tabelle 5 zu entnehmen ist:

Abbildung 5: Einstellungen zu den nationalen Streitkräften im Vier-Länder-Vergleich
Deutschland, Frankreich, Großbritannien und USA (Angaben in Prozent)

Frage: „Was halten Sie persönlich von den [nationalen][1] Streitkräften? Stimmen Sie den folgenden Aussagen zu oder lehnen Sie diese ab?" (Angaben in Prozent)[2]				
	Deutsch-land	Frank-reich	Großbri-tannien	USA
Es ist ganz selbstverständlich, dass [Nation][1] wie andere Länder auch eigene Streitkräfte hat.	66	69	80	90
Die [nationalen] Streitkräfte sind ein ganz normaler Bestandteil der Gesellschaft.	58	62	66	82
Die [nationalen] Streitkräfte sind ein Fremdkörper in der [nationalen] Gesellschaft.	7	12	10	12
Ich empfinde für die [nationalen] Streitkräfte ein Gefühl der Dankbar-keit.	30	52	64	87
In Anbetracht ihrer Leistungen im In- und Ausland kann man auf die [nationalen] Streitkräfte stolz sein.	42	53	66	87
Ich empfinde für die [nationalen] Streitkräfte ein Gefühl der Abneigung.	9	6	10	15
Die [nationalen] Streitkräfte haben sich bei ihren Einsätzen im In- und Ausland als sehr nützlich erwiesen.	47	52	68	82
Die [nationalen] Streitkräfte werden nach wie vor gebraucht, um die Si-cherheit [Nation] zu gewährleisten.	56	71	74	85

Frage: „Was halten Sie persönlich von den [nationalen][1] Streitkräften? Stimmen Sie den folgenden Aussagen zu oder lehnen Sie diese ab?" (Angaben in Prozent)[2]

	Deutsch- land	Frank- reich	Großbri- tannien	USA
Die [nationalen] Streitkräfte haben in der heutigen Zeit keine richtigen Aufgaben mehr und sind eigentlich überflüssig.	15	10	6	6
Alles in allem vertrete ich eine positive Haltung zu den [nationalen] Streitkräften.	55	65	71	87

Quelle: Jonas 2008: 169.
Anmerkungen: 1) Anpassung der Nationen für das jeweilige Land der Befragung; [Nation] = Deutschland, Frankreich, Großbritannien, USA; 2) Die Daten fassen die Werte für „Stimme vollkommen zu" und „Stimme überwiegend zu" zusammen.

Die Ergebnisse dieser Befragung deuten darauf hin, dass das Verhältnis der deutschen Bevölkerung zu den deutschen Streitkräften insgesamt ein etwas gebrocheneres, man könnte auch sagen ein etwas weniger selbstverständliches ist (vgl. hierzu auch Jacobs 2009).

Was sagen uns diese Zahlen nun zusammengenommen? Nun, sie sagen uns, dass die deutsche Gesellschaft den Prozessen der Globalisierung hinreichend Rechnung trägt und prinzipiell durchaus anerkennt, dass in solchen Zeiten die Verteidigungs- und Sicherheitspolitik eines Landes wie Deutschland eine globale Ausrichtung haben muss und dabei dem Faktor Militär, also den Streitkräften eine gewisse Rolle zufällt und Deutschland infolgedessen Militärmacht sein muss. Allerdings halten sich die spezifischen Kenntnisse über die verschiedenen Auslandseinsätze der Bundeswehr doch eher in Grenzen (vgl. Bulmahn 2008: 27), so dass ein größeres persönliches Interesse und Engagement eher weniger zu finden ist.

Insgesamt betrachtet rechtfertigt dies die Rede von einer ‚ambivalenten Gesellschaft'.

2.4   Gestresste militärische Organisation

Die militärische Organisation schließlich ist die Einrichtung, in der die Vorgaben der Politik mit den von der Politik bereitgestellten Mitteln und Ressourcen konkret umgesetzt werden. Gleichzeitig versucht die militärische Organisation natürlich, ihren Sachverstand bereits in der Phase der Definition und Ausformulierung der Vorgaben zur Geltung zu bringen.

173

Um den sicherheits- und verteidigungspolitischen Herausforderungen der prä-/post-westfälischen Weltrisikogesellschaft adäquat begegnen zu können, musste die Bundeswehr des Ost-West-Konflikts grundlegend überholt werden. Eine bloße Reform schien da zu wenig zu sein. Deswegen übernahm man in Anlehnung an Entwicklungen in den USA und in der NATO das Konzept der Transformation als Richtschnur für die umfassende Weiterentwicklung der Streitkräfte (vgl. hierzu auch die Beiträge in Helmig/Schörnig 2008; siehe auch den Beitrag von Bredow in diesem Band). Unter Transformation versteht man dabei einen ständigen und umfassenden Prozess der Anpassung an aktuelle militärische Erfordernisse, dessen Ziel die dauerhafte Steigerung der Einsatzfähigkeit der Bundeswehr ist, und der sich an Organisationsstrukturen, die technische Ausstattung, die Ausbildung und die operativ-strategischen Einsatzkonzepte richtet und dabei den Menschen, das soldatische Subjekt, nicht aus den Augen verliert, sondern ihm bzw. ihr Orientierung und Halt geben soll. Der Transformationsprozess orientiert sich dabei auf die Einsätze, die am ehesten zu erwarten sind, auf Multinationalität, auf einen streitkräftegemeinsamen Ansatz und auf die Vernetzte Operationsführung von den drei Kräftekategorien der Eingreif-, Stabilisierungs- und Unterstützungskräfte. (BMVg 2006: 95ff.; vgl. auch Hoffmann 2005)

Die Transformation bei laufendem Betrieb plus die zunehmende Intensität und Gefährlichkeit in den Auslandseinsätzen machen aus der Bundeswehr jedoch eine Organisation unter massivem Stress, was durchaus dazu angetan sein kann, die Fehler- und Irrtumsrate in der Bundeswehr zu erhöhen, sowohl was die Bundeswehr insgesamt als militärische Organisation anbelangt als auch was die individuellen soldatischen Subjekte in der Bundeswehr und im Einsatz betrifft.

3   Resümee: Von der Identität des soldatischen Subjekts

Fassen wir nun zunächst unsere Analyse zusammen:

(1) Prä-/post-westfälische Weltrisikogesellschaft: Wir haben eine Situation, in der die aktuellen und perspektivisch erwartbaren sicherheitspolitischen Herausforderungen hinreichend konturiert sind. Der Befund besagt, dass wir in einer Weltrisikogesellschaft leben, die durch die Ambivalenz von Prä-Westfalia und klassischer, meist dem Nullsummenprinzip folgender Sicherheitsvorsorge einerseits und Post-Westfalia und kosmopolitischer, mit dem Positivsummenprinzip operierender Solidarität mit dem Anders-Sein, mit Alterität gekennzeichnet ist. Diese Ambivalenz verlangt nach einer Ausweitung des militärischen Funktions- und Rollen-Sets: Verteidigung, Abschreckung und auch Angriff, die drei klassisch-traditionalen

Aufgaben des Militärs im 20. Jahrhundert, sind auch heute noch gültig, aber sie sind nicht länger die exklusiven und wichtigsten Elemente des militärischen Aufgabenprofils. Dieses Funktions- und Rollen-Set des Militärs hat sich deutlich diversifiziert und umfasst die vielfältigen Aufgaben internationaler Krisen- und Konfliktbearbeitung wie Peacekeeping, Peaceenforcement, Peace-/Nationbuilding, internationale Katastrophen- und Nothilfe und humanitäre Interventionen (vgl. Dandeker 1998; 1999; Franke 1999; Kümmel 2003).

(2) Ambitionierte Politik: Die deutsche Politik hat diese Forderung der prä-/post-westfälischen Weltrisikogesellschaft nach Funktionsausweitung des Militärs übernommen und stellt sich – multilateral wie auch multinational – im europäischen Verbund, aber auch in der westlichen Allianz aktiv den weltordnungspolitischen Gestaltungsaufgaben einer Mittelmacht und den damit zusammenhängenden Erfordernissen an die Streitkräfte. Die deutsche Politik hat dies aber noch nicht in letzter Konsequenz durchdacht, so dass Verhaltensunsicherheiten bleiben. Die Bundeswehr wird etwas stärker als früher unter funktionalistischen Gesichtspunkten betrachtet und soll, neben anderem, die außenpolitische Handlungsfähigkeit Deutschlands sichern. Die Militärbedürftigkeit des Politischen, wie man mit Klaus Naumann (2008) unter umgekehrten Vorzeichen formulieren könnte, ist offensichtlich. Gleichzeitig bleibt aber das Bekenntnis zur Inneren Führung bestehen. Die Politik betreibt also Identitätspolitik.

(3) Ambivalente Gesellschaft: Das Verhältnis der deutschen Gesellschaft zu den deutschen Streitkräften bleibt kontingent. Auf einer allgemeinen Ebene finden wir eine überwältigende Zustimmung zur Institution Bundeswehr. Man schenkt ihr Vertrauen; man ist der Ansicht, dass man sie benötigt; man ist gewillt, sie zumindest mit ausreichenden Ressourcen auszustatten; man akzeptiert die weltordnungspolitische Verantwortung Deutschlands und die militärische Seite, die mit ihr verbunden ist. Wenn es jedoch konkreter wird, finden wir soziokulturellen Veränderungen geschuldete Distanzierungsprozesse. So wird die Akzeptanz der Organisation Bundeswehr begleitet von einer eher schwachen Bereitschaft der Bürger und Bürgerinnen, dort selbst einen aktiven Part zu übernehmen. Und bei den Auslandseinsätzen sinkt die Zustimmung der Gesellschaft in der Regel in dem Maße, wie der Einsatz gefährlicher wird.

(4) Gestresste militärische Organisation: Die deutschen Streitkräfte akzeptieren den Primat des Politischen; sie unterstützen mit aktiver Identitätspolitik die Ausweitung des militärischen Funktionen- und Rollen-Sets, die sie nachdrücklich als kollektive Identität, als kollektives Selbstverständnis und als kollektives Berufsbild der militärischen Organisation propagieren (vgl. Abbildung 1 in dem Beitrag von Warburg in diesem Band);

und sie treiben den Prozess der Transformation weiter voran. Man kann sich jedoch des Eindrucks nicht erwehren, dass sich die Bundeswehr am Limit bewegt, sowohl was die Ausrüstung und das Material als auch was das Mentale anbelangt. Es fehlt der Bundeswehr offenbar so etwas wie eine routinehafte Leichtigkeit im Umgang mit der neuen Situation. Dies könnte die militärische Organisation störungsanfällig machen. Zudem könnte es in Teilen auch zu einer einseitigen Professionalisierung im Sinne einer Engführung auf die soldatische Rollenanforderung des Kampfes führen. (vgl. hierzu auch die Beiträge von Dörfler-Dierken, Warburg und Koehler in diesem Band)

Und was heißt das alles nun bezogen auf die Fragen nach Identität und Selbstverständnis von Soldatinnen und Soldaten? Hier ist die große Frage die, ob das Anforderungsprofil an das soldatische Subjekt, das aus der prä-/ post-westfälischen Weltrisikogesellschaft resultiert, das von einer ambitionierten deutschen Politik akzeptiert und an die Bundeswehr weitergereicht wird, das von den deutschen Streitkräften weitgehend propagiert wird, bei der deutschen Gesellschaft aber ebenso weitgehend vernachlässigt wird, tatsächlich identitätsbildend und prägend für das Selbstverständnis wirken kann oder ob es nicht eine Überforderung darstellt (zu letzterem vgl. insbesondere den Beitrag von Warburg in diesem Band; siehe aber auch den Beitrag von Biesold in diesem Band).

Bei der Beantwortung dieser Frage hilft zunächst vielleicht der Umweg über ein Modell soldatischer Identität (vgl. zum Folgenden Haltiner/Kümmel 2008). Diesem Modell zufolge kann soldatische Identität anhand von drei idealtypischen Achsen entwickelt und verortet werden, die in ihrer Kombination eine Acht-Felder-Matrix ergeben (vgl. Abbildung 6).

Eine erste Achse bildet soldatisches Handeln zwischen einem mit Sinn behafteten und versehenen Handeln einerseits und einem Handeln als purem Selbstzweck ab. Hier geht es darum, ob das soldatische Subjekt für sein Handeln lediglich eines simplen Befehl-Gehorsam-Impulses oder einer relativ banalen Anreizstruktur bedarf, oder ob sein Handeln in einem komplexeren, einem sinnhaften Bezugsrahmen bzw. einem ethisch-politischen Kontext verankert sein muss (vgl. hierzu etwa Seiffert 2005; Biehl 2005; Warburg 2008). Selbstzweck-Handeln liegt beispielsweise vor, wenn das soldatische Tun, etwa ein Einsatz, vorrangig finanziell-ökonomisch motiviert ist, wenn es zuvörderst karrieristischen Motiven entspringt, wenn es ein unreflektiert-technokratisches Befolgen eines Befehls ist oder wenn es – wie beim vielfach gefürchteten ‚Einsatz-Junkie' – einer rein egoistischen Antriebs- und Bedürfnisbefriedigungsstruktur geschuldet ist. Demgegenüber ist es Sinn-Handeln, wenn das soldatische Tun von der Überzeugung bestimmt ist, dass es ein gutes, ein berechtigtes, ein ethisch-moralisch verantwortungsbewusstes oder politisch akzeptiertes Handeln ist.

Abbildung 6: Soldatische Identität

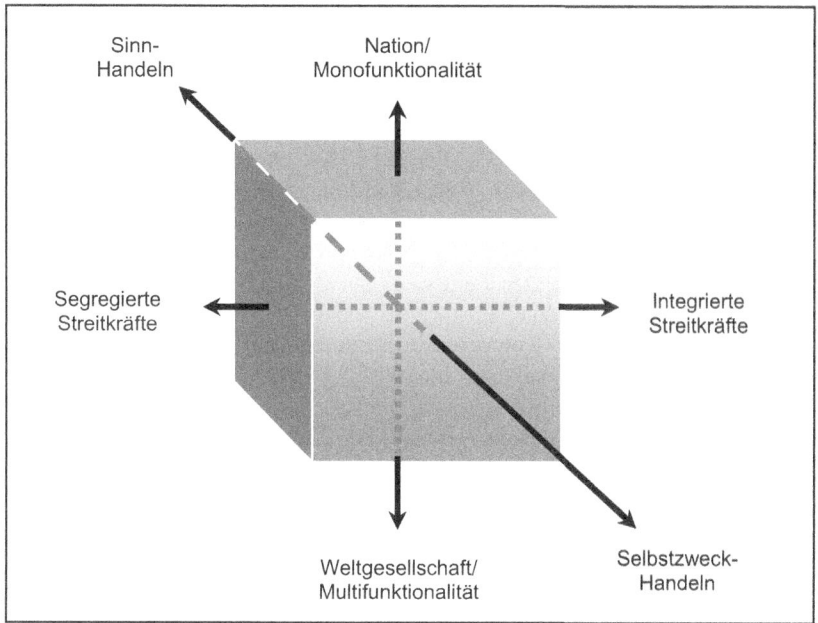

Quelle: Eigene Darstellung.

Eine zweite Achse verläuft sodann entlang einer klassischen militärsoziologischen Debatte, die durch die Namen der amerikanischen Sozialwissenschaftler Morris Janowitz und Samuel P. Huntington gekennzeichnet ist. Dabei steht der Name Huntington für die Idealvorstellung einer relativ strikten Trennung, einer Segregation des Militärs von der Gesellschaft (Huntington 1957), während der Name Janowitz die Idealvorstellung gesellschaftlich integrierter Streitkräfte markiert (Janowitz 1960). Ist die erste Position bestrebt, die elitär verstandenen Streitkräfte von unerwünschten Einflüssen der Gesellschaft abzuschotten, um die Effektivität und Effizienz des Militärs zu gewährleisten, sucht die zweite angesichts gesellschaftlicher Leitbilder wie Demokratisierung und Partizipation gerade die Integration in die Gesellschaft und bemüht sich um gesellschaftliche Akzeptanz und Legitimation. Wie unschwer zu erkennen ist, liegt der in Deutschland immer wieder beschworene Gegensatz zwischen ‚Reformern' und ‚Traditionalisten' auf dieser Achse (vgl. hierzu Bredow 2008: Kap. 8).

Die dritte und letzte Achse schließlich fragt nach dem mentalen Hintergrund und der Reichweite des Einsatzes der Armee und unterscheidet den nationalen und den post-nationalen bzw. welt(risiko-)gesellschaftlichen Referenzrahmen. Differenziert wird hierbei also zwischen einem relativ engen Operationsfeld der Streitkräfte entlang nationaler Orientierungen und einem vergleichsweise weit gefassten global-internationalen Operationsfeld des Militärs im Kontext weltgesellschaftlicher bzw. kosmopolitischer Orientierungen. Ersteres ist durch die traditionalen militärischen Aufgaben der Verteidigung, der Abschreckung und des Angriffs umschrieben, Letzteres durch nicht-traditionale Funktionen wie Peacekeeping, humanitäre Interventionen, Peaceenforcement, Post-Konflikt-Peacebuilding, State- und Nationbuilding (Kümmel 2003; Haltiner 2006).

Damit sind zugleich verschiedene Sets von soldatischen Funktionen und Kompetenzen benannt. In den Zeiten, als der Zweck der Streitkräfte mit der Verteidigung des nationalen Territoriums relativ eng gefasst war, fokussierten sich die soldatischen Kompetenzerfordernisse auf den Kampf. Entsprechend lag der Akzent soldatischer Identität in jenen Tagen auf der Kämpfer-Rolle. Das Kompetenzprofil war eng umschrieben und konzentrierte sich beinahe monofunktional auf den bewaffneten Kampf. Alle anderen Funktionen besaßen demgegenüber bestenfalls sekundäre Bedeutung.

Die skizzierte Erweiterung militärischer Missionen verlangt indes ein erheblich breiteres Kompetenz-Set, so dass das kürzlich vorgetragene Plädoyer für den mit „republikanischen Tugenden" ausgestatteten „demokratischen Krieger" (Herberg-Rothe 2009) zwar eine griffige Formel bietet, doch letztlich unterkomplex bleibt. Der Soldat im Auslandseinsatz – der ‚miles protector' (Däniker 1995) – benötigt multifunktionale Fähigkeiten, die ein monofunktionales, auf den Kampf hin ausgerichtetes Kompetenz-Set übersteigen. Hier wäre an diplomatische oder „scholar-states-man"-Qualitäten (Moskos 2000: 15) wie auch an die Kompetenzelemente eines Konstablers und eines Streetworkers (Bredow 2006b) zu denken, ohne die internationale Stabilisierungsoperationen nicht adäquat und erfolgreich durchgeführt werden können. Aus diesem Grunde ist die Kämpfer-Fähigkeit heute eine notwendige, nicht aber hinreichende Kompetenz, so dass sie auch keine hinreichende Basis soldatischer Identität mehr darstellt. Soldatische Identität heute ist demnach gekennzeichnet von Multi-, nicht Monofunktionalität (Haltiner 2003). Darin gleicht sie einem Schweizer Militärmesser, das neben der großen Klinge ein ganzes Set ergänzender Werkzeugteile vorzuweisen hat.

Dem Anspruch moderner Streitkräfte hinsichtlich ihres militärischen und soldatischen Anforderungsprofils nach ist das soldatische Subjekt heute hybrid und multifunktional. Es ist für beiderlei Geschlecht sowohl Kämpfer und Krieger wie Gendarm, Polizist, Konstabler, Diplomat, Entwicklungshelfer,

Mediator, Wiederaufbauhelfer und bewaffneter Sozialarbeiter. Als Experten in Sachen Gewaltanwendung, die die Soldaten und Soldatinnen bleiben müssen, müssen sie zugleich politisch gebildet sein und über kulturelle und soziale Empathie, Kommunikationsfähigkeit, interkulturelle Kompetenz und diplomatische Fähigkeiten verfügen (Kümmel 2003; vgl. auch den Beitrag von Bredow in diesem Band). Neben einer Säule des soldatischen Selbstverständnisses, die sich auf Patriotismus und nationale Verpflichtung stützt, ist eine zweite Säule auszubilden, die auf einer Art humanitären Kosmopolitismus und der Orientierung an Menschenwürde und Menschenrechten beruht und nationalen Interessen nicht widerspricht, sondern sie übersteigt. Teamfähigkeit, kritische Loyalität, Reflexions- und Urteilsfähigkeit hinsichtlich des eigenen Handelns und der eigenen Verantwortung und ein Bewusstsein für eine Rückbindung der Streitkräfte an demokratische Legitimation und für eine hinreichende Einbindung der Armee in gesamtgesellschaftliche Bezüge gehören ebenso zu einer modernen soldatischen Identität wie ein Globalisierungsprozesse reflektierendes Verständnis von Außen-, Sicherheits- und Verteidigungspolitik. Die Innere Führung der Bundeswehr ist dafür schlicht und ergreifend unerlässlich (vgl. Ebeling/Seiffert/Senger 2002; Dörfler-Dierken 2005; Libero 2006; Kutz 2006; Bald/Fröhling/Groß/Rosen 2008; siehe auch die Beiträge von Ohm und Libero in diesem Band).

Die Realität der tatsächlichen Einsätze moderner westlicher Streitkräfte hat unübersehbar Sozialisations- und Lernprozesse entlang dieses Anforderungsprofils angestoßen und damit eine dynamische Veränderung des soldatischen Selbstverständnisses sowohl auf der Ebene individueller wie auch kollektiver soldatischer Identitäten bewirkt. Der Wandel von einer Armee des Kalten Krieges hin zu einer nötigenfalls global interventionsfähigen Einsatzarmee ist in weiten Teilen subjektiv-mental nachvollzogen und in das individuelle und kollektive soldatische Selbstverständnis eingewoben worden. Soldatische Identität ist demnach im Plural, im Sinne von überlappenden Identitäten zu denken. Die Schwierigkeiten, dies zu leisten, sollen an dieser Stelle keineswegs geleugnet werden, doch gibt es keine realistische Alternative. Zudem könnte gerade in der Hybridität des soldatischen Subjekts heute auch der Reiz des Soldatischen liegen.

Literatur

Bald, Detlef/Fröhling, Hans-Günter/Groß, Jürgen/Rosen, Claus von (Hrsg.) (2008): Zurückgestutzt, sinnentleert, unverstanden: Die Innere Führung der Bundeswehr. Baden-Baden: Nomos.
Beck, Ulrich (2007): Weltrisikogesellschaft. Auf der Suche nach der verlorenen Sicherheit. Frankfurt a. M.: Suhrkamp.

Biehl, Heiko (2005): Kampfmoral und Einsatzmotivation. In: Leonhard/ Werkner (Hrsg.) 2006: 168–286.

Böckenförde, Stephan/Gareis, Sven Bernhard (Hrsg.) (2009): Deutsche Sicherheitspolitik. Herausforderungen, Akteure und Prozesse. Opladen – Farmington Hills: Verlag Barbara Budrich.

Bredow, Wilfried von (2006a): Die Außenpolitik der Bundesrepublik Deutschland. Eine Einführung. Wiesbaden: VS Verlag für Sozialwissenschaften.

Bredow, Wilfried von (2006b): Kämpfer und Sozialarbeiter – Soldatische Selbstbilder im Spanunngsfeld herkömmlicher und neuer Einsatzmissionen. In: Gareis/Klein (Hrsg.) 2006: 314–324.

Bredow, Wilfried von (2008): Militär und Demokratie in Deutschland. Eine Einführung. Wiesbaden: VS Verlag für Sozialwissenschaften.

Bredow, Wilfried von/Jäger, Thomas/Kümmel, Gerhard (2000): Outsiders in Global Society: Isolation and Dissociation in International Politics. In: Kümmel/Prüfert (Hrsg.) 2000: 255–282.

Bröckling, Ulrich (1997): Disziplin. Soziologie und Geschiche militärischer Gehorsamsproduktion. München: Fink.

Bulmahn, Thomas (2008): Bevölkerungsumfrage 2008. Sicherheits- und verteidigungspolitisches Meinungsbild in Deutschland. Kurzbericht. Strausberg: Sozialwissenschaftliches Institut der Bundeswehr.

Bulmahn, Thomas et al. (2008): Sicherheits- und verteidigungspolitisches Meinungsklima in der Bundesrepublik Deutschland. Ergebnisse der Bevölkerungsbefragung 2007 des Sozialwissenschaftlichen Instituts der Bundeswehr. (Forschungsbericht 86) Strausberg: Sozialwissenschaftliches Institut der Bundeswehr.

Bundesministerium der Verteidigung (2006): Weißbuch 2006 zur Sicherheitspolitik Deutschlands und zur Zukunft der Bundeswehr. Berlin: Bundesministerium der Verteidigung.

Caforio, Giuseppe (Hrsg.) (1998): The Sociology of the Military. Cheltenham, U. K. – Northampton, Mass.: Edward Elgar.

Caforio, Giuseppe (Hrsg.) (2003): Handbook of the Sociology of the Military. New York et al.: Kluwer Academic/Plenum Publishers.

Collmer, Sabine/Kümmel, Gerhard (Hrsg.) (2005): Ein Job wie jeder andere? Zum Selbst- und Berufsverständnis von Soldaten. Baden-Baden: Nomos.

Dandeker, Christopher (1998): New Times for the Military: Some Sociological Remarks on the Changing Role and Structure of the Armed Forces of the Advanced Societies. In: Caforio (Hrsg.) 1998: 573–590.

Dandeker, Christopher (1999): Flexible Forces for the Twenty-First Century. („Facing Uncertainty" Report 1) Karlstad: Swedish National Defense College, Department of Leadership.

Däniker, Gustav (1995): The Guardian Soldier. On the Nature and Use of Future Armed Forces. (UNIDIR Research Paper 36) New York – Geneva: United Nations Institute for Disarmament Research.

Donovan (1965): The Universal Soldier (EP). Label: Pye NEP. Online: http://www.songtexte.com/songtext/donovan/universal-soldier-6bda767e.html (Letzter Zugriff: 07.10.2009).

Dörfler-Dierken, Angelika (2005): Ethische Fundamente der Inneren Führung. Baudissins Leitgedanken: Gewissensgeleitetes Individuum – Verantwortlicher Gehorsam – Konflikt- und friedensfähige Mitmenschlichkeit. (SOWI-Berichte 77) Strausberg: Sozialwissenschaftliches Institut der Bundeswehr.

Ebeling, Klaus/Seiffert, Anja/Senger, Rainer (2002): Ethische Fundamente der Inneren Führung. (SOWI-Arbeitspapier 132) Strausberg: Sozialwissenschaftliches Institut der Bundeswehr.

Eisele, Thies (2007): ‚Nur auf die Beine …'. Töten im militärischen Selbstverständnis. Aachen: Shaker Verlag.

Franke, Volker (1999): Preparing for Peace. Military Identity, Value Orientations, and Professional Military Education. Westport, Conn. – London: Praeger.

Gareis, Sven Bernhard/Klein, Paul (Hrsg.) (2006): Handbuch Militär und Sozialwissenschaft. 2. überarbeitete Aufl. Wiesbaden: VS Verlag für Sozialwissenschaften.

Greven, Michael Th. (2008): Die politische Gesellschaft. Kontingenz und Dezision als Probleme des Regierens und der Demokratie. 2. aktualisierte Aufl. Wiesbaden: VS Verlag für Sozialwissenschaften.

Grossman, Dave (1995): On Killing: The Psychological Cost of Learning to Kill in War and Society. Boston: Little, Brown & Co.

Gujer, Eric (2007): Schluss mit der Heuchelei: Deutschland ist eine Großmacht. Hamburg: Edition Körber Stiftung.

Haltiner, Karl W. (2003): Spartaner oder Athener? – Die europäische Offiziersausbildung vor neuen Herausforderungen. In: Kümmel/Collmer (Hrsg.) 2003: 35–48.

Haltiner, Karl W. (2004): Die Demilitarisierung der europäischen Gesellschaften und die Remilitarisierung ihrer Streitkräfte. In: Jäger/Kümmel/Lerch/Noetzel (Hrsg.) 2004: 226–241.

Haltiner, Karl W. (2006): Vom Landesverteidiger zum militärischen Ordnungshüter. In: Gareis/Klein (Hrsg.) 2006: 518–526.

Haltiner, Karl W./Kümmel, Gerhard (2008): The Hybrid Soldier: Identity Changes in the Military. In: Kümmel/Caforio/Dandeker (Hrsg.) 2008: 75–82.

Helmig, Jan/Schörnig, Niklas (Hrsg.) (2008): Die Transformation der Streitkräfte im 21. Jahrhundert. Militärische und politische Dimensionen der
aktuellen ‚Revolution in Military Affairs'. Frankfurt a. M. – New York:
Campus.

Herberg-Rothe, Andreas (2009): Demokratische Krieger. In: Frankfurter
Rundschau vom 23. Juli.

Hoffmann, Oskar (2005): Der Mensch in der Transformation der Bundeswehr. In: Collmer/Kümmel (Hrsg.) 2005: 47–57.

Huntington, Samuel P. (1957): The Soldier and the State: The Theory and
Politics of Civil-Military Relations. Cambridge, Mass.: Belknap Press.

International Commission on Intervention and State Sovereignty (ICISS)
(2001): Responsibility to Protect. Report of the International Commission
on Intervention and State Sovereignty. Ottawa: International Development Research Centre.

Jacobs, Jörg (2009): Öffentliche Meinung und Transformation der Bundeswehr zu einer Einsatzarmee: Eine Bestandsaufnahme. In: Kümmel (Hrsg.)
2009: 43–56.

Jäger, Thomas/Höse, Alexander/Oppermann, Kai (Hrsg.) (2007): Deutsche
Außenpolitik. Sicherheit, Wohlfahrt, Institutionen und Normen. Wiesbaden: VS Verlag für Sozialwissenschaften.

Jäger, Thomas/Kümmel, Gerhard/Lerch, Marika/Noetzel, Thomas (Hrsg.)
(2004): Sicherheit und Freiheit. Außenpolitische, innenpolitische und
ideengeschichtliche Perspektiven. Festschrift für Wilfried von Bredow.
Baden-Baden: Nomos.

Janowitz, Morris (1960): The Professional Soldier. A Social and Political
Portrait. Glencoe, Ill.: Free Press.

Jonas, Alexandra (2008): Sicherheits- und verteidigungspolitische Einstellungen im Vergleich: Deutschland, Frankreich, Großbritannien, USA. In:
Bulmahn et al. 2008: 157–170.

Kernic, Franz/Hauser, Gunther (Hrsg.) (2005): Handbuch zur europäischen
Sicherheit. Frankfurt a. M. et al.: Peter Lang.

Kümmel, Gerhard (2003): A Soldier is a Soldier is a Soldier!? The Military
and Its Soldiers in an Era of Globalisation. In: Caforio (Hrsg.) 2003: 417–
433.

Kümmel, Gerhard (2005): Europäische Sicherheit als Themenfeld der Internationalen Beziehungen. In: Kernic/Hauser (Hrsg.) 2005: 13–28.

Kümmel, Gerhard (Hrsg.) (2009): Streitkräfte unter Anpassungsdruck. Si-
cherheits- und militärpolitische Herausforderungen Deutschlands in Gegenwart und Zukunft. Baden-Baden: Nomos.

Kümmel, Gerhard/Caforio, Giuseppe/Dandeker, Christopher (Hrsg.) (2008): Armed Forces, Soldiers and Civil-Military Relations. Essays in Honor of Jürgen Kuhlmann. Wiesbaden: VS Verlag für Sozialwissenschaften.

Kümmel, Gerhard/Collmer, Sabine (Hrsg.) (2003): Soldat – Militär – Politik – Gesellschaft. Facetten militärbezogener sozialwissenschaftlicher Forschung. Liber amicorum für Paul Klein. Baden-Baden: Nomos.

Kümmel, Gerhard/Prüfert, Andreas D. (Hrsg.) (2000): Military Sociology. The Richness of a Discipline. Baden-Baden: Nomos.

Kutz, Martin (2006): Deutsche Soldaten. Eine Kultur- und Mentalitätsgeschichte. Darmstadt: Wissenschaftliche Buchgesellschaft.

Leonhard, Nina/Werkner, Ines-Jacqueline (Hrsg.) (2005): Militärsoziologie – Eine Einführung. Wiesbaden: VS Verlag für Sozialwissenschaften.

Libero, Loretana de (2006): Tradition in Zeiten der Transformation: Zum Traditionsverständnis der Bundeswehr im frühen 21. Jahrhundert. Paderborn et al.: Ferdinand Schöningh.

Moskos, Charles C. (2000): Toward a Postmodern Military: The United States as a Paradigm. In: Moskos/Williams/Segal (Hrsg:) 2000: 14–31.

Moskos, Charles C./Williams, John A./Segal, David R. (Hrsg.) (2000): The Postmodern Military – Armed Forces After the Cold War. New York – Oxford: Oxford University Press.

Naumann, Klaus (2008): Einsatz ohne Ziel? Die Politikbedürftigkeit des Militärischen. Hamburg: Hamburger Edition.

Piecha, Thorsten (2006): Normensetzung und soziale Kontrolle im Ausbildungsalltag der Bundeswehr. Eine Replikationsstudie zu Hubert Treibers „Wie man Soldaten macht". Frankfurt a. M. et al.: Peter Lang.

Royl, Wolfgang (2005): Soldat sein mit Leib und Seele. Der Kämpfer als existenzielles Leitbild einer Berufsarmee. In: Collmer/Kümmel (Hrsg.) 2005: 9–21.

Seifert, Ruth (1996): Militär – Kultur – Identität. Individualisierung, Geschlechterverhältnisse und die soziale Konstruktion des Soldaten. Bremen: Edition Temmen.

Seiffert, Anja (2005): Soldat der Zukunft. Wirkungen und Folgen von Auslandseinsätzen auf das soldatische Selbstverständnis. Berlin: Verlag Dr. Köster.

Treiber, Hubert (1973): Wie man Soldaten macht. Sozialisation in ‚kaserierter Vergesellschaftung'. Düsseldorf: Bertelsmann.

Ulbert, Cornelia/Werthes, Sascha (2008a): Menschliche Sicherheit – Der Stein der Weisen für globale und regionale Verantwortung? Entwicklungslinien und Herausforderungen eines umstrittenen Konzepts. In: Ulbert/Werthes (Hrsg.) 2008b: 13–27.

Ulbert, Cornelia/Werthes, Sascha (Hrsg.) (2008b): Menschliche Sicherheit. Globale Herausforderungen und regionale Perspektiven. Baden-Baden: Nomos.

Warburg, Jens (2008): Das Militär und seine Subjekte. Zur Soziologie des Krieges. Bielefeld: transcript Verlag.

Autorenverzeichnis

Bake, Julika, geb. 1981, Studium der Kulturwissenschaften sowie der Friedens- und Konfliktforschung in Frankfurt/Oder, Malmö und Marburg. 2008 wissenschaftliche Mitarbeiterin am Zentrum für Konfliktforschung der Philipps-Universität Marburg, seit Oktober 2008 wissenschaftliche Mitarbeiterin an der Universität Augsburg. Von 2008 bis 2009 freie Mitarbeiterin der Hessischen Stiftung für Friedens- und Konfliktforschung.

Biesold, Karl-Heinz, geb. 1950, Dr. med., Oberstarzt, Studium der Humanmedizin an der RWTH Aachen. Approbation und Promotion 1978. Facharzt für Neurologie und Psychiatrie, Psychotherapie. Seit April 2000 Leitender Arzt der Abteilung Psychiatrie und Psychotherapie des Bundeswehrkrankenhauses Hamburg. Zusatzqualifikation „Spezielle Psychotraumatherapie" gem. Deutschsprachiger Gesellschaft für Psychotraumatologie (DeGPT). Dozent für Psychotraumatologie an der Fortbildungsakademie der Ärztekammer Hamburg und an der Sanitätsakademie der Bundeswehr. Stellv. Vorsitzender des Norddeutschen Zentrums für Psychotraumatologie e. V. Auslandseinsätze: 1998: SFOR Bosnien, 2002: KFOR Kosovo, 2003 und 2005: ISAF Kabul/Afghanistan.

Bredow, Wilfried von, geb. 1944, Dr. phil. Dr. h. c., Studium der Politikwissenschaft, Soziologie und Literaturwissenschaft in Bonn und Köln. Promotion 1968 in Bonn. Professor für Politikwissenschaft an der Philipps-Universität Marburg (bis 2009).

Dörfler-Dierken, Angelika, geb. 1955, Dr. theol., Studium der Evangelischen Theologie in Göttingen, Heidelberg, Rom und Chicago. Promotion und Habilitation an der Theologischen Fakultät der Universität Heidelberg im Fach Kirchengeschichte. Von 1987 bis 2002 wissenschaftliche Assistentin in Heidelberg, Lehrbeauftragte und Vertretungsprofessorin. Seit 2003 als Ethikerin am Sozialwissenschaftlichen Institut der Bundeswehr. Seit 2005 außerplanmäßige Professorin an der Theologischen Fakultät der Universität Heidelberg. Lehrbeauftragte an der Helmut-Schmidt-Universität, Universität der Bundeswehr in Hamburg und Mitinitiatorin des Studienganges Friedenserziehung/Peacebuilding an der Universität Hamburg.

Koehler, Jan, geb. 1969, MA Sozialanthropologie der Freien Universität Berlin (1999), Feldforschungen im Kaukasus und Zentralasien, seit 2003 regelmäßige Forschungsaufenthalte in Nord- und Ostafghanistan. Arbeitete für die OSZE im Kaukasus und beratend unter anderem für GTZ, BMZ, BMVg, WB sowie diverse INGOs im Kaukasus, in Tajikistan und in Afghanistan. Seit 2005 wissenschaftlicher Mitarbeiter am SFB 700 „Governance in Räumen begrenzter Staatlichkeit".

Kümmel, Gerhard, geb. 1964, Dr. phil., Studium der Politikwissenschaft, Soziologie und Geschichte in Marburg. Promotion 1994 in Marburg. Wissenschaftlicher Direktor am Sozialwissenschaftlichen Institut der Bundeswehr. Lehrbeauftragter an der Universität Potsdam. Vize-Präsident des ISA-Research Committees „Armed Forces and Conflict Resolution". Vorsitzender des Arbeitskreises Militär und Sozialwissenschaften. Associate Editor der Zeitschrift „Armed Forces and Society". Mitglied des Beirats der „Zeitschrift für Außen- und Sicherheitspolitik".

Libero, Loretana de, geb. 1965, Prof. Dr. phil., Studium der Alten Geschichte, Klassischen Archäologie und Latein in Hamburg und Göttingen. Promotion und Habilitation an der Philosophischen Fakultät der Universität Göttingen im Fach Alte Geschichte. Seit 1996 Lehrtätigkeit an den Universitäten Göttingen, Hamburg, Kiel, Oldenburg und Potsdam. 2000 bis 2004 Oberassistentin und Professurvertreterin an der Helmut-Schmidt-Universität/Universität der Bundeswehr Hamburg. 2005 Wissenschaftlerin am Sozialwissenschaftlichen Institut Strausberg, seit 2006 am Militärgeschichtlichen Forschungsamt Potsdam. Forschungsschwerpunkte: Alte Geschichte, Rechtsgeschichte, Moderne Militärgeschichte, Eliten- und Stereotypenforschung, Erinnerungskultur.

Meier, Ernst-Christoph, geb. 1956, Dr. phil., Studium der Politikwissenschaft und Germanistik in Kiel, Freiburg, Wien und Washington, D. C. 1986 Promotion im Fach Politikwissenschaft in Freiburg. 1987 bis 1996 Referent bei der Stiftung Wissenschaft und Politik, im Auswärtigen Amt und im Führungsstab der Streitkräfte. 1996 bis 2006 Referent und Arbeitsbereichsleiter im Planungsstab des Bundesministers der Verteidigung. Seit 2006 Direktor und Professor des Sozialwissenschaftlichen Instituts der Bundeswehr.

Ohm, Dieter, geb. 1950, Oberst i. G., Generalstabsausbildung an der Führungsakademie der Bundeswehr von 1981 bis 1983. Referatsleiter und Stellvertretender Unterabteilungsleiter in der Personalabteilung des Bundesministeriums der Verteidigung. Seit April 2008 Stellvertretender Stabsabteilungsleiter im Führungsstab der Streitkräfte mit der Zuständigkeit für Innere Führung, Personal und Ausbildung.

Stölting, Erhard, geb. 1942, Dr. phil. Studium der Soziologie, Politikwissenschaft, Philosophie an der Freien Universität Berlin. Promotion 1974 an der FU Berlin. Habilitation 1982 an der Philosophischen Fakultät I der Universität Erlangen-Nürnberg. 1974 bis 1983 Wissenschaftlicher Assistent und Akademischer Rat in Erlangen. 1984/85 Lehrstuhlvertretung an der Universität Bayreuth. 1985 Redakteur der „Tageszeitung", Bereich Osteuropa. 1985 bis 1992 Professor für Soziologie an der Freien Universität Berlin. 1992 bis 1994 DAAD-Professor an der University of California in Berkeley. 1994 bis 2009 Professor für Allgemeine Soziologie an der Universität Potsdam, entpflichtet 2009. Mitinitiator des Moduls „Militärsoziologie" und des Studienganges „Military Studies" an der Universität Potsdam. Mitglied des Beirats der Zeitschrift „Sozialer Sinn". Mitglied des Wissenschaftlichen Beirats des Zentrums für Zeithistorische Studien in Potsdam.

Warburg, Jens, geb. 1963, Dr. rer. soc., Studium der Soziologie und Volkswirtschaft in Frankfurt a. M. Promotion 2008 in Gießen. Freier Publizist. Arbeitsschwerpunkte: Soziologie des Krieges, Sozialpsychologie, Sozial- und Kulturtheorie.

The manufacturer's authorised representative in the EU is Springer
Nature Customer Service Centre GmbH, Europaplatz 3, 69115 Heidelberg,
Germany. If you have any concerns regarding our products, please
contact ProductSafety@springernature.com

Printed and bound by CPI Group (UK) Ltd, Croydon, CR0 4YY
27/04/2026
02097639-0007